초솔로사회

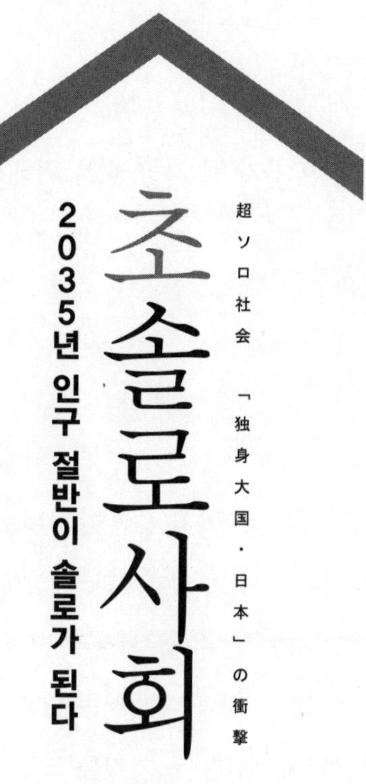

超ソロ社会 「独身大国・日本」の衝撃

초솔로사회

2035년 인구 절반이 솔로가 된다

아라카와 가즈히사 지음
조승미 옮김

마일스톤

추천사

누구도 '혼자가 될 가능성'을 피해갈 수 없다

_ 노명우(아주대학교 교수, 《세상물정의 사회학》 저자)

가끔 세상사를 두 가지 종류로 나눠보곤 한다. 기계적으로 양분할 수는 없겠지만, 세상사는 '혼자서 해야 하는 일'과 '혼자서는 할 수 없는 일'로 구별할 수 있다. 인간은 '혼자서 해야 하는 일'과 '혼자서는 할 수 없는 일' 중 하나만을 양자택일할 수 없다. 두 가지를 모두 충족해야 비로소 인간의 면모를 갖출 수 있는 조건이 마련되기 때문이다. 만약 두 가지 중 하나만을 선택하라고 억지로 강요한다면, 인간에 대한 폭력에 다름 아니다.

이론적으로야 '혼자서 해야 하는 일'과 '혼자서는 할 수 없는 일'이 균형을 이루면 건강한 삶이라 할 수 있겠으나 둘 사이의 균형 잡기는 생각처럼 쉽지 않다. 개체 고유의 특성을 유지하려는 힘만 유독 지나치게 강할 경우 사회관계로부터 고립될 가능성이 높아진다. 이 위험을 피하고자 집합체의 구성원이 되려는 응집력이 과도하게 작동할 경우 개성의 상실이라는 또 다른 위험에 빠지게 된다.

두 가지 힘 사이에서 균형을 잡으려는 사람이 참조할 수 있는 모델을 찾아낸다면 그나마 균형 잡기가 훨씬 수월할 것이다. 하지만 모델 찾기는 쉽지 않다. 이전 세대가 이후 세대에게 물려주는 삶의 지혜는 매우 풍부하다. 그럼에도 '혼자서 해야 하는 일'과 '혼자서는 할 수 없는 일' 사이의 균형 잡기에 도움이 될 만한 모델을 이전 세대가 이후 세대에게 물려준 지혜의 창고에서 찾아내기란 거의 불가능하다. 혼자가 될 가능성 그리고 혼자라는 것의 의미 자체가 시대의 변화에 따라 변화하기 때문이다.

이전 세대에게 혼자가 된다는 것은 천재적인 예외성이거나 공동체로부터의 추방과 같은 형벌의 이미지였으나, 지금 우리가 살고 있는 그리고 앞으로 살게 될 시대에 혼자가 된다는 것은 천재적인 예외성의 징후도 추방과 같은 형벌의 이미지도 아닌 '평범한' 것이다.

예외적으로 혼자가 되었던 시대의 경험으로부터 만들어진 지혜는 누구나 혼자가 될 가능성이 매우 높은 시대에 그대로 적용될 수 없다. 이제 우리가 우리 시대에 적합한 지혜를 함께 만들어야 한다.

사람들은 다양한 이유로 '솔로'가 된다. 이전 세대의 여성들은 교육받지 못했기에 경제적 독립성을 지니지 못했고, 어쩔 수 없이 생계유지의 방편으로 결혼을 선택하기도 했다. 이전 세대의 여성과 달리 교육받았기에 경제적 독립성까지 지닌 지금 세대의 여성들은 이전 세대의 여성과 달리 결혼을 필수라고 생각하는 '결혼 규범'으로부터 한결 자유롭다. 소비자본주의의 환경 속에서 자란 남자들은 자기를 위한 소비와 투자를 위해, 이전 세대에게 성인이 되는 필수 관문이라는 의미를 지녔던 결혼을 망설인다.

낭만적 사랑이 결혼으로 이어진다 하더라도, 감정에 기초한 낭만적 사랑에 기초를 둔 결혼은 언제든 깨어질 수 있는 위태로운 관계다. 이전 세대에게 결혼은 한번 형성되면 절대 붕괴되지 않는 제도화된 관계였지만, 현재 세대에게 결혼은 언제든 해지될 수 있는 임시적 계약관계로 변화했다. 이 모든 관문을 통과했다 하더라도 남자와 여자의 평균 수명 차이로 여자의 경우 인생의 마지막 단계에서 혼자가 될 가능성이 아주 높다. 이전 세대와 달리 우리는 온갖 이유로 '혼자가 될 가능성'이 매우 높은 시대에 살고 있는 셈이다. 다소 과장해서 말하자면 누구도 '혼자가 될 가능성'을 피해갈 수 없다. 단지 '혼자가 될 가능성'이 인생의 어느 단계에서 어떤 형식으로 등장하느냐 하는 차이만 있을 뿐 '혼자가 될 가능성'은 특례(特例)가 아니라 범례(凡例)에 가까워지고 있다.

'혼자가 될 가능성'이 특례가 아니라 범례가 된 사회. 그 사회를 저자는 초솔로사회라 부른다. 초솔로사회의 징후는 곳곳에서 발견된다. 저자의 예측처럼 불과 20년 후면 초솔로사회는 우리가 살고 있는 사회의 가장 주된 특성이 될 것이다. 일본에만 적용되는 예외적인 예측이라 치부할 수 없다. 이 책에서 분석하고 있는 초솔로사회의 도래를 예측하게 된 인구사회적인 주요 변수들의 변화는 이미 한국에서도 나타나고 있다. 단지 우리가 감지하고 있지 못할 뿐이다. 이 책에서 '솔로로 살아갈 힘'이라고 명명한 능력이야말로 초솔로사회를 살아가게 될 모든 이에게 필요한 미래 능력이 아닐까? 항상 그랬듯이 세월은 생각보다 빨리 흐르고, 미래는 생각보다 금세 다가온다. '솔로로 살아갈 힘' 없이 맞이하게 되는 초솔로사회는 두려운 미래겠지만, 이 책을 통해 '솔로로 살아갈 힘'을 이미지로 그릴 수 있는 사람에게 초솔로사회는 두려운 미래가 아닐 것이다.

들어가며

20년 후 당신은 무엇을 하고 있을까.
20년 후 사회는 어떻게 변해 있을까.

2018년에서 20년 후면 2038년이다. 정확히 20년 후는 아니지만 2035년 사회의 모습을 이야기하려 한다.

일본 국립사회보장인구문제연구소 추계에 따르면 일본은 2035년에 15세 이상의 미혼율이 남성 35.1%, 여성 24.6%가 될 전망이다(이 수치는 50세까지 한 번도 결혼을 하지 않은 이의 비율을 뜻하는 생애미혼율이 아니라, 15세 이상 전체 인구 중 미혼인 사람의 비율이다). 배우자가 있는 비율은 남성 55.7%, 여성 49.3%로, 배우자가 있는 여성의 비율이 처음으로 50% 이하로 떨어질 것이다. 또 이혼이나 사별로 독신이 되는 남성은 9.2%, 여성은 무

〈도표〉 배우자 유무에 따른 인구 추이와 장래 예상치 집계

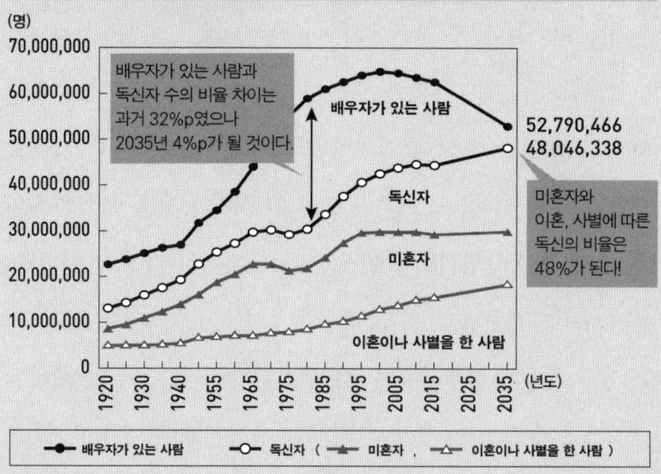

출처: 2010년까지는 〈국세조사〉, 2015년은 〈국세조사 확정치〉 집계결과이며, 2020년 이후 추계는 국립사회보장인구문제연구소의 〈일본 장래 인구 추계〉(2012년)에 따름.

려 26.1%에 달할 것이다.

그리하여 오는 2035년에 15세 이상 인구 가운데 독신자(미혼자+이혼이나 사별을 한 사람)의 비율은 48%에 육박할 전망이다(도표 참조).

약 20년 후, 일본 인구의 절반이 솔로가 된다! '솔로사회화'는 불가피한 시대적 흐름으로, 솔로사회는 확실히 도래한다.

과거에는 대부분 독신을 결혼해서 가정을 갖기 전까지 상태로 생각했다. 물론 고도경제성장기 때는 일본인의 95%가 결혼을 했다. 이른바 모두가 결혼하는 사회였고, 독신자를 소수자로 여기는 것도 당연했다.

그러나 미혼화·비혼화 경향과 더불어 이혼율이 상승하고 배우자 사별로 독신 고령자가 늘어나면서 일본사회는 솔로사회를 향해 나아가고 있다. 요즘 고령화와 저출산만 화제이나, 사실 솔로사회화야말로 일본이 세계에서 가장 먼저 직면한 이슈다. 가구별로 봐도 지금은 1인 가구가 가장 많다. 과거 표준가구는 부부와 자녀로 구성된 가구였는데, 2010년에 1인 가구 수가 이미 부부와 자녀로 구성된 가구 수를 넘었고, 그 구성비도 30%를 넘었다. 2035년에는 1인 가구가 40%에 달할 것이며, 부부와 자녀로 구성된 가구는 23%로 줄 것으로 추정된다. 또 부부만 있는 가구가 증가하는 것도 주목할 만한 현상으로, 이는 자녀를 갖지 않기로 선택한 부부가 늘어났고, 자녀가 있어도 자녀가 독립한 후 고령자 부부 둘만 생활하는 가구가 증가했기 때문이다. 고령자 부부 가구는 배우자와 사별하거나 이혼한다면 고령의 1인 가구가 된다.

20년 후 일본에서는 독신자가 전체 인구의 약 50%, 혼자 생활하는 사람이 전체 가구의 약 40%를 차지할 것이다. 한 지붕 아래 부모 자식이 함께 사는 가족의 모습은 점점 더 줄고 있다.

지금으로부터 약 30년 전인 1987년에 마거릿 대처(Margaret Thatcher) 전 영국 총리는 "사회 같은 건 없다. 오직 개인과 가족이 있을 뿐이다"라고 말했다. 그때만 해도 가족이 여전히 중요한 공동체로 기능했으나 지금은 그 존재도 위태롭다.

그간 많은 사회학자가 사회의 개인화와 가족을 포함한 기존 공동체의 붕괴를 이야기해왔다.

20세기 후반 서구사회의 변화를 위험사회와 개인화로 설명한 독일 사회학자 울리히 벡(Ulrich Beck)은 과거에는 가족이 자본주의 사회에서 마음을 기댈 곳이었지만 개인화로 인해 리스크(여기서는 구조 및 체계와 관련된 위험을 뜻한다)를 갖게 되었다고 분석했다. 벡에 따르면, 현대의 가족은 기존의 전통적 집합체 개념도 필연적 공동체도 아닌, 선택적 친밀성의 공간이다.

사회학자 지그문트 바우만(Zygmunt Bauman)도 개인화에 대해 비슷하게 언급했다. 예전에는 개인이 지역이나 회사, 가족과 같은 중간적 공동체에 모이는 고체성의 사회였지만, 현대는 개인이 유동하는 액체처럼 뿔뿔이 흩어져 움직이는 액체사회라는 것이다. 안심할 수 있고 안전하며 안정된 고체성의 공동체를 잃은 사람들은 자유롭게 움직일 수 있게 됐지만 자신의 선택과 판단에 항상 자기책임을 져야 한다.

벡도 바우만도 개인화는 피할 수 없는 흐름이며, 특히 바우만은 "개인에게 선택의 자유는 보장되나, 개인화를 피하거나 이에 참가하지 않을 자유는 보장되지 않는다"라고 말했다.

가족만 바뀐 게 아니다. 회사라는 공동체에서도 변화를 찾아볼 수 있다. 평생 한 직장에 다니던 근무 방식이 아닌, 자유로이 이직하며 커리어를 높이는 방식을 택하는 사람들이 늘고 있다. 회사도 직원이 부업을 가지는 것을 허용하는 추세다. 이러한 변화로 개인의 자유와 활약할 수 있는 범위가 확대되고 있다. 유목민처럼 장소를 옮기면서 일하는 노마드(Nomad)식 일하기 방식도 그중 하나다. 대규모 설비나 자금을 갖지 않고도 사업할 수 있게 되면서 우버(Uber)나 에어비앤비(Airbnb)와 같은 공유경제(Sharing economy) 서비스 사업도 줄지어 나오고 있다.

소비에서도 개인화 경향은 뚜렷하다. 대중이 물건의 소유에 가치를 두던 시대는 이미 오래 전에 지나갔다. 사람들은 개인의 체험에 가치를 두고, 개인적 집단이라고도 부를 수 있는 주변의 작은 공동체 안에서 체험을 공유하고 가치를 재확인한다. 소비 목적은 더욱더 개인의 정신적 가치를 충족시키는 쪽을 향하고 있다.

이런 개인화는 세계적인 현상이며, 일본에서도 불가역적으로 진행되고 있다. 그렇지만 아직도 일본에서 많은 사람들이 고도경제성장기나 그 이전의 가족상과 결혼이 좋다고 본다. 기존 공동체에 대한 향수가 뿌리 깊게 남아 있다. 결혼하지 않기로 선택한 사람이나 아이를 낳지 않기로 선택한 부부 중에서도 자신이 기존의 가족상을 만들지 못했다고 뭔가 꺼림칙하게 느끼는 경우도 있다. 그렇지만 이건 마음을 어떻게 먹느냐에 달렸다고 본다.

개인화를 피할 수 없는 것처럼, 이제 미혼화·비혼화 경향도 막을 수 없다. 그리고 이에 따라 당연히 저출산도 더욱 가속화될 것이다. 사회적으로 볼 때 결혼이 모든 사람의 인생에 필연적이던 시대는 끝나고 있다. 이런 현상은 미혼자나 독신자만의 문제가 아니다. 결혼을 했다고 해서 모두가 자녀를 낳고 기르며 살지는 않는다. 모두가 똑같은 인생기차를 타는 것이 아니다. 또 결혼을 한다고 해서 결혼이 반드시 해피엔딩을 의미하지는 않는다. 배우자와 이혼하거나 사별하는 등 우리는 언제라도 싱글로 돌아갈 가능성을 안고 살아간다.

생애미혼자(일생 동안 단 한 번도 결혼한 적이 없는 사람)만 고독한 것도 아니다. 물리적으로 혼자인 상태보다, 심리적으로 고립되는 게 더 문제다.

결혼하지 않는 선택, 아이를 낳지 않는 선택, 이혼하는 선택, 가족이라는 공동체를 갖지 않는 선택 등 개인이 각자 다양한 선택을 해야 하는 시대가 됐다. 선택은 자유이나, 그 선택에 책임을 져야 한다.

되풀이하지만 일본은 고령사회가 되는 동시에 세계에서 가장 먼저 솔로사회가 된다. 불가피하게 일어나고 있는 솔로사회화를 정확히 이해하여 피하지 않으려는 태도가 중요하다. 불확실한 지식으로 사회 정서상 좋다는 둥 나쁘다는 둥 논해봤자 별 도움이 되지 않는다.

이 책에서는 과거에서 현재까지의 일본의 미혼, 이혼 데이터를 객관적으로 살펴보고 개인의 생활의식, 소비의식 그리고 가치관을 중심으로 분석했다. 이 책에서 나는 솔로사회에서 개인이 가져야 할 의식이나 솔로로 살아갈 힘, 즉 '솔로의 힘'이 무엇인지를 밝히고 싶었다. 책을 쓰면서 이런 물음이 자유란 무엇인지, 자립이란 무엇인지, 자신이 누구인지를 묻는 것과 같다는 것을 알게 됐다.

솔로로 산다는 것은 타인과의 교류를 차단하고 제멋대로 사는 것을 의미하지 않는다. 이 점을 오해하지 않았으면 한다. 기존의 가족, 지역, 회사와 같은 공동체와 별도로 새로운 가족, 지역, 회사 공동체를 창출하고 관계성을 구축하면서 사람들이 자립해나가는 사회가 솔로사회다.

이 책으로 독자 여러분이 솔로사회라는 미래를 깊게 이해하고, 미혼이든 기혼이든 젊은이든 나이든 사람이든 남자든 여자든 지금까지 자신에게 따라다녔던 꼬리표나 속성을 잠시 떼어두고 '자신'과 마주하는 계기를 삼으면 좋겠다.

차례

3장 남성은 결혼을 싫어하게 됐나

4장 결혼해도 솔로로 되돌아가는 사람들

1장

솔로가 늘었다

비혼화는 젊은이들이 가난한 탓,
저출산은 노동 조건이 좋지 않고 보육원이 부족한 탓일까?

"인구 감소는 불가피합니다. 일본의 인구 감소는 당분간 멈추지 않을 겁니다. 그렇다면 지금 우리는 어떤 생각을 가져야 할까요? 여러분은 미래를 비관적으로 보는 1억 2천만 인구의 나라와 미래를 낙관적으로 보며 자신감을 가진 6천만 인구의 나라 중 어느 쪽의 장래가 밝다고 보십니까? 전 비관적인 1억 2천만의 나라보다 낙관적이며 자신감을 가진 6천만 국민의 나라가 더 강할 거라 봅니다. 해마다 인구가 줄어드는 상황을 애석히 여기는 마음에서 속히 벗어나, 인구가 줄어드는 상황에서도 잘할 수 있다는 성공사례를 만들어 인구가 줄어도 괜찮다고 낙관하며 자신감을 갖고 살아갑시다. 결과적으로 그런 생각이 미래에 새로운 발전의 길을 열어줄 겁니다."

이는 2016년 10월 고이즈미 신지로(小泉進次郎 1981년생. 고이즈미 준이치로 전 일본 총리의 둘째 아들로 자민당 의원이다-옮긴이)가 국회에서 한 말이다. 인구 감소 문제를 국회에서 명확히 이야기한 정치가는 그가 처음일 것이다. 나는 강한 어조의 이 말에 공감한다.

저출산에 의한 인구 감소는 피할 수 없는 게 현실이다. 2013년 국립사회보장인구문제연구소가 발표한 '일본 장래 인구 추계'에 따르면 일본 총인구는 2048년에 9,913만 명으로 줄어들 것이며, 2060년에는 8,674만 명 정도가 될 것이다. 현 인구에서 약 3분의 2 규모로 줄어드는 셈이다. 또한 이런 추세라면 2110년 인구는 4,286만 명이 될 것이다(도표 1-1).

그러나 이 수치는 출생률이 계속 지금과 비슷한 수준일 것으로 가정하고 추정한 것이며, 이렇게까지 줄어들지는 않을 것이다. 일본 총무성도 최종적인 일본 인구는 7~8천만 명이 될 것으로 보고 있다. 어쨌거나 인구 감소 현상에 대한 부정적인 이미지만 강조되고 있는데, 사실상 과거 모두가 결혼하던 시절과 이에 따라 두 차례 일어난 베이비붐 현상이 특수했다고 봐야 할 것이다.

인구 감소뿐만 아니라 미혼화·비혼화, 저출산, 고령화, 이

〈도표 1-1〉 일본 장래 인구 추계

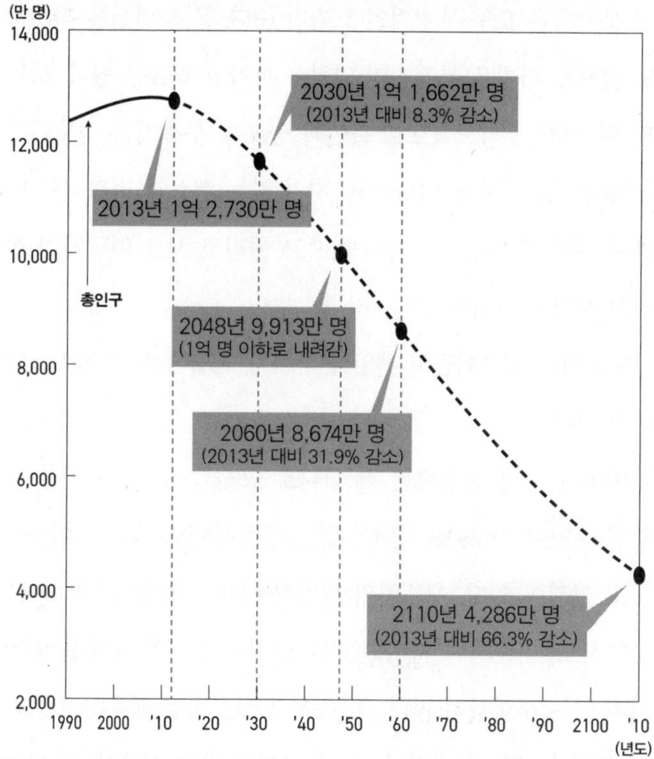

※1990년부터 2013년까지 인구집계는 총무성 〈국세조사보고〉 〈인구추계연보〉, 후생노동성 〈인구동태통계〉를 참고했다. 2014년부터의 인구집계는 국립사회보장인구문제연구소 〈일본 장래 인구 추계〉(2012년)를 참고했다. 합계출산율(한 여성이 평생 낳는 아이 수 평균)을 2014년까지 1.39, 그 후 2024년까지 1.33, 그 후 2110년까지 1.35로 계산하여 추계한 수치다.

출처: 2015년 내각부 〈선택하는 미래-인구 추계로 보는 미래상〉

혼, 빈곤, 재정 문제 등 미래사회에 대해 이야기할 때 거론되는 문제들은 모두 부정적인 느낌만 준다. 물론 현실을 직시하고 앞으로 다가올 부정적인 영향을 파악할 필요는 있다. 하지만 현 사회는 의도적으로 불안과 공포를 부추기는 정보에만 주목하려는 경향이 있다. 나아지지 않는 현실과 비관적인 미래에 대한 책임을 누군가의 탓으로 돌리고 서로 떠넘기려 한다고 생각할 수밖에 없다.

미혼화는 젊은이들의 책임이 아니며, 저출산은 가족의 책임이 아니다.

미혼자 증가 현상에는 딱 하나로 규정할 수 없을 만큼 다양한 요인이 있다. 또 자녀가 없는 부부에게도 나름의 이유가 있고 사정이 있다. 개개인의 다양한 삶의 방식을 인정하자고 하면서도, 비혼자나 자녀를 갖지 않기로 선택한 부부를 인정하지 않는 사람들이 많다. "마음속으로는 정말 결혼하고 싶은데 못 하는 거죠?"라거나 "사실 아이를 갖고 싶은데 못 낳는 거죠?"라고 결론부터 내리고 제멋대로 묻는다.

그렇게 단정하고 결혼하지 않는 원인을 빈곤이나 사회 환경의 책임으로 돌린다. '미혼화는 젊은이들이 가난한 탓' '저출산은 노동조건이 좋지 않고 보육원이 부족한 탓'이라는 식이다. 이런 주장이 틀렸다고 할 수는 없지만, 이런 것만 미혼화나 저출산의 원인이라고 주장하는 것은 문제의 본질을 점점 흐리게 만든다.

또 문제를 해결하는 게 아니라 마치 범인 찾기 하듯 책임을 추궁하고 누군가의 탓으로 몰고 가기도 한다. 어이가 없는 상황이다. 누군가의 탓으로 돌리지 않으면 안심하지 못하는 사회가 됐다.

인간은 집단을 안정적으로 유지하기 위해 협력하지만, 그 집단을 유지하는 데 반하는 것처럼 보이는 이들에게는 철저히 공격성을 보이는 것만 같다.

제멋대로 행동하고 의무를 다하지 않는 것처럼 보이는 사람을 비난하고, 조그만 실수에도 사람을 공격한다. 집단과 똑같은 행동을 하지 않은 이에게 제재를 가한다. 심지어 도움을 구하는 약자도 내팽개친다. 이 모든 것이 '사회정의'라는 이름으로 정당화된다.

그 결과 결혼하지 않은 사람이나 아이가 없는 부부들은 사회에 책임을 다하지 않았다는 죄책감과 무력감을 느끼게 된다.

이런 악순환으로는 아무것도 해결되지 않는다. 이렇게 책임을 전가하더라도, 비혼화나 저출산 경향은 계속될 것이다. 현실을 제대로 알고, 이에 기초하여 미래에 대한 전망을 세우는 게 중요하다. 그리고 자주 잊곤 하지만, 우리 모두 언젠가 솔로로 살아갈 가능성이 있다는 점도 인식해야 한다.

결혼하거나 아이가 있는 가정을 이뤄도 그 상태가 영원히 지속되지는 않는다. 이혼할 수도 있고 사별할 수도 있다. 2035년에는 15세 이상 인구 약 1억 명 가운데 거의 절반인 4,800만 명이 솔로가 될 것으로 추정되며, 누구든 솔로로 살아갈 가능성을 갖고 있다.

미혼화와 저출산, 고령화도 중요하지만, 이런 현상과 관련되어 일어나는 솔로사회화 현상에는 대부분 무관심하다. 1장에서는 먼저 일본이 솔로사회로 향하고 있는 현실을 설명하겠다.

생애미혼율,
과거 최고 기록을 경신하다

2016년 10월, '2015년 국세조사 확정치'가 발표됐다(도표 1-2). 이에 따르면 생애미혼율은 남성 23.4%, 여성 14.1%다(생애미혼율을 계산할 때 배우자 관계가 불분명한 경우는 제외한다). 이 결과는 남성 20.1%, 여성 10.6%의 생애미혼율을 보인 5년 전 조사와 비교했을 때 남녀 모두 3%p이상 상승한 수치로, 역

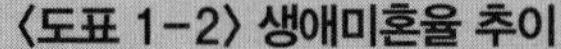
〈도표 1-2〉 생애미혼율 추이

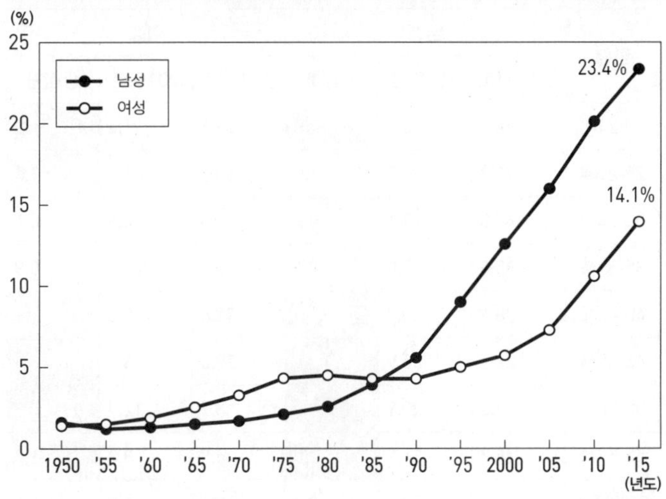

출처: 2015년 〈국세조사 확정치〉

대 최고치다.

생애미혼율이란 50세의 인구 중 한 번도 결혼한 적이 없는 사람의 비율로, 45~49세 미혼율과 50~54세 미혼율을 평균 내어 산출한다. 정확히 말하면, 전 생애에 미혼인 사람의 비율을 나타내는 것은 아니고, 50세에 미혼인 사람은 앞으로도 결혼하지 않으리라고 판단해서 집계한 수치다.

그런데 국립사회보장인구문제연구소가 2013년 발표한 추계치를 보면 2015년 생애미혼율은 남성 24.2%, 여성 14.9%

〈도표 1-3〉 연령별 미혼율 비교

연령	남성			여성		
	2010 년	2015 년	증감률	2010 년	2015 년	증감률
20-24세	94.0	95.0	1.0	89.6	91.4	1.8
25-29세	71.8	72.7	1.0	60.3	61.3	1.0
30-34세	47.3	47.1	-0.2	34.5	34.6	0.1
35-39세	35.6	35.0	-0.6	23.1	23.9	0.8
40-44세	28.6	30.0	1.4	17.4	19.3	1.9
45-49세	22.5	25.9	3.4	12.6	16.1	3.6
50-54세	17.8	20.9	3.0	8.7	12.0	3.3
55-59세	14.7	16.7	2.0	6.5	8.3	1.8
생애미혼율	20.1	23.4	3.2	10.6	14.1	3.4

출처: 2015년 〈국세조사 확정치〉

가 될 것으로 예측됐다. 그러니까 위의 2015년 확정치는 2013년 추계치보다는 약간 낮다. 하지만 원래의 추계보다 낮다고 해서 그것만으로 전체 미혼율의 상승이 멈추고 있다고 판단하는 것은 경솔하다.

2015년도 연령별 미혼율(도표 1-3)을 보면 30대 남성의 미혼율만 줄었다. 특히 35~39세 남성의 미혼율은 2010년도와 비교해 0.6%p나 내려갔다. 그러나 20대와 40대 미혼율은 변함없이 늘었고, 특히 45세 이상에서 현저히 늘어났다. 더욱이 여성의 경우 20~40대 등 거의 모든 세대에서 미혼율 상승폭이 남성보다 크다. 종합적으로 볼 때, 20대에 결혼을 하지 않아 만혼이 늘었고, 40대를 넘기면 결혼을 단념하는 비혼화 현상이 나타나고 있다.

남녀 모두 평균 초혼 연령은 약 30세다. 즉 30대 전반에 결혼 타이밍을 놓치면, 그대로 생애미혼의 길로 들어선다. 이번 조사에서는 이런 경향이 여실히 드러났고, 지난 5년 간 여성들에게서 뚜렷이 나타나고 있다.

2035년에는 남성 30%, 여성 20%가 생애미혼이 될 것으로 추정된다. 즉 남성 3명 중 1명, 여성 5명 중 1명이 생애미혼인 채로 인생을 산다.

그런데 왜 남성의 생애미혼율이 여성보다 훨씬 높을까?

애초에 남성이 여성보다 출생 수가 더 많다. 이 점은 모두 알고 있을 터이나, 남아 출생 수가 얼마나 더 많은지는 의외로 알려져 있지 않다. 2015년 유엔(UN)의 발표에 따르면 세계 인구는 약 74억 명인데, 남성이 50.4%, 여성이 49.6%로 남성이 약 6천만 명 더 많다. 남성이 약 1%p 더 많은 셈이다. 일본은 총인구가 1억 2,709만 명인데, 남성이 6,184만 명, 여성이 6,525만 명으로 여성이 더 많다(2015년 국세조사). 이는 여아 출생 수가 많아서가 아니라, 여성이 장수하기 때문에 나타

〈도표 1-4〉 연령별·성별 미혼 인구

	미혼남성	미혼여성	증감
15 ~ 19세	3,042,192	2,881,593	160,599
20 ~ 24세	2,755,989	2,572,112	183,877
25 ~ 29세	2,222,616	1,852,959	369,657
30 ~ 34세	1,648,679	1,211,351	437,328
35 ~ 39세	1,416,172	959,761	456,411
40 ~ 44세	1,423,716	913,188	510,528
45 ~ 49세	1,092,022	683,887	408,135
50 ~ 54세	806,163	467,837	338,326
55 ~ 59세	607,248	312,233	295,015
60 ~ 64세	552,221	264,934	287,287
65 ~ 69세	425,752	259,014	166,738
70 ~ 74세	185,974	175,233	10,741
75 ~ 79세	87,546	132,730	-45,184
80 ~ 84세	39,750	113,000	-73,250
85 ~ 89세	14,063	78,708	-64,645
90 ~ 94세	2,965	31,169	-28,204
95 ~ 99세	519	6,933	-6,414
100세	126	1,176	-1,050
미혼 인구 합계	16,323,713	12,917,818	3,405,895
20 ~ 59세	11,972,605	8,973,328	2,999,277
20 ~ 39세	8,043,456	6,596,183	1,447,273

출처: 2015년 〈국세조사 인구 등 기본 집계〉

나는 현상이다.

그러면 미혼자만 한정해서 남녀 인구를 비교하면 어떨까.

15세 이상 미혼남성과 미혼여성을 비교해보면 남성이 약 341만 명 더 많다. 20~50대에 한해도 남성이 약 300만 명 더 많고, 구혼활동 연령층인 20~30대만 봐도 남성이 145만 명 더 많다(도표 1-4).

이는 미혼여성이 모두 결혼해도, 약 300만 명의 남성은 결혼할 여성이 없다는 것을 의미한다. 실상 여성이 모두 결혼하는 것은 아니기 때문에 실제로는 그 이상으로 미혼남성이 넘쳐나는 셈이다.

열심히 구혼활동을 해도 일부 남성은 애초에 결혼할 상대가 없다. 이 사실을 모르는 이들이 많다. 남녀성비가 반반이라고 잘못 알고 있다. 총인구 중 남녀비율과 미혼자(특히 구혼활동 연령층) 중 남녀비율을 혼동하는 사람이 많기 때문이다.

미혼이 늘어난 이유

일본은 과거에 모두가 결혼하는 사회였다. 거의 모든 사람이 결혼하는 것이 당연했다. 오랜 세월 동안 남녀 모두 생애미혼율이 5% 이상을 넘긴 적이 없었다. 5%를 넘긴 것은 남성이 1990년, 여성이 1995년이다.

왜 이렇게 미혼율이 증가한 걸까.

다양한 요인이 있겠으나 우선 1990년대 전반 거품경제의 붕괴와 경제환경의 변화를 생각해볼 수 있다. 은행은 절대로 망할 리가 없다고 생각했지만, 1995년 효고은행을 필두로 여러 은행이 도산했다. 대졸 구직자 수가 1991년 약 84만 명으로 절정에 달했으며, 마침 인구가 많은 제2차 베이비붐 세대(1971~1974년생을 말한다-옮긴이)의 취업시기와 겹쳐 경쟁이 심해졌다. 취업이 굉장히 어려워졌고 얼마 지나지 않아 취업 빙하기(일본에서 다양한 정치적, 사회적, 경제적 원인으로 구직난이 발생하거나 미취직자가 나타나 장기화되는 것을 뜻한다)가 왔다. 정규직으로 취직하지 못한 젊은이들은 프리터(특정한 직업 없이 아르바이트로 생활하는 사람-옮긴이)나 니트족(근로 의욕 없이 취업 자체를 포기한 청년 무직자-옮긴이)이 됐고 이 현상이 사회문제로 거론됐다.

고도경제성장기에는 종신고용과 연공서열이란 일본 특유의 제도가 표준이 되었다. 연령이나 근속연수에 비례하여 월급이 증가하고 한 회사에서 죽 일하는 것이 당연했다. 어떤 의미에서 보면 안정된 미래를 보장받은 것이나 마찬가지였다. 그러나 거품경제 붕괴 후 많은 기업이 연공서열에서 성과

주의로 이행하기 시작했다. 실적을 쌓으면 급여가 늘어나는 등 긍정적인 면도 있는 반면, 다년간 일해도 급여가 오르지 않거나 경우에 따라서는 급여가 줄어드는 등 힘든 현실을 마주하게 되었다.

종신고용, 연공서열과 같은 제도 속에서는 인생 설계가 단순했다. 지속적이고 안정된 경제적 기반이 있을 때는 결혼을 하고 아이를 낳는 인생 계획을 세우는 게 쉽다. 생애미혼율의 급상승은 경제적 기반의 지속성과 안정성이 사라진 시점부터 시작됐다. 이는 자신의 앞날이 불투명하고 경제적으로 불안정한 상태로는 결혼할 수 없다거나 안정적인 수입을 기대하기 어려운 상대와는 결혼할 수 없다는 생각 때문이다.

미혼화에 영향을 미친 또 하나의 요인은 1986년 남녀고용기회균등법(채용, 승진, 교육 훈련, 정년, 퇴직 등에서 남녀차별을 금지한 법-옮긴이)이 시행되면서 일하는 여성이 늘고 여성의 의식이 변했다는 점이다. '남자는 바깥일, 여자는 가정일'이라는 성역할 고정관념은 고도경제성장기처럼 모두가 결혼하던 시대에는 그리 불편한 것이 아니었다. 당시 여성은 결혼할 때까지만 일하는 경우가 많았다. '결혼은 퇴사'라는 말도 있을 정도였다. 전업주부 가구가 맞벌이 가구보다 압도적으로 많았으며, 핵가족화가 진행되면서 하나의 가족모델이 되었다. 과거 여

〈도표 1-5〉 배우자를 만난 계기 추이

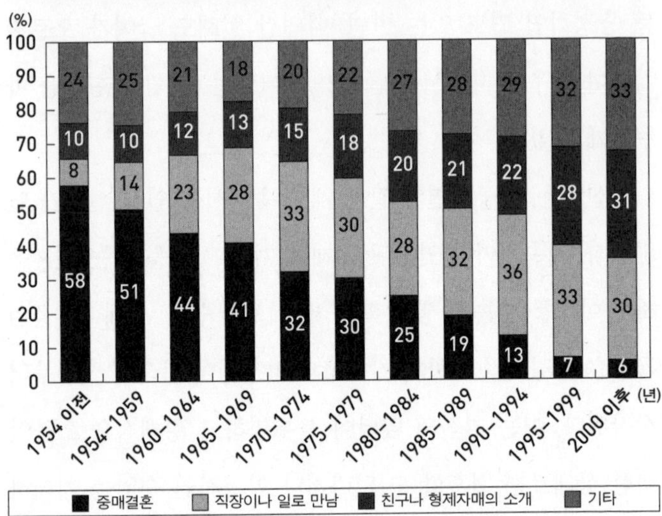

출처: 2005년 일본노동연구잡지 〈사내 결혼의 성쇠와 미혼화의 진전〉

성에게 결혼은 취업을 의미했다. 즉, 여성에게 결혼은 자신의 경제적 기반을 갖추기 위한 수단이었고, 다소 과장하자면 사활이 걸린 문제였다.

이제 눈치 빠른 독자는 한 가지 사실을 알아차렸을 것이다. 이른바 모두가 결혼하던 시대에 거의 모든 남성이 결혼할 수 있었던 이유는 여성에게 결혼하지 않는다는 선택지가 없었기 때문이다.

1960년대 이후 중매결혼 비율은 50% 이하로 떨어지고 있었지만, 당시에 중매결혼과 마찬가지로 큰 비중을 차지했던 사내 결혼은 사실 일종의 중매결혼으로 볼 수 있다. 노골적으로 이야기하자면, 직장에서 사람을 만나 결혼한다는 것은 당사자들이야 연애결혼을 했다고 생각하겠으나, 실은 회사가 중매를 서는 결혼 시스템이다. 회사 측에서는 사원이 빨리 결혼해서 안정된 생활을 하는 편이 좋다고 여겨 사내에서 소개를 통한 연애결혼을 장려했고, 이러한 보이지 않는 힘이 작용해 직장 내 소개로 결혼한 커플이 많다.

1980년대까지 중매결혼이나 사내 결혼이 전체 결혼 중 과반을 차지하던 시대가 계속됐다(도표 1-5). 이렇듯 사회 시스템으로 인한 중매결혼이 과반수를 넘었기 때문에 1980년대까지 생애미혼율은 오르지 않았다.

즉 회사 시스템이 남성의 결혼을 밀어주는 방향으로 작용했기 때문에 거의 모든 남성이 결혼할 수 있었던 시대였다. 현재 60대 이상 기혼남성들은 본인들만 모르고 있을 뿐, 이러한 시대로부터 혜택을 받았다. 반대로 보면, 이 사실은 남성이 스스로의 힘으로 결혼할 힘이 없다는 사실을 뒷받침한다. 애초에 주위에서 상을 차려주지 않으면 남성은 결혼을 하기 어려운 것이다.

그런데 앞서 말한 것처럼, 1980년대 후반부터 기업에 입사한 여성들이 열심히 일해서 어느 정도 수입을 갖게 됐다. 그러자 이 여성들에게는 결혼이 반드시 경제적 기반을 의미하지 않게 됐다. 무리해서 결혼할 필요가 없어졌다. 이것이 여성의 비혼화가 진행되는 요인 중 하나다.

이렇게 이야기하면 반론도 나올 것이다. 결혼과 일은 별개이며, 안정된 일자리와 수입이 있다고 해서 여성이 결혼을 선택하지 않게 된 건 아니라고 보는 견해다. 물론 이런 주장이 틀린 소리는 아니지만 나는 밀접한 관계가 있다고 본다.

왜 여성이 자기 일을 하면 미혼화 경향이 강해지는지에 대해서는 뒤에서 설명하겠다.

미혼자가 사회악인가

TV, 신문, 인터넷 등 여러 미디어에서 미혼율 증가에 대해 경종을 울리고 있고 평생 결혼하지 않는 것이 사회악인 것처럼 이야기한다.

왜 이렇게까지 미혼자를 나쁜 사람으로 취급하는 걸까?

그 이유는 저출산의 원인을 미혼자로 보기 때문이다. 메이지대 정치경제학부 경제학과 안조 신지(安藏 伸治) 교수는 지

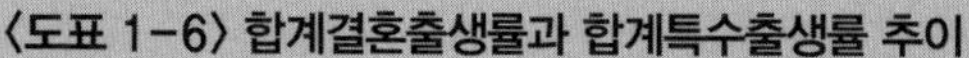
〈도표 1-6〉 합계결혼출생률과 합계특수출생률 추이

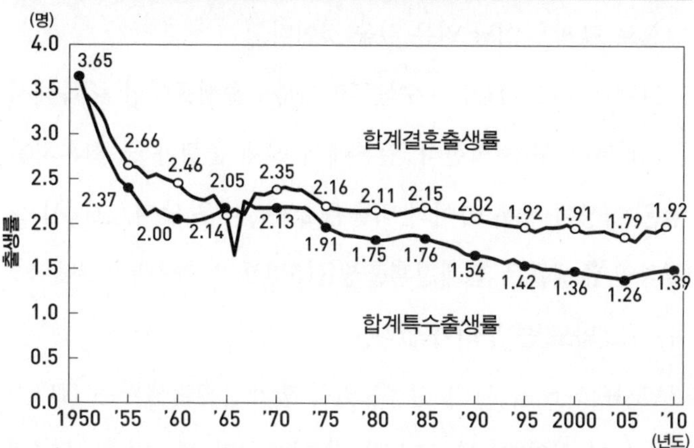

※합계결혼출생률은 3년간 변동의 평균치로 1977~2010년까지 조사한 수치로 집계했다. 합계특수출생률은 〈인구동태통계〉에 따랐다. 그래프 상의 수치는 1955년부터 5년마다 합계결혼출생률 3년간 변동의 평균치와 합계특수출생률을 나타낸 것이다(단 합계결혼출생률의 마지막 집계 수치는 2009년이다).

출처: 국립사회보장인구문제연구소 2010년 〈제14회 2010년 출생동향 조사〉 부부조사 결과 개요

금의 저출산 추세가 그대로 이어진다면 2300년에는 일본 인구가 360만까지 줄어들 것으로 추정했다.

인구를 현재 수준으로 유지하려면 합계특수출생률(한 명의 여성이 평생에 평균 몇 명의 아이를 낳는가를 나타내는 수치로, 합계출산율이라고도 한다)이 최소 2.07명이어야 한다. 2.07명 이하면 저출산이 진행되는 것으로 본다. 1973년 2.14명을 마지막으로, 일본은 계속 2.07명 이하를 기록했고 2005년에는 역대 최저인

1.26명까지 떨어졌다. 2015년에는 1.46명으로 조금 올랐지만 앞으로 크게 늘어날 일은 없을 것이다.

그런데 안조 신지 교수는 "합계특수출생률에만 주목해서는 안 된다"고 지적한다. 일본에서 전체 출생아 중 결혼하지 않은 여성이 낳은 아이의 비율은 2%로 매우 낮다. 그래서 실질적인 출생률은 합계결혼출생률(혼인신고를 한 부부가 낳는 출생아 수)로 봐도 큰 무리가 없다.

〈도표 1-6〉을 보면 알 수 있듯 합계결혼출생률은 그다지 내려가지 않았다. 2005년 한 번 낮아지긴 했으나 2010년에 1.92명으로 올랐다. 즉 결혼한 부부는 평균 아이 두 명을 낳는다. 어쩌면 아이 둘을 낳은 여성에게 셋째를 낳으라고 요구하는 것보다, 미혼여성의 결혼을 촉진하는 쪽이 합계특수출생률을 2명보다 높이는 데 효과가 클 것이다. 일각에서는 이런 통계를 보고서 평생 결혼을 하지 않으면 저출산에 가담하는 것이라며 '미혼이 늘어나면 나라가 망한다'는 식의 극단적인 주장을 펼친다.

결혼만 하게 하면 저출산 현상을 개선할 수 있다는 주장에도 나름의 논리가 있고 그런 주장을 하는 마음도 아예 이해 못 할 바는 아니지만, 결혼만 하면 모두 아이를 낳을 것이라고 보는 것은 지나치게 단순한 생각이다.

우선 아이를 낳고 싶어도 사정이 있어서 낳을 수 없는 이들이 있다. 2002년 '후생노동과학연구비보조금 후생노동과학특별연구 생식보조의료기술에 대한 국민의식조사'에 따르면 2002년 당시 불임치료를 받은 사람 수는 46만 6,900명이었다. 또 일본 후생노동성이 발표한 '2010년 제14회 출생동향 기본조사 부부조사 결과 개요'에 따르면 부부 6쌍 가운데 1쌍이 불임치료를 받았다.

또 물리적으로 낳을 수 없는 이들 뿐만 아니라 아이를 낳지 않기로 스스로 선택한 여성도 있다. 잡지 〈FRaU〉 2016년 3월호에 여배우 야마구치 토모코(山口智子) 씨를 인터뷰한 기사가 실렸는데, 아이를 낳지 않기로 한 선택에 관한 긴 인터뷰로 큰 반향을 불러일으켰다.

"나는 아이를 낳고 기르는 것만이 인생의 길은 아니라고 죽 생각해왔고, 다른 인생을 바랐다. 지금도 아이를 낳지 않은 것에 대해 조금도 후회가 없다. 각자가 다른 선택을 해도 좋다고 본다."

야마구치 토모코 씨가 사람들에게 아이를 낳지 말라고 말하려고 위와 같은 인터뷰를 한 건 아닐 것이다. 야마구치 토모코 씨는 "사람은 각자가 다양한 선택을 해도 좋으며 다른 사람이 한다고 해서 그것을 그대로 따라할 필요는 없다"고 말하면서 개인의 다양성과 자유의 중요성을 호소했다. 나는 이 말에 깊이 공감하고 찬성한다.

생애미혼율보다 심각한 생애무자녀비율

최근에 생애미혼율 통계가 널리 알려졌다. 그렇다면 생애에 아이를 갖지 않는 사람들의 비율(생애무자녀비율)을 보여주는 통계도 있을까. 생애무자녀비율을 찾아봤는데 나는 통계국이나 후생노동성 자료에서 이에 해당하는 자료를 찾지 못했다.

그래서 국립사회보장인구문제연구소에서 발표한 '일본 장래 인구 추계(가족유형별·배우자관계별)' 자료를 정리해 개인적으로 알아봤다. 자녀가 없는 사람의 수는 부부만 있는 가구 수와 미혼자 수를 합하여 계산했다. 원자료의 가족유형을 보면 핵가족 가구와 기타 친족가족 가구가 있는데 두 가구 다 무자녀 가구 수가 나와 있다. 그런데 나는 계산할 때 핵가족 이외의 무자녀 가구 수는 합산하지 않았다.

무자녀 가구 수를 계산할 때 미혼자 수를 15세 이상의 모든 연령을 대상으로 계산하면 부정확하다. 또 부부만 있는 가

〈도표 1-7〉 생애무자녀비율 추계

46~54세	2010년		2035년	
	남성	여성	남성	여성
부부만 있는 가구 수	800	800	860	860
미혼자 수	1,668	873	1,980	1,272
자녀가 없는 사람 수	2,468	1,673	2,840	2,132
생애미혼율	21.1%	11.1%	28.9%	19.1%
생애무자녀비율	31.2%	21.2%	41.4%	32.0%
조사대상 인구	7,916	7,877	6,858	6,668

※생애미혼율은 〈일본 장래 인구 추계〉를 원자료로 해서 자동 산출했기 때문에 2010년 시점의 생애미혼율 확정치(남성 20%, 여성 10%)와 오차가 있다.

출처: 국립사회보장인구문제연구소 〈일본 세대 수 장래 추계(전국)〉(2013년 1월 추계)를 바탕으로 재구성했다. 인구 수 단위는 천 명이다.

구를 그대로 무자녀 가구라고 보면 안 된다. 현재 자녀와 같이 살지 않는 50대 이상 부부는 자녀가 독립해서 부부만 사는 경우가 많다. 또 20대나 30대는 앞으로 결혼해 아이를 낳을 가능성이 있다.

그래서 생애미혼율과 마찬가지로 46~54세만 대상으로 하여 무자녀 가구 수를 산출했다.

그렇게 해서 산출한 수를 보면, 2010년 생애무자녀비율은

〈도표 1-8〉 코호트별로 본 여성의 생애미혼율과 출생아 수 분포

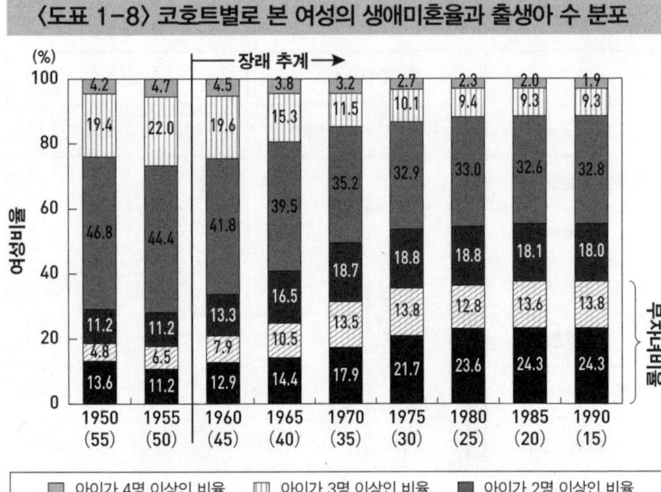

출처: 국립사회보장인구문제연구소 〈일본 장래 인구 추계〉(2006년 12월)

남성 31.2%, 여성 21.2%다(도표 1-7). 예상보다 자녀가 없는 사람의 비율이 높지 않았다. 대략적으로 생애미혼율에 10%를 더하면 생애무자녀비율이 되는데, 이 방법으로 추정해보면 2035년 생애무자녀비율은 남성 41.4%, 여성 32.0%가 된다. 즉 2035년에는 전체 남성의 40%, 여성의 30%가 아이가 없는 인생을 살아갈 것이다.

〈도표 1-8〉은 국립사회보장인구문제연구소가 2006년에 발표한 코호트(Cohort. 특정한 경험을 공유하는 집단-옮긴이)별 여성

무자녀비율 자료다. 여성만 계산한 이유는 남성의 경우 이혼하면 그 남성에게 자녀가 있는지 없는지 확인하기 어렵기 때문이다.

〈도표 1-8〉에서 보면 1990년에 태어난 여성(2035년에 45살)의 무자녀비율은 40%(기혼자 무자녀비율 13.8%+생애미혼율 24.3%=38.1%)에 가깝다.

여기서 생애미혼율 24.3%는 2006년 추계치로 실제보다 약간 높다. 2035년 여성의 생애미혼율을 19.2%(2013년 추계치)라 추정한 발표가 있는데, 이 수치를 넣으면 무자녀비율이 33%가 된다. 이런 계산으로 남성의 무자녀비율을 산출하면 42.8%(기혼자 무자녀비율 13.8%+생애미혼율 29.0%=42.8%)가 나온다.

그러니까 2035년에 아이가 없는 사람의 비율은 남성 42.8%, 여성 33.0%로 내가 계산한 수치와 거의 같다. 남성의 40%, 여성의 30%는 평생 아이가 없는 인생을 살 것이다.

여기서 나는 기혼자의 무자녀비율에 주목하고자 한다. 1950년에 태어난 여성 가운데 아이를 낳지 않은 기혼여성은 4.8%에 불과했으나, 1990년에 태어난 여성은 무려 13.8%가 결혼은 했지만 자녀가 없다. 거의 3배나 늘었다. 여성이 결혼만 하면 저출산 문제가 해결된다고 보는 것은 환상에 불과하다.

뿌리 깊게 남아 있는 결혼 규범

결혼은 본래 법적 의무도 아니고, 타인이 강요할 것도 아니다. 개인의 의사에 따라 선택하는 권리일 뿐이다. 또 아이를 낳고 기르는 것만이 인간의 사회적 가치라고 할 수도 없다. 그럼에도 일부 기혼자들은 "결혼하는 것이 당연하다" "결혼해서 가정을 이루고 아이를 길러야 비로소 어른이 된다"는 식으로 설교한다. 이런 것들을 가리켜 '결혼 규범'이라 한다.

마흔이 넘어서도 결혼하지 않는 이들을 향해 "뭔가 결함이 있다"는 식으로 근거 없는 낙인을 찍는 경우가 많다. 결혼하는 것이 보통이고 일반적이며, 결혼을 안 하는 것이 이상하다고 본다. 그래서 일부 기혼자들은 과거 모두가 결혼하던 시대에 생애미혼자들이 5%의 소수에 그쳤을 때는 어차피 소수니까 묵인했지만, 요즘 남성의 30%가 생애에 한 번도 결혼하지 않을 것이란 뉴스를 들으면 정체를 알 수 없는 병원균이 확산하고 있다는 뉴스를 들은 것처럼 놀라는지도 모르겠다. 마치 병을 치료해 준다는 듯 나서서 미혼자를 교정하려 한다. 내가 과장된 예를 드는 게 아니냐고 생각할 수도 있지만, 결혼하는 게 당연하다고 여기는 사람들에게는 그런 사고방식이 바로 '정의'인 것이다.

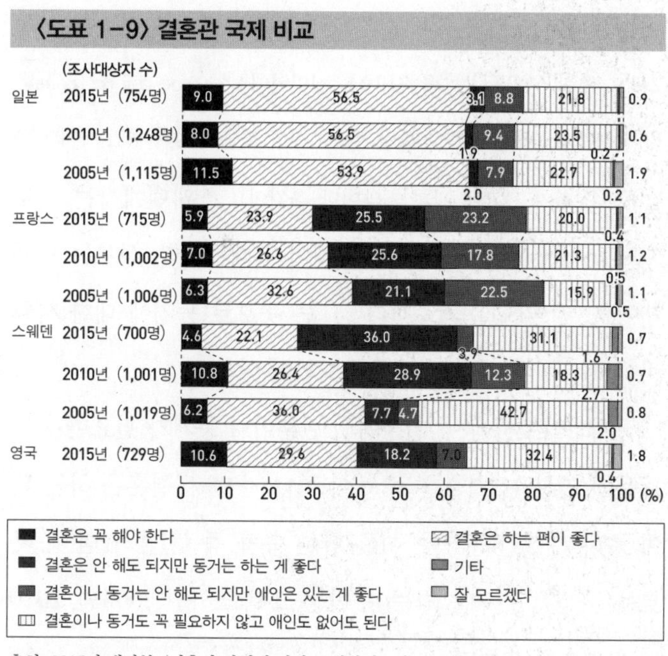

출처: 2015년 내각부 〈저출산 사회에 관한 국제의식조사 보고서〉

결혼에 관한 규범이 뿌리 깊게 남아 있음을 뒷받침하는 흥미로운 자료가 있다. 일본 내각부가 2015년 발표한 '저출산 사회에 관한 국제의식조사 보고서'다. 일본, 프랑스, 스웨덴, 영국 4개국의 20~49세 남녀(미혼·기혼 혼재)를 대상으로 이성 교제, 결혼, 출산, 육아 등에 관한 의식을 조사한 것이다(도표 1-9).

이 조사에서 결혼은 '법률혼'을 말한다. 그런데 이 조사에서는 결혼만이 아니라 동거까지 포함하고 있는데, 이는 동거가 프랑스에서는 팍스〔PACS. 시민연대협약(Pacte civil de Solidarité)을 뜻하며 공동생활을 영위할 목적으로 이성 또는 동성의 성인 사이에 체결하는 동반자 관계에 관한 계약이다–옮긴이〕, 스웨덴에서는 삼보(Sambo)라는 법률에 기초한 형태이기 때문이다. 삼보는 스웨덴어로 '같이(Sam) 거주한다(bo)'는 뜻으로 동거에 대한 사회적인 허용하에 법적 장치가 마련되어 있다.

국제의식조사에서 '인생에서 결혼이나 동거가 필요한가'는 질문에 일본은 '결혼은 꼭 해야 한다'가 9%, '결혼은 하는 편이 좋다'가 56.5%였다. 이를 합한 수치, 즉 '결혼 규범'에 따르는 이들은 65%를 넘는다. 이는 그전 조사인 2005년, 2010년과 비슷한 수치다.

이에 대해 유럽 각국을 보면, 프랑스나 스웨덴에서는 '결혼은 꼭 해야 한다' '결혼은 하는 편이 좋다'고 대답한 사람을 합하면 30% 정도다. 영국은 다소 높긴 하나 그래 봤자 40% 정도에 지나지 않는다. 특히 프랑스에는 결혼이나 동거라는 형태에 구애받지 않고 '애인이 있으면 된다'고 생각하는 가치관이 있다.

이 조사에서 눈에 띄는 점은 '결혼이나 동거도 꼭 필요하지 않고 애인도 없어도 된다'고 응답한 이가 스웨덴 31.1%, 영국

〈도표 1-10〉 결혼은 꼭 해야 한다거나 결혼은 하는 편이 좋다고 답한 사람들의 비율(결혼이나 동거 여부에 따라 분류)

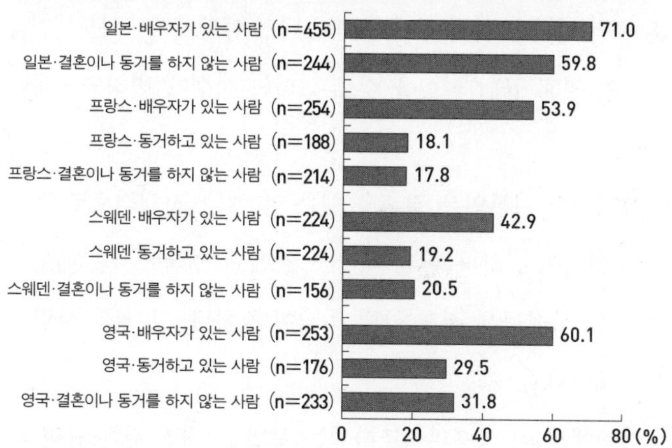

출처: 2015년 내각부 〈저출산 사회에 관한 국제의식조사 보고서〉

32.4%로, 일본 21.8%보다 10%p나 더 높다는 것이다. 이는 '애인이 있어야 한다'는 주장을 부정한다기보다, 커플을 형성하지 않는 것에 대한 사회적 허용도가 넓다는 의미로 해석할 수 있다.

그런데 배우자가 있는 사람과 독신은 결혼에 대한 사고방식이 당연히 서로 다를 것이다. 이를 국제 비교한 자료가 〈도표 1-10〉이다.

일본은 다른 나라보다 배우자가 있든 독신이든 '결혼은 꼭 해야 한다'거나 '결혼은 하는 편이 좋다'고 답한 비율이 높다. 결혼도 동거도 하지 않는 일본인 독신자의 약 60%가 강한 결혼 규범 의식을 갖고 있다. 프랑스나 스웨덴에서 독신자의 약 20%만 결혼 규범 의식을 갖고 있다는 사실에 비하면 3배나 높다.

그러니까 일본인은 결혼을 했든 안 했든, 전체적으로 결혼 규범 의식이 강하다. 반면 프랑스, 스웨덴, 영국에서는 배우자가 있는 사람들은 결혼 규범 의식이 강하나, 그 외의 사람들은 극히 낮다.

그밖에도 이 국제의식조사에는 성별·세대별 결혼 규범 의식이 나와 있다. 일본에서는 남성의 71.7%, 여성의 60.5%가 결혼은 해야 하거나 하는 편이 좋다고 생각한다. 남성이 여성보다 결혼 규범 의식이 강하다. 세대별로 보면, 남성의 경우 20대가 70%, 30대가 67%, 40대가 76%, 여성은 20대가 66%, 30대가 56%, 40대가 62%다. 남녀 모두 30대가 결혼 규범 의식이 가장 낮다. 나이가 어리다고 해서 결혼 규범 의식이 낮지는 않고, 여성만 놓고 보면 오히려 20대 여성의 결혼 규범 의식이 다른 세대 여성보다 높다.

이 조사는 과거 결혼을 많이 하던 시대가 아니라, 2015년에 실시한 것이기 때문에 위와 같은 결과는 의외였다.

이렇게 결혼 여부, 성별, 세대 등에 상관없이 일본인은 대부분 잠재적으로 강한 결혼 규범 의식을 갖고 있다. 현실이 이러하니 결혼을 원해도 못 하는 사람에게조차 '결혼하는 게 당연하다'는 식으로 공격하며 한 방 먹일 수 있는 것이다. 강한 결혼 규범 의식이 미혼자에게 '결혼하지 못하는 건 내가 스스로 부족한 탓'이라며 자신을 부정하는 마음을 심어주는 꼴이다.

내 경험을 예로 들어보겠다. 나는 2015년 말에 《결혼하지 않는 남자들(結婚しない男たち)》이라는 책을 출판했다. 결혼하지 않고 자유로운 생활을 누리고 있는 솔로남들의 생활상을 쓴 책이다. 이 책은 결코 남성들에게 결혼하지 말라고 하려고 쓴 게 아니다. 늘어나는 미혼남성에 대해 조사한 데이터가 거의 없기 때문에 그들의 생활상을 소비행동을 중심으로 살피며 그들이 어떻게 살아가고 있는지 밝히려 한 것이다.

나는 이 책에서 결혼을 못 하는 게 아니라 자신의 의사로 결혼하지 않는 남성도 있으며 이들은 열심히 일하고 경제적으로도 자립해 있다는 점, 경우에 따라서는 여자친구가 있어도 결혼을 선택하지 않고 자신의 돈과 시간을 전부 자신의 취미를 위해 쓰는 모습을 그렸다. 이 책의 내용은 각종 매체에 소개되며 화제가 됐다.

이 책이 나왔을 때 웹 사이트에 댓글이 1만 6천 개나 달렸다. 그런데 이 댓글은 대부분 기혼남성과 미혼남성이 쓴 악성 댓글이었다. 기혼남성이 그런 악성댓글을 다는 것은 이해할 수 있었다. 기혼남성이 솔로남보다 자유로운 삶의 방식을 인정하지 않는다는 점은 어느 정도 예상했기 때문이다. '결혼하지 않겠다니……. 결혼을 못해서 아쉬워서 그러는 거지. 실제로는 결혼을 못하는 거잖아' 같은 댓글도 있었다. 기혼자들은 결혼하지 않겠다는 미혼자를 보며 '신 포도 이야기'에 빗대 야유하기도 했다. 신 포도는 이솝우화에 나오는 이야기인데, 나무 높은 곳에 열매를 맺은 맛있는 포도를 본 여우가 그것을 먹으려고 몇 차례나 펄쩍 위로 뛰었지만 포도에 닿지 않자 포기하면서 "어차피 저 포도는 시고 맛없을 거야"라고 말한 이야기다.

그러니까 미혼자는 여우고 포도는 결혼이라는 소리다. 사람은 자신의 상태가 바라던 바와 다를 때 마음 속에서 느끼는 불협화음을 피하고 싶어서 자신의 상태에 맞춰 자신의 가치관이나 신념을 바꾸려 한다. 이런 인지부조화 이론을 들어 미혼자의 결혼하지 않겠다는 선택을 신 포도에 비유한 것이 꼭 틀리다고만 볼 수는 없지만, 내가 생각하기에는 기혼남성이 결혼이 좋다고 하는 주장 또한 신 포도나 마찬가지다. 어쨌든 기혼남성들의 반응은 예상대로였다.

그런데 미혼남성의 악평은 의외였다. 미혼남성들이 책 내용을 비난할 거라고는 전혀 예상치 못했다. 미혼남성들의 주장은 대부분 기혼남성과 같았는데 '나는 결혼을 안 하는 게 아니고 하고 싶은데 못하는 거다'라는 식이었다. 자신이 결혼을 못하는 이유로 미혼남성들이 든 이유는 '경제력' '외모' '성격' '커뮤니케이션 능력' 등 각자 달랐는데, 미혼남성들의 강렬한 자기부정과 부정적인 사고방식을 보고 나는 아연실색했다.

미혼남성들은 자신이 '결혼하지 않겠다'는 강한 의지가 있어서 독신으로 사는 게 아니라고 했다. 또 내 책이 마치 모든 미혼남성이 결혼을 하지 않겠다고 선택한 것처럼 썼기 때문에 자신들이 결혼을 못하는 현 상태가 개선되지 않을 뿐더러 피해만 준다고도 했다. 물론 그렇다고 해서 이 댓글을 쓴 미혼남성들이 열심히 구혼활동을 하는 것도 아니다. 또 과거에 구혼활동을 했다가 다른 남성들과의 경쟁에서 밀렸기 때문에 마음 속 상처가 있는 것도 아니다. 애초에 결혼하려는 경쟁에 참여해본 적이 없을 것이다. 그러니까 '어차피 구혼활동을 하거나 결혼시장에 참여해봤자 나 따위와 결혼해줄 상대가 있을 리 없다'고 하는 형국이다.

나는 한 인간의 가치가 고작 결혼으로, 그러니까 결혼을 할 수 있는지 없는지로 결정되지 않는다고 생각한다. 강박관념처럼 결혼 규범에 사로잡혀 있다 보면, 결혼을 못하는 거라 생각하고 자신감마저 잃는다는 생각이 들어 소름이 끼쳤다.

물론 솔로남성 중에는 결혼 규범에 영향을 받지 않고, 스스로를 부정하거나 평가절하하지 않는 씩씩한 사람들도 있다. 그렇지만 이런 솔로남성도 사실 일부 기혼남성들로부터 듣는 '결혼도 하지 않고 독신생활만 누리느냐'는 식의 비난이나 따가운 눈총은 피하고 싶을 것이다. 그래서 "저는 결혼하고 싶은 마음은 많지만, 못하는 거예요"라고 일부러 자신을 비하함으로써 스스로를 지키려 한다. 이런 자학하는 화법을 활용하면 주위에서도 "그러냐. 파이팅"하는 식으로 조금은 친절해지기 때문이다. 그렇지만 이렇게 대응해서는 어디까지나 그 자리만 모면하는 것에 불과하다. 자신의 의사와 반하는 말을 하니 스트레스도 받는다. 이런 사례를 보면 미혼자가 결혼 규범에 얼마나 휘둘리는지 알 수 있다.

앞으로 이 책에서는 결혼의사가 없는 사람들을 '솔로남성' '솔로여성'이라 부를 것이다. 일반적으로 솔로남성, 솔로여성은 자기 직업이 있고 혼자 생활하고 있으며 자유, 자립의 가치관을 가진 사람들을 일컫고, 결혼 의사와는 관계가 없다.

그러나 이 책에서는 이러한 일반적 정의에 더해 결혼 의사가 없는 사람들만 솔로남녀라 칭한다.

결혼의 장점도, 단점도 돈이다

5년마다 실시하는 '출생동향 기본조사'를 보면, 독신자를 대상으로 '결혼의 장점' '독신의 장점'이란 상반된 항목을 조사한 자료가 있다. 조사결과를 보면, 독신자가 생각하는 결혼의 장점은 기혼자가 생각하는 결혼의 장점과 다르다는 사실을 알 수 있다.

먼저 결혼의 장점을 보자.

2015년 조사에서 남녀 모두 '아이나 가족을 가질 수 있다'고 답한 비율이 가장 높았으며, 이 답은 1987년에 실시한 9회 조사부터 일관되게 증가해왔다(도표 1-11). 2000년대 이후부터 결혼의 장점으로 '정신적 안식처를 얻을 수 있다' '사랑하는 사람과 살 수 있다'는 답은 줄어들고, 대신 '부모나 주위의 기대에 부응할 수 있다'는 답이 늘어나고 있다. 여성의 경우, '경제적으로 여유가 생긴다'는 답이 증가하는 경향을 보였으며, 이번 2015년 조사에서 처음으로 20%를 넘었다.

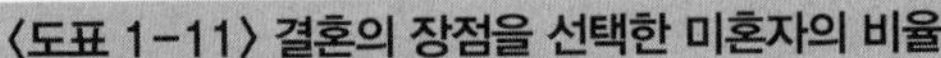

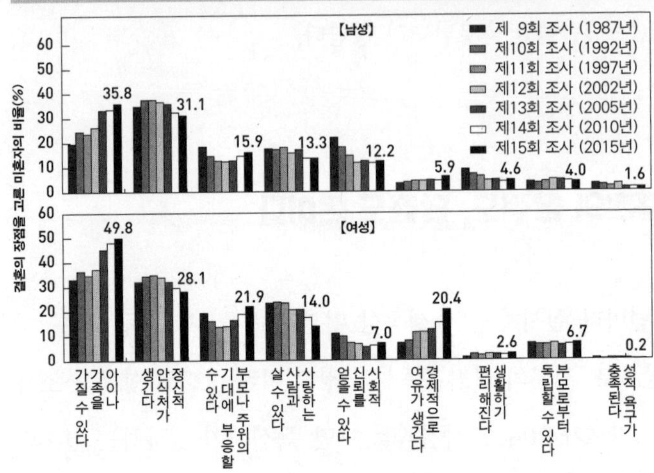

※조사대상은 18~34세 미혼자로 얼마나 많은 사람들이 각 항목을 결혼의 주요한 장점으로 보는지를 나타낸다. 수치는 2015년 조사결과를 따랐다.

출처: 국립사회보장인구문제연구소 2015년 〈제15회 출생동향 기본조사〉

정리하면, 남녀 대다수가 '아이나 가족을 가질 수 있다'는 점을 결혼의 장점으로 생각하고, 감소하는 추세이기는 하나 '정신적 안식처를 얻을 수 있다'고 답한 사람도 여전히 많다. 극히 평범한 답들이다.

이어서 독신의 장점을 보자.

남녀 모두 '행동이나 생활이 자유롭다'고 답한 사람이 압도적으로 많다. 남성은 69.7%, 여성은 75.5%다. 그밖에 '경제

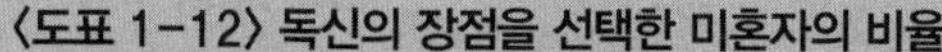

〈도표 1-12〉 독신의 장점을 선택한 미혼자의 비율

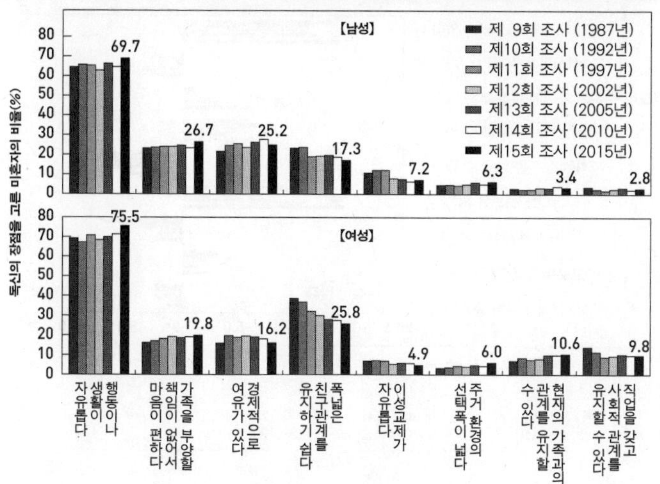

※조사대상은 18~34세 미혼자로 얼마나 많은 사람들이 각 항목을 독신의 주요한 장점으로 보는지를 나타낸다. 수치는 2015년 조사결과를 따랐다.

출처: 국립사회보장인구문제연구소 2015년 〈제15회 출생동향 기본조사〉

적으로 여유가 있다' '가족을 부양할 책임이 없어서 마음이 편하다' '폭넓은 친구관계를 유지하기 쉽다'고 답한 사람도 비교적 많다. 이러한 경향은 1987년 실시한 제9회 조사 이후 거의 변하지 않았으며, 결혼으로 인해 행동이나 생활방식, 경제적인 면, 친구관계 등에 제한이 생길 거라고 보는 미혼자들의 사고방식도 뿌리 깊다. 다만 여성은 결혼하면 친구관계가 제한될 거라고 보는 의식이 차츰 줄고 있다.

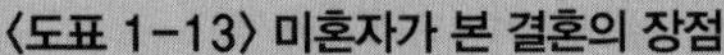
〈도표 1-13〉 미혼자가 본 결혼의 장점

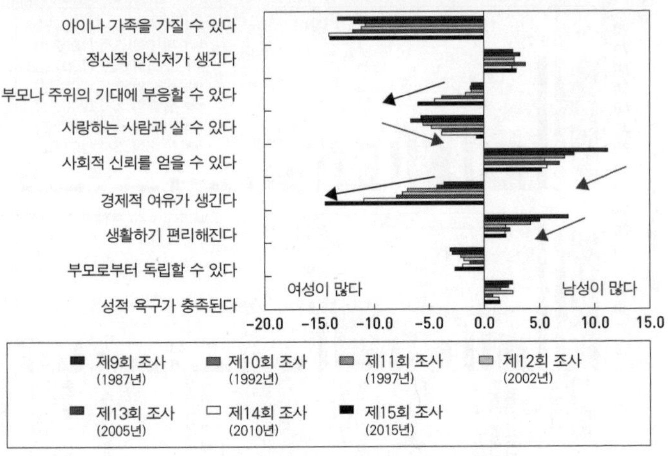

출처: 국립사회보장인구문제연구소 2015년 〈제15회 출생동향 기본조사〉를 재구성

남녀 모두 대다수가 독신의 장점으로 '행동이나 생활이 자유롭다'를 택했다. 굳이 조사하지 않아도 알 수 있는 결과다.

이 조사결과는 틀림없는 사실이다. 다만 어디까지나 남녀를 따로 보았을 때의 경우다. 만약 남녀가 생각하는 결혼의 장점이 서로 다르다면 결혼하는 데 방해가 될 것이다. 그래서 여기서는 남녀를 따로 조사한 장점의 대답 비율을 볼 게 아니라, 남녀의 차이를 봐야 한다.

〈도표 1-13〉, 〈도표 1-14〉는 결혼과 독신의 장점에 대한

〈도표 1-14〉 미혼자가 본 독신의 장점

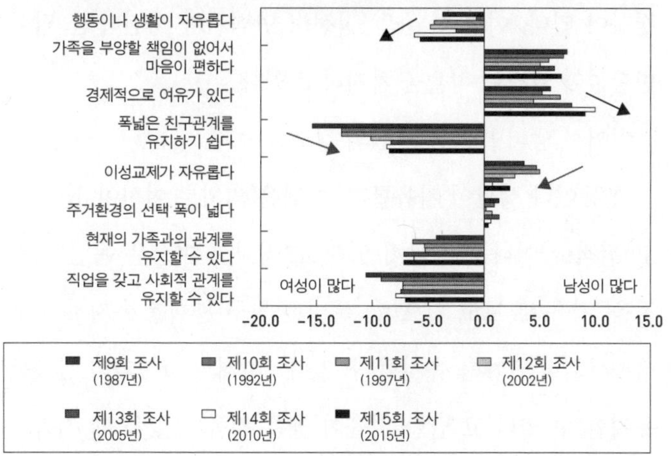

출처: 국립사회보장인구문제연구소 2015년 〈제15회 출생동향 기본조사〉를 재구성

남녀차를 나타낸 것으로 왼쪽 그래프가 여성이 장점이라고 생각하는 부분, 오른쪽 그래프가 남성이 장점이라고 생각하는 부분이다. 도표를 보면 일목요연하게 알 수 있다.

먼저 남녀별로 본 결혼의 장점을 보자.

여성은 '부모나 주위의 기대에 부응할 수 있다' '경제적 여유가 생긴다'는 답이 남성보다 많다. 또한 최근에 '경제적 여유가 생긴다'는 답이 급격히 늘어났다.

한편 남성은 '사회적 신뢰를 얻을 수 있다' '생활하기 편리해진다'는 답이 여성보다 많은데, 이런 답이 해마다 줄어드는 경향이 있다. 여성과 달리 '정신적 안식처가 생긴다'는 답이 변함없이 일정한 비율을 차지하고 있다.

이어서 남녀별로 본 독신의 장점을 보자.

'행동이나 생활이 자유롭다'는 답은 의외로 여성이 훨씬 많고 점점 늘어나는 경향이 있다. 그러니까 여성은 독신의 장점을 '자유'로 보고 있으며, '폭넓은 친구 관계를 유지하기 쉽다' '사회적 관계를 유지할 수 있다' '현재의 가족과의 관계를 유지할 수 있다'고 답한 비율이 높은 것을 보았을 때 지속적인 대인관계를 중시한다는 점을 알 수 있다.

남성은 '경제적으로 여유가 있다'는 답이 늘었으며 '가족을 부양할 책임이 없어서 마음이 편하다'는 답도 경제적 요인과 비슷한 비율을 보였다.

그런데 왜 결혼과 독신의 장점에 대해 남녀가 각기 다른 생각을 갖고 있을까.

여성이 결혼하지 않는 것은 결혼을 하면 자유롭지 못하게 되고 친구나 가족, 직장 동료와 멀어지는 것에 대한 두려움이 있기 때문이고, 결혼을 하는 것은 새로운 가족이 생기고 경제적 여유가 생길 것을 기대하기 때문이라고 해석할 수 있다. 바꾸어 말하면 여성은 결혼 전의 사회적 관계를 포기해도 좋을 정도로 경제적 여유가 생기지 않는다면 결혼을 하지 않을 것이라 볼 수 있다. 구혼활동을 하는 여성이 상대방의 연봉을 따지는 이유도 이 때문이다.

남성이 결혼하지 않는 것은 자신을 위해 돈을 쓰고 싶기 때문이다. 남성이 느끼는 결혼의 장점은 이제 거의 없다고 해도 과언이 아니다. 미혼자라 하더라도 반드시 '사회적 신뢰'를 못 얻는다고 볼 수 없고 또 결혼하더라도 여성이 전업주부가 되는 경우가 별로 없기 때문에 남성들이 생각한 결혼의 장점인 '생활의 편리함'이 있다고 보기 어렵다.

간단히 정리하면 남성은 자신을 위해 쓸 수 있는 돈을 포기하면서까지 결혼할 필요를 느끼지는 않게 됐다고 볼 수 있다.

결혼에 관해서 여성은 경제적 안정을 양보하지 않을 것이며, 남성도 결혼으로 인해 자신을 위해 쓸 돈을 포기하게 되는 것을 극도로 꺼릴 것이다. 어쨌든 결혼에 대한 의식을 보면 남성도 여성도 어차피 돈과 관련되어 있다. 여자가 결혼하고 싶어하는 이유도 돈이고, 남자가 결혼하기 싫어하는 이유도 돈이다. 이 문제는 남녀가 서로 양보하기 어려운 부분이므로 앞으로 비혼화가 진행될 것은 지극히 당연하다.

2장

솔로를 허용하지 않는 사회

왜 '결혼하는 게 정상'이란 사고방식이 퍼져 있는 걸까?

비혼화가 진행되는 것은 개인의 의식 때문만이 아니다. 경제상황이나 고용을 포함한 사회 환경의 변화가 주는 영향도 크다. 그런데도 사회 환경의 변화를 고려하지 않거나, 사실관계를 오해해서 비혼화의 원인은 개인이 결혼하려고 노력하지 않기 때문이라고 탓하는 풍조가 있다. 2장에서는 비혼자들의 의식과 그들이 처한 상황을 바르게 인식할 수 있도록 비혼에 대한 편견이나 선입관이 낳은 폐해를 논하려 한다.

'90%가 결혼하고 싶다'는 거짓 데이터

1장에서 다른 나라들에 비해 일본에는 여전히 결혼 규범이 뿌리 깊게 남아 있음을 지적했다. 그 결과 미혼자들은 무의식중에 '결혼 못 한 나한테 뭔가 문제가 있다'는 식으로 자신을 부정적으로 보게 됐다.

물론 결혼하는 것만 정상이라고 보는 쪽에서 악의가 없을 수도 있다. "결혼은 좋은 거야" "가족은 따뜻한 거야"라고 선의로 충고를 하는 것일지도 모른다. 그렇지만 결혼을 못 하는 사람이든 안 하는 사람이든, 듣는 사람 입장에서 그런 말은 불편한 말일 뿐이다. 악의에서 나온 것이든 선의에서 나온 것이든 상관없이 말이다. '왜 저렇게까지 남의 인생에 하나하나 간섭하지'라고 느끼는 게 보통이다.

왜 사회에 이렇게까지 '결혼하는 게 정상'이란 사고방식이 퍼져 있는 걸까.

이는 '모두가 결혼하고 싶어 한다'고 보는 선입견 때문이다. 이런 선입견을 주로 만들어 내는 것이 언론인데, 이때 언론 보도에서 생애미혼 관련 데이터가 자주 인용된다.

문제의 데이터는 국립사회보장인구문제연구소가 실시한 '결혼적령기 남녀 결혼 의향 조사'다(도표 2-1). 언론에서는 이

〈도표 2-1〉 미혼자의 결혼의사

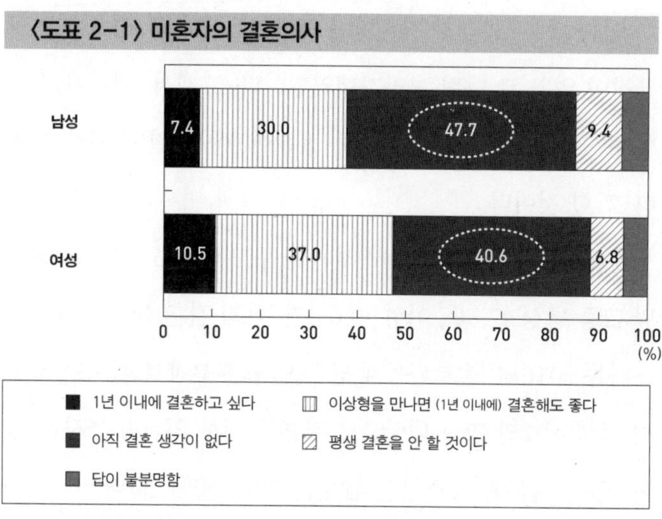

출처: 국립사회보장인구문제연구소 2010년 〈제14회 출생동향 기본조사〉 결혼적령기 남녀 결혼 의향 조사 (조사 대상은 18~34세 미혼자)

데이터를 18~34세 미혼자의 약 90%(남성 86%, 여성 89%)가 '결혼하고 싶다'고 답했다고 해석한다. 이 조사 결과를 근거로 결혼을 못 하는 이유는 개인의 열정이나 행동력이 부족하기 때문이라는 논리를 내세운다.

그러나 남녀 90%가 결혼하고 싶어 하는데, 어떻게 30%나 되는 이들이 생애미혼자가 되는가?

이 조사를 자세히 보면 남녀 모두 '결혼하고 싶다'는 게 아니라 '언젠가 결혼할 수도 있다' 정도임을 알 수 있다. 선택할 수 있는 답은 '언젠가 결혼할 수도 있다' 아니면 '평생 결혼할 생각이 없다'로 나뉘는 양자택일형이다. 그래서 '언젠가 결혼할 수도 있다'고 답한 이들 중 절반이 '아직 결혼 생각이 없다'고 한 것이다.

정확히 짚어보면, '언젠가 결혼할 수도 있다'고 생각은 하지만 그중 남성 47.7%, 여성 40.6%가 '아직 결혼 생각이 없다'.

나는 2016년 '솔로활동계 남성 연구 프로젝트'를 수행하면서 남녀 약 1만 명을 대상으로 결혼에 대한 의식을 조사한 적이 있다. 결혼에 긍정적인 남성은 20대 60%, 30대 50%, 40대 39%, 50대 29%였고, 여성은 20대 72%, 30대 58%, 40대 34%, 50대 18%라는 결과가 나왔다. 평균 초혼 연령이 30대라는 점을 감안하더라도 남성의 50%, 여성의 40%는 결혼에 대해 긍정적이지 않거나 '결혼하고 싶지 않다'고 생각한다. 앞서 1장에서 살핀 '출생동향 기본조사'에서 나온 결과와 일치한다.

즉, '결혼할지도 모르겠다고 막연히 생각하나 아직 결혼 생각은 없다'고 생각하는 사람이 태반이다. 남성뿐만 아니라 여성에게도 이런 생각이 널리 퍼져 있다. 또 40대 이상은 여성이 남성보다 훨씬 더 결혼 의욕이 없다는 점을 알 수 있다.

이렇게 결혼하지 않거나 하고 싶어 하지 않는 솔로 지향형의 사람들이 전체 남녀의 절반을 차지한다. 개중에는 결혼하고 싶어도 못 하고 있는 이들도 있겠지만, 자신의 의사에 따라 결혼하지 않겠다고 능동적으로 선택한 이들도 분명히 존재한다.

모든 사람이 결혼하는 것이 정상은 아니다. 지금 돌이켜보면, 오히려 고도경제성장기 거의 모두가 결혼했던 시대야말로 긴 역사에서 이질적인 시대, 별난 시대였다고 보는 게 자연스럽다.

일하는 여성이 늘어난 사회에서 비혼화가 진행된다

아베 내각은 '여성이 빛나는 사회 만들기'를 중요한 과제 가운데 하나로 내걸었다. 모든 여성이 자신의 생활방식에 자신감과 긍지를 갖고 활약하는 사회를 만들겠다는 것이다. 2016년 5월 '모든 여성이 빛나는 사회 만들기 본부'는 '여성 활약 촉진을 위한 중점 방침 2016'을 발표하며, 여성이 자신의 꿈과 희망을 실현할 수 있는 사회를 만들기 위해 다음과 같은 세 가지 과제를 제시했다.

❶ 모든 분야에서 여성의 활약 촉진

❷ 여성 활약을 뒷받침할 안전하고 안심할 수 있는 생활 실현

❸ 여성 활약을 위한 기반 정비

❶에는 남성적인 업무 처리 방식 또는 그런 방식을 가진 남성들의 의식을 개혁할 것, 비정규직 여성의 처우를 개선하고 정규직 전환을 추진할 것, 남성이 가사나 육아에 참여하도록 촉진할 것 등이 세부 과제로 포함됐다.

왜 아베 내각은 '여성의 활약'을 내걸고 적극적으로 추진하는 걸까. 선거 대비 목적도 있겠으나 그것만이 목적은 아니다. 정부가 방향을 바꿔 여성 친화적인 과제를 내놓는 데에는 그만한 이유가 있다.

바로 일본사회가 저출산, 고령화, 인구 감소 현상을 피할 수 없게 됐다는 점이다. 이대로 고령자가 늘어난다면 현행 사회보장제도를 유지하기 어렵다는 점은 누구나 쉽게 예측할 수 있다. 사회보장을 뒷받침할 이들과 사회보장으로 뒷받침될 이들의 수의 균형이 맞지 않게 되기 때문이다. 이를 완화하려면 잠재적인 노동력이라 할 수 있는 고령자나 여성, 젊은이의 노동력 증가가 필요하다. 여기에는 일본이 이민자를 노동력으로 받아들이는 데 장벽이 높은 것도 영향을 미치고 있다.

2014년 일본정부가 발표한 '경제재정백서'에는 육아를 충

실히 지원하면, 일하는 여성을 100만 명으로 늘릴 수 있다고 쓰여 있다. 그러니까 육아 지원조차 여성을 노동력 공급원으로 만들기 위한 조치의 일환인 것이다. 또 딱히 여성을 정규직으로 고용할 방법을 마련한 것도 아니다. 파트타임이든 비정규직이든 어찌 됐건 지금까지 노동시장에 나오지 않았던 전업주부나 가사노동을 하던 여성이 밖에 나와 일하기만 한다면, 세금 수입 면에서는 플러스가 된다. 또 여성이 수입을 얻음으로써 지출하는 소비의 증가도 경제성장 요인이 된다. 노골적으로 말해 '여성이여, 나라의 성장을 위해 일해라'나 마찬가지다. '여성이 빛나는 사회'란 말에만 눈이 가기 쉽지만, 그것은 정부의 의도로 이런 정책을 아무런 비판 없이 보도하는 언론에도 책임이 있다.

아베 정권이 '일본재흥전략(아베 정권 출범 이후, 일본 경제 재건을 위해 수립된 전략으로 2013년 6월 14일 발표됐다)'에서 2020년까지 목표로 삼은 20~44세 여성의 취업률은 77%다(2015년 목표는 72%였다). 이 목표는 십여 년 전 민주당 정권 시절과 그다지 다르지 않다. 정권이 바뀌어도 관료들은 그대로다. 여성 노동력 증가 목표는 아베 정권의 독자적인 전략이 아니며 관료들이 계획을 짜왔다.

그러니 '저출산은 비혼화가 원인이고 큰 문제다. 그래서 결

〈도표 2-2〉 연령별 취업률 추이

		2005년	2006년	2007년	2008년	2009년	2010년	2011년	2012년	2013년	2014년	2015년
남	전체	69.9	70.0	70.3	69.8	68.2	67.7	(67.6)	67.5	67.5	67.7	67.8
	15~64세	80.4	81.0	81.7	81.6	80.2	80.0	(80.1)	80.3	80.8	81.5	81.8
	15~24세	40.0	40.6	41.4	41.0	38.7	38.0	(38.0)	37.9	38.8	39.6	40.4
	25~34세	90.0	90.5	91	90.6	89.0	88.9	(89.3)	89.4	89.3	90.1	90.0
	35~44세	93.6	93.9	94	93.8	92.5	92.6	(92.8)	92.6	92.8	93.3	93.2
	45~54세	93.0	93.3	93.6	93.4	92.4	92.5	(92.4)	92.3	92.4	92.7	92.8
	55~64세	78.9	79.9	81.5	81.3	79.8	78.9	(78.6)	78.8	79.8	81.5	82.4
	55~59세	89.6	89.6	89.8	89.2	88.0	88.0	(88.6)	88.4	89.1	90.0	90.2
	60~64세	65.9	67.1	70.8	72.5	71.4	70.6	(70.8)	71.3	72.2	74.3	75.5
	65세 이상	28.7	28.4	29.1	29.0	28.4	27.8	(27.5)	27.9	28.6	29.3	30.3
여	전체	46.3	46.6	46.6	46.5	46.2	46.3	(46.2)	46.2	47.1	47.6	48.0
	15~64세	58.1	58.8	59.5	59.8	59.8	60.1	(60.2)	60.7	62.4	63.6	64.6
	15~24세	41.7	42.1	41.6	41.8	41.1	40.5	(40.2)	39.0	40.6	41.0	40.9
	25~34세	64.0	65.1	65.7	66.3	67.3	68.0	(68.3)	69.1	70.7	71.6	72.1
	35~44세	64.0	64.7	65.4	65.2	65.0	65.2	(65.9)	66.7	68.6	70.1	71.2
	45~54세	69.1	70.2	71.2	71.4	71.0	71.5	(71.6)	72.2	73.3	73.9	74.8
	55~64세	49.4	50.1	51.3	51.7	51.7	52.0	(51.9)	52.4	54.2	56.0	57.9
	55~59세	58.4	58.6	59.5	60.0	60.6	61.2	(62.1)	62.6	64.7	66.3	67.5
	60~64세	39.0	39.0	41.0	42.5	42.9	44.2	(44.2)	44.5	46.0	47.6	49.4
	65세 이상	12.6	12.8	12.8	12.9	13.0	13.1	(13.0)	13.2	13.7	14.3	15.0

출처: 총무성 통계국 〈노동력 조사결과〉(2011년도는 동일본대지진이 있어서 추정해 작성한 수치다)

혼하지 않기로 선택한 사람들은 나라를 망하게 하는 것이니 괘씸하다'는 식의 주장은 이미 뒤처진 것임을 알아야 한다. 어쩌면 관료들은 저출산이나 인구 감소를 막을 생각도 의욕도 전혀 없는 것 같다.

연령별 취업률(도표 2-2)을 보면, 25~54세 남성의 취업률이 90%를 넘는 데 비해 여성은 70%도 넘지 않는다. 이렇게 남녀가 20%p나 차이가 나는 이유는 여성이 '결혼→출산→육아'

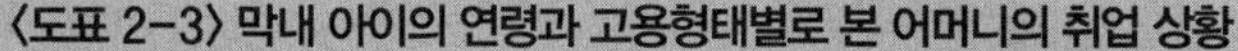

〈도표 2-3〉 막내 아이의 연령과 고용형태별로 본 어머니의 취업 상황

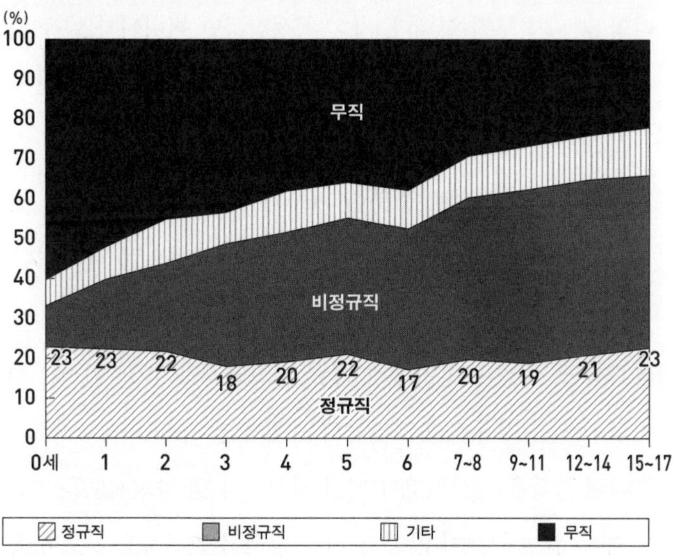

출처: 2014년 후생노동성 〈국민생활 기초조사〉

의 단계를 거치며 일을 그만두거나 쉬는 상황과 관련이 있다.

그럼 아베 내각의 '여성이 빛나는 사회' 계획의 목표치인 여성취업률 77%가 실현되면 어떻게 될까. 물론 출산이나 육아를 이유로 어쩔 수 없이 일을 쉬지 않아도 되는 시스템이 마련된다면, 일하고 싶은 기혼여성에게는 좋을 것이다.

2014년 '국민생활 기초조사' 가운데 '막내 아이의 연령과 고용형태별로 본 어머니의 취업 상황'이라는 흥미로운 데이터를 살펴보자(도표 2-3). 이에 따르면 막내 아이가 한 살 미만인 어머니의 60%가 무직 상태다. 자식이 성장하면 어머니가 일을 하게 되는데 대부분이 비정규직으로 일한다. 자식을 낳더라도 정규직 고용을 유지할 수 있는 여성은 20% 정도에 불과하다.

남편의 수입만으로 충분한 가구가 아니더라도, 임신과 출산을 거치며 일을 그만두는 여성이 많은 것으로 나타났다. 특히 출산과 육아를 거치며 정규직으로 남는 여성은 20%에 불과하다. 30~34세 여성의 정규직 고용률은 30%이므로, 적어도 10%는 정규직을 그만둔다는 점을 알 수 있다.

이런 상황을 개선하고자 기업 의식이나 현 사회제도를 바꾸는 것은 결코 나쁘지 않다. 출산한 여성이 안심하고 일하며 육아할 수 있는 환경을 갖출 필요가 있다. 아이를 낳으면 일을 그만둘 수밖에 없어서 출산을 주저하는 여성들이 많다는 사실을 감안한다면 이런 대응은 환영해야 할 것이다.

그런데 아이를 낳기 원하는 여성은 기업 의식이나 현 사회제도에 크게 신경을 쓰지 않고 출산을 하는 게 현실이다. 지금과 같이 어려운 상황에서조차 기혼여성은 평균 두 명의 아이를 낳는다. 또 애초에 아이를 낳을 계획이 없는 부부는 제도가 바뀐다 한들, 그 혜택을 받을 수가 없다.

열심히 일하는 여성일수록 미혼율이 높다

물론 '여성이 빛나는 사회'는 확실히 여성이 일하는 환경을 만드는 데에는 큰 효과를 발휘할 수도 있다. 그렇지만 이것이 비혼화나 저출산을 해결할지는 큰 의문이다. 나는 오히려 정부의 계획이 여성의 비혼화를 가속화할 것이라고 예상한다. 여성이 혼자 살며 경제적으로 자립할수록 여성은 결혼할 필요성을 느끼지 않게 된다.

연 수입별 남녀 생애미혼율 자료를 보면 성별차가 분명하다(도표 2-4). 연 수입이 낮은 남성일수록 생애미혼율이 높고, 반대로 연 수입이 높은 여성일수록 독신일 가능성이 높다. 특히 연 수입이 1천만 엔(2018년 1월 현재, 100엔은 한화 약 1,000원에 해당한다-편집자) 이상인 여성의 생애미혼율은 여성 전체 평균 10%의 4배에 가깝다. 생애미혼율은 46세에서 54세까지 미혼율을 평균낸 것이므로, 50대 가까이가 돼서 미혼인 이들은 빈곤에 시달리는 남성과 경제적으로 자립한 여성이 많다는 점을 알 수 있다.

또한 산업별·고용형태별 남녀 생애미혼율 자료를 보면 한눈에 알 수 있는 것이 비정규직 남성과 정규직 여성의 생애미혼율이 높다는 점이다(도표 2-5).

〈도표 2-4〉 연수입별 남녀 생애미혼율

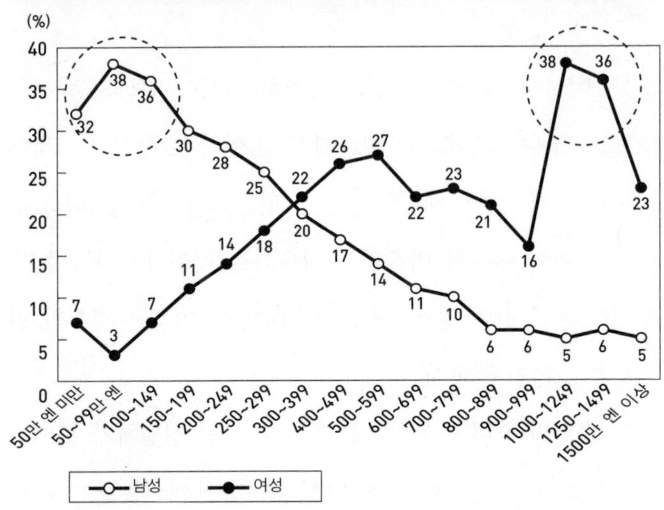

※조사대상은 45~54세 미혼자이며, 이 수치는 연 수입별 미혼자 수를 전체 취업자 수로 나눈 평균치로 엄밀하게 보면 생애미혼율과는 다르다.

출처: 2012년 총무성 통계국 〈취업구조 기본조사〉

성별과 고용형태에 관계없이 모두 전체 평균 생애미혼율을 웃도는 산업은 신문·출판·영상제작·광고제작업이다. 특히 이 직종에서는 정규직 여성의 50%가 생애미혼이다. 정규직이라면 결혼할 것이라는 예상과는 전혀 다르기 때문에, 어찌 보면 충격적이다. 이어 광고업, 전문서비스업(법률·회계·디자인업·저술가)도 생애미혼율이 높다.

한편 생애미혼율이 낮은 산업은 남성의 경우 금융업, 보험

〈도표 2-5〉 산업별·고용형태별 남녀 생애미혼율

	정규직		비정규직	
	남	여	남	여
전체	14.6%	18.6%	40.4%	6.5%
농업, 임업	18.4%	4.3%	49.9%	5.1%
어업	18.6%	0.0%	31.3%	2.9%
건설업	16.7%	18.2%	36.7%	10.2%
제조업	15.9%	20.3%	42.4%	5.9%
전기가스,열공급, 수도업	10.9%	32.2%	25.0%	6.3%
통신업	13.1%	29.9%	12.5%	8.8%
방송업	13.0%	77.0%	0.0%	8.3%
정보서비스업(소프트웨어, 게임소프트)	15.3%	35.6%	38.6%	11.2%
신문·출판·영상제작·광고제작업	21.7%	50.1%	29.8%	13.3%
운수업, 우편업	15.0%	23.5%	38.1%	7.3%
도매업, 소매업	12.7%	25.2%	40.2%	6.0%
금융업, 보험업	6.8%	25.4%	12.1%	8.3%
부동산업, 물품임대업	11.1%	26.4%	27.6%	11.9%
학술·개발연구기관	17.6%	3.1%	5.9%	19.6%
전문서비스업(법률·회계·디자인업·저술가)	19.8%	27.5%	29.2%	9.9%
광고업	24.5%	38.5%	36.4%	0.0%
기술서비스업(건축설계, 수의사, 측량, 사진업 등)	24.2%	23.6%	30.3%	14.7%
숙박업, 음식서비스업	18.1%	12.2%	33.9%	4.7%
생활관련 서비스업(세탁, 미용업), 오락업	20.6%	21.8%	41.8%	7.9%
교육, 학습지원업	9.4%	17.3%	36.8%	7.2%
의료업(병원, 치과)	11.7%	14.4%	42.2%	4.0%
사회보험·사회복지·노인요양업	19.8%	10.1%	49.0%	4.1%
우체국, 협동조합 등 복합서비스업	12.3%	17.5%	58.6%	5.4%
서비스업(폐기물 처리·정비 등)	22.1%	25.5%	47.0%	9.9%

※위 표에서 음영으로 처리한 칸은 2010년 전국 평균 생애미혼율(남성 20.1%, 여성 10.6%)보다 높은 수치를 나타낸다.

출처: 2012년 총무성 통계국 〈취업구조 기본조사〉

업, 교육관련업이고, 여성의 경우 숙박업, 음식서비스업, 사회보험 · 사회복지 · 노인요양업이다. 제조업을 보면 정규직 남성은 생애미혼율이 남성 평균 이하인 데에 반해, 정규직 여성은 생애미혼율이 여성 평균의 갑절 이상이다. 금융업, 보험업도 정규직 남성은 생애미혼율이 낮지만, 정규직 여성은 높다. 여성이 더 많이 일하고 있는 직종인 소매업에서도 정규직 여성의 생애미혼율 수치가 높다. 여기에는 직장 내 남녀성비에서 압도적으로 여성 취업자 수가 많은 현실도 영향을 미치고 있는 것일지도 모르겠다.

여기서 확실히 알 수 있는 사실은 여성이 정규직으로 일하더라도 생애 결혼하지 않을 가능성이 높다는 점이다. 또 영상, 문학, 그림 등과 관련된 전문직이나 지식을 가진 여성일수록 생애미혼율이 높다. 나는 광고업에 몸을 담고 있는데, 확실히 주변 여성이나 신문·출판업계, 프리랜서 작가를 보면 미혼여성이 많다.

광고업이나 신문·출판업계에서 일하는 여성들이 결혼을 하지 않는 이유가 단순히 일이 바쁘다거나 일이 좋아서는 아닐 것이다. 이들 직업은 제조업이나 소매업과는 달리, 시간이 정해져 있지 않은 노동을 한다는 점이 특징이다. 열심히 일하는 여성이라면 이에 상응하는 수입이 있는데, 여성은 자신보다 연 수입이 높은 남성과 결혼하려는 경향이 있으므로 자신의 연 수입이 높으면 결혼 상대의 선택지가 더 좁아진다. 예를 들어 연 수입 600만 엔의 여성이 연 수입 300만 엔의 남성과 결혼하는 일은 자주 일어나지 않는다. 이는 애정과 같은 감정적인 문제가 아니라, 결혼이라는 일종의 경제생활을 위해서다.

왜 여성은 자기보다 연 수입이 많은 결혼 상대를 바랄까

왜 여성은 자기보다 연 수입이 많은 결혼 상대를 바랄까. 이건 여성만의 문제도 아니고, 사회제도나 기업만의 문제도 아니다. 남성 쪽에도 일부 책임이 있다. 생애미혼율을 측정하는 대상 연령인 45~54세 남성은 자신보다 연 수입이 적은 상대와 결혼하고 싶어 한다. 그러니까 자기보다 적게 벌고 학력도 낮은 여성을 원하는 경향이 있다. 또 이 연령대 남성은 '남성은 밖에서 벌고 여성은 집을 지킨다'는 식으로 자기 세대만의 독자적인 가치관을 가진 이들이 여전히 많다. 결혼하면 여성은 전업주부가 된다고 보던 고도경제성장기 사고방식이 아직도 뿌리 깊게 남아 있는 것이다. 아이러니지만, 이러한 사고방식을 가진 남성이 더 많이 결혼한다. 그러니까 여성이 정규직으로 일을 하다가 결혼이나 육아 때문에 어쩔 수 없이 일터를 떠나게 되는 경우는 여성이 원해서라기보다는 실은 남성(남편)의 요구 때문인 경우가 많다.

물론 모든 남성이 배우자가 전업주부여도 될 만큼 수입이 충분한 건 아니다. 현재는 맞벌이 가구가 주류고, 결혼 후에도 아내가 일하는 경우가 많다. 그런데 맞벌이 부부의 각자 평균 수입을 보면 쉽게 이해된다. 최근 데이터가 없기 때문에 예전 데이터를 볼 수밖에 없다. 2000년 총무성 통계국이 발표한 '핵가족맞벌이세대 가계 수지' 데이터를 보면(이 조사는 부부만 있거나 미혼인 아이와 부부로 구성된 가구 가운데 부부 중 한 사람이 가구주고 그 배우자도 일하는 가구를 대상으로 했다. 단 자녀가 취업한 가구는 제외했다) 맞벌이라 하더라도 남편 수입이 주요한 원천이고 아내 수입은 보조적인 형태를 띤다. 맞벌이에서 아내 수입은 남편 수입보다 적은 경우가 대부분이다.

극단적으로 말하자면, 여성은 '나보다 수입이 적은 여성과 결혼하겠다'는 결혼관을 지닌 남성이 괜찮다고 생각하면 결혼할 수 있다. 그래서 결과적으로 정규직 남성과 비정규직 여성의 미혼율이 낮은 것이다. 물론 고용형태가 같은 사람들끼리 맞벌이로 결혼한 경우도 있고, 그렇지 않더라도 서로 이해하고 결혼한 경우도 있다. 그런데 여성은 어떤 경우든 아이가 태어나면 육아를 전담하기 위해 일을 그만두는 것이 대부분이다.

일하는 여성은 '왜 내가 일을 그만둬야 해? 그래야 한다면 결혼 안 하는 게 좋겠다'라고 생각할 수도 있다. 그렇게 생각한 여성들이 이제 미혼인 채로 50대를 맞이하고 있다.

연 수입이 높은 정규직 여성이 연 수입이 낮은 비정규직 남성과 결혼해서 남성이 전업주부가 되는 경우도 생각해볼 수 있다. 그런데 남녀 모두 이 방식에는 부정적이다. 일부 언론에서는 "전업주부 남성이 늘었다" "새로운 라이프스타일, 전업주부 남편이 탄생했다"고 떠들어대고 있는데, 남의 가정에 전업주부 남성이 있는 것은 허용해도 대다수는 막상 자신의 일이 되면 그런 게 싫다고 답한다. 또 실제로 전업주부 남성이 늘었는지 따져보면 미미한 수준이다.

총무성 통계국 '노동력조사'를 살펴보면, 1980년에 전업주부가 있는 가구는 1,114만 가구였으나 2013년에는 약 745만 가구로 격감했다. 지금은 잘 알려져 있듯, 맞벌이 가구가 홑벌이 가구보다 많다. 그런데 남성이 전업주부로 있는 가구가 얼마나 되는지는 뉴스를 봐도 잘 알 수 없다.

〈도표 2-6〉 여성 제3호 피보험자 수

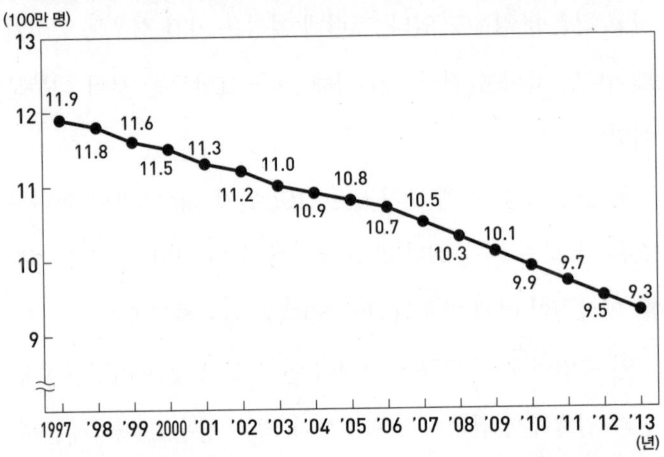

〈도표 2-7〉 남성 제3호 피보험자 수

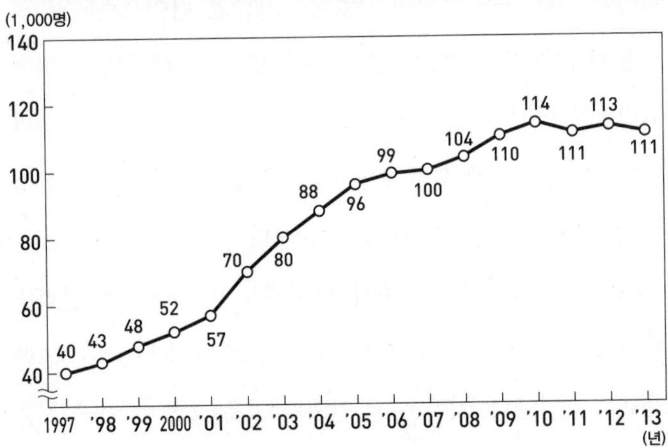

※피보험자 수는 각 해당년도 말에 집계했다.

출처: 2013년 후생노동생 〈후생연금보험 국민연금사업연보 연금수리부회〉

2013년 후생노동성 연금국에서 발표한 '후생연금보험 국민연금사업 개요 상황'에서 제3호 피보험자 데이터 추이를 보자. 여기서 '제3호 피보험자'란 '제2호 피보험자(회사원이나 공무원 등 자영업 이외의 근로자)'에게 부양되고 있는 배우자를 가리킨다. 즉 '남성 제3호 피보험자'는 일하는 아내에게 부양되고 있는 전업주부 남성이라고 볼 수 있다.

〈도표 2-7〉에 따르면, 남성 제3호 피보험자는 약 11만 명이다(2013년 조사결과). 1997년에 4만 명이었으니까 약 3배 늘어난 셈이다. 1997년 1,190만 명에서 2013년 930만 명으로 260만 명이나 줄어든 여성 제3호 피보험자 수와 비교할 때 대조적이다(도표 2-6). 그렇지만 비율을 보면 남성 제3호 피보험자는 전체 중 단 1%에 불과하다. 이것만 봐도 전업주부 남성이 얼마나 적은지 한눈에 알 수 있다.

또 남성 제3호 피보험자 11만 명 전부가 전업주부 남성이라고도 할 수 없다. '남성 제3호 피보험자'에는 전업주부 남성을 비롯해, 바로 전해 평균 연 수입이 400만 엔 선인 이직자, 연 수입이 없는 무직자·구직자(실직자), 학생, 평균 연 수입이 60만 엔으로 적은 자유업자(자영업을 포함하여 일정한 고용관계가 없는 예술가, 저술가, 연예인 등을 포함한 직업군-옮긴이), 비정규직 노동자 등이 포함된다. 그래서 11만 명 가운데 가사와 육아를 하는 전업주부 남성은 제3호 피보험자의 4분의 1에 해당하는 3만 명 이하일 것으로 보는 게 타당하다. 더욱이 이 중에는 가사도 육아도 하지 않고 그냥 일하지 않는 것뿐인 남성도 있을 것이다. 전업주부 남성은커녕 속칭 '기둥서방'이다.

사회에서 이런 남성들을 바라보는 비난의 시선이 강하다. 부양하는 여성이 이해를 한다면 모를까, 일할 수 있는 남성이 실직 등을 계기로 일하기를 체념하고 현실에서 도망친 경우도 있을 것이다. 경제적 문제가 원인이 되어 이혼으로 발전하고, 여성이 혼자 벌어서 아이까지 키울 수밖에 없는 한부모 가정이 증가한다. 이혼에 대해서는 4장에서 자세히 살펴볼 것이다.

어쨌든 전업주부를 여성이 할지 남성이 할지는 문제가 아니다. 주류는 맞벌이 부부다. 앞서 말한 대로, 맞벌이 부부라 할지라도 남성은 자기보다 수입이 낮은 여성과 결혼하고 싶어 하며 여성도 자기보다 수입이 높은 남성을 바란다. 여성에게 결혼은 경제생활이므로 남편이 될 상대의 경제력은 그렇게 간단히 양보할 수 있는 문제가 아니다. 애초에 일하고 있는 여성은 결혼하지 않아도 경제적으로 자립해서 살아 갈 수 있다는 점도 영향을 미치고 있다. 별로 내키지 않는 상대와 결혼해서 실패할 가능성이 높다면 무리해서 결혼을 선택할 필요가 없다. 보람도 있고 바쁜 일을 팽개치면서까지 구혼활동에 쓸 시간적 여유도 없다.

막연히 '결혼하고 싶다'고는 생각하고 있을지라도 일하는 여성이라면 결혼을 할 동기가 처음부터 그렇게 강하지는 않다. 일의 성과를 올리면 올릴수록 자신의 연봉도 오를 것이며 그렇게 되면 결혼 상대의 기준이 더욱 높아지는 악순환에 빠진다. 그렇게 열심히 일을 하다가 정신을 차려 보면 어느새 마흔이다. 독신여성의 경우 출산을 포기한 시점에 결혼을 포기하는 비율이 높다.

이런 사정이니 만약 아베 정권이 내건 대로 여성이 빛나고 활약하는 사회에 가까워질수록 생애미혼인 여성은 늘어날 것이라고 생각할 수밖에 없다. 행복하기 위해 열심히 공부하고 좋은 회사에 취직해서 일에서 성과를 내면 낼수록 여성은 결혼에서 멀어진다.

미혼자에 대한 정신적 괴롭힘

전체적인 미혼율 상승과 함께 직장 내 남녀 미혼자 비율도 높아졌다. 이런 상황에서 결혼하지 않는 미혼자를 겨냥한 괴롭힘도 늘고 있다.

괴롭힘이란 영어로 'Harassment'인데 정의하자면, '타인에게 한 발언이나 행동이 본인의 의도와는 상관없이 타인을 불쾌하게 하거나 존엄을 해치는 것, 불이익을 주거나 위협을 주는 것'이다. 대표적으로 성적인 발언이나 행동에 의한 괴롭힘이라 할 수 있는 '성희롱(Sexual Harassment)', 직장에서 업무상 지위나 우월한 위치를 배경으로 업무의 적정한 범위를 넘어 신체적·정신적 고통을 주는 '직장 내 힘에 의한 괴롭힘(Power Harassment)', 직장에서 임신이나 출산, 육아를 이유로 차별을 가하거나 언어폭력을 행사하는 등의 괴롭힘을 일컫는 '모성 괴롭힘(Maternity Harassment)' 등이 있다.

미혼이나 독신자에 대한 괴롭힘을 일컬어 '독신 괴롭힘' '싱글 괴롭힘(Single Harassment)' 등 많은 신조어가 나왔다. 2015년부터 나는 이런 것을 총칭하여 '솔로 괴롭힘'이라고 말해왔다.

물론 요즘에는 뭐든 괴롭힘이라고 하느냐는 우려의 목소리도 나오고 있긴 하다. 반쯤 재밌어 하면서 '○○ 괴롭힘'이란 말이 계속해서 생겨나는 상황에 대한 비판도 나오고 있다. 괴롭힘 현상에 대한 우려가 흥미로운 신조어 만들기 놀이가 되어서는 안 된다. 괴롭힘이란 대개 하는 쪽에서 아무런 죄책감이나 악의 없이 하는 경우가 많다. 이런 의식을 바꾸려면 피해자가 어떻게 느낄지에 대해 조금 더 민감해져야 한다. 좀 더 민감한 사회가 되길 바란다.

고도경제성장기에는 남성상사가 결혼 적령기 여사원에게 "이제 결혼해야지"라고 말하거나 "애인 없어?"라고 묻는 게 흔했다. "결혼을 안 하겠다"고 답하면 "왜 결혼 안 해?"라고 묻거나 "결혼은 좋은 거라고!" "사람은 결혼을 하고 애를 낳아야 비로소 어른이 되는 거야"라는 식의 설교가 뒤따랐다. 과거에는 이런 설교가 쓸데없는 간섭 정도로 비쳐졌을지 모르지만 지금은 이런 말을 하면 성희롱이나 직장 내 힘에 의한 괴롭힘이라고 인식되는 게 보통이다.

후생노동성이 2012년에 발표한 '직장 내 힘에 의한 괴롭힘에 관한 실태조사 보고서'에서는 직장 내 힘에 의한 괴롭힘에 해당하는 행동을 여섯 가지 유형으로 나눠 정의하고 있다. 폭행 등 '신체적인 공격', 폭언 등 '정신적인 공격', 무시 등 '직장 내 대인관계에서의 분리', 일을 과도하게 강요하는 '지나친 요구', 반대로 일을 주지 않는 '지나치게 적은 요구', 사적인 것에 과도하게 간섭하는 '프라이버시 침해'다. 앞서 결혼에 관한 질문이나 설교는 '프라이버시 침해'에 해당한다.

20대 후반부터 30대 초반 여성을 대상으로 하는 잡지

〈steady〉는 2016년 3월호에서 독신인 독자 1,000명을 대상으로 괴롭힘에 관한 설문 조사를 실시했다. 그 결과 92%의 여성이 '결혼하지 않는 것'에 대해 괴롭힘을 당한 적이 있으며 대부분은 스트레스를 받았다고 답했다. 이 독자들은 남성보다는 기혼여성으로부터의 결혼 압박이 심하다고 답했다.

내가 독신여성을 대상으로 실시한 인터뷰 조사결과를 소개하겠다. 한 34세 여성은 기혼여성인 직장 선배가 매번 아니꼬운 말투로 "너는 혼자라서 자유롭지, 돈도 시간도 전부 자신을 위해 쓸 수 있으니까"라는 말을 한다고 했다. 한 30세 여성은 "결혼하고 싶다고 한 마디도 한 적이 없는데, 결혼한 동기가 마주칠 때마다 네 눈이 너무 높아서 안 된다고 설교를 해요. 이제 너도 젊지 않으니까 자기가 어떤 레벨인지 잘 파악해야 한다고 설교가 길어지곤 하죠. 정말 끈질기고 지긋지긋해요"라고 했다.

또 반대로 스트레스를 느끼는 경우도 있다. 비록 비혼자에 대해 배려하는 차원이라 하더라도 주위에서 결혼 화제라면 무조건 일부러 피하려는 것을 보고 스트레스를 받았다는 여성도 있었다.

후생노동성의 '직장 내 힘에 의한 괴롭힘에 관한 실태조사 보고서'에서도 다음과 같은 사례가 소개됐다.

"나이도 먹을 만큼 먹었는데 결혼도 안 하고 아이도 안 낳으니까 부하직원들을 못 다룬다, 부하직원한테 애정이 담긴 질책을 못 한다는 소리를 들었어요(40세 여성)."

그러면 아이가 있으면 부하직원들에게 애정이 담긴 질책을 할 수 있다는 건가? 이런 말을 들으면, 어떤 상관이 있는지 증거를 내놓으란 말로 받아치고 싶다.

직장 내 괴롭힘은 아니지만 독신이란 점에 대해 부모에게서 오는 압박도 만만찮다.

"명절에 고향집에 가면 부모님께서 돌려 말하면서 결혼 압박을 심하게 해요. 사촌 누구는 이번에 둘째를 낳게 됐다든지. 빨리 결혼하라고 직설적으로 말하면 차라리 좋겠다 싶고 귀찮아요(35세 여성)."

국회에서도 미혼자에 대한 괴롭힘 사건이 발생한 적이 있다.

2014년 6월에 도쿄도 의회 본회의에서 시오무라 아야카(塩村文夏) 의원에 대한 비난이 그렇다. 시오무라 의원이 임신이나 출산으로 힘든 여성에 대한 지원책을 질문하자 한 의원이 "시오무라 의원은 결혼하는 게 어떠냐"며 야유했다. 이 발언이 성희롱이라고 문제시됐고, 도쿄도로 천 건이 넘는 항의가 들어왔다. TV에서도 계속 보도되는 등 주목을 받았고 해외에서도 비판적으로 보도됐다. 이런 소동도 시오무라 의원이 독신이라는 점에 대한 비난이자, 솔로에 대한 괴롭힘이라고 할 수 있다.

또 다른 사건은 2016년 아키타현 오다테시 의회에서 발생했는데 이번에는 한 의원이 독신인 시장에게 괴롭힘 발언을 한 것이다. 67세 기혼녀인 의원은 시의회에서 48세 독신남인 후쿠하라 준지(福原 淳嗣) 시장에게 "시장은 미혼이니까 논의를 할 수 없어요. 결혼을 하세요"라고 말해 문제가 됐다. 시의회는 본회의에서 이 의원에게 징계처분을 내렸다.

이 뉴스는 일부에서 보도되긴 했지만 시오무라 의원 사건과는 달리 화제가 되지 못했다. 아마 모르는 사람들도 많이 있을 텐데 그 이유가 독신을 이유로 괴롭힘을 당한 이가 남성이라는 점을 부정할 수는 없을 것이다.

성희롱도 그렇지만 미혼자에 대한 괴롭힘 사건을 다룰 때 피해자가 여성인지 남성인지에 따라 언론의 보도방식이나 태도에 차이가 있다. 오다테시 의회 사건도 마음속으로는 '그렇게까지 질책할 일은 아니지' 하고 생각하는 이들이 많다. 실은 이런 것이 문제다. 징계를 받은 기혼여성 의원은 "부모의 심정으로 육아의 중요성을 호소한 것입니다. 결혼은 사적인 일이고 제가 오해를 불러일으킬 만한 표현을 썼지만, 악의가 없었는데 징계를 받은 것은 이해가 가지 않습니다"라고 말했다.

이 의원의 변명대로 말하는 이에게 실상 '악의가 없었다'고 보는 쪽이 맞을 것이다. 그런데 나는 악의가 없이 선의에서 나온 결혼 강요가 더 괴로운 문제라고 본다.

결혼이란 건 어떤 의미에서 모종의 종교에 가까워졌다. 미혼자에게 "결혼하라"고 참견하는 게 종교에서 "신을 믿어라, 그러면 구원을 받을 것이다" 하는 것과 비슷하다고 느끼는 사람이 나뿐일까. 결혼을 권유하는 기혼자들은 '결혼교' 선교사나 전도사라 할 수 있다.

애초에 남이 결혼을 하든 말든 내버려두면 좋을 것을, 이런 결혼교도들은 가만히 내버려두지 못한다. 자신의 믿음만이 절대적으로 옳고 그걸 모르는 사람들은 불쌍하니 구제해줘야 한다는 마음이 작동된다. 기혼 의원이 "부모의 심정으로 결혼하라고 했다"고 하는 것을 보면 그런 속마음이 바로 느껴진다.

선의의 참견 정도에 머물러 있는 수준이라면 그나마 낫다. 몇 차례나 설득해도 결혼하지 않겠다는 점을 마침내 알게 되면, 마치 전도사가 열심히 선교를 하다가 상대가 종교를 가질 마음이 없다는 것을 알게 되었을 때 상대를 갑자기 이교도로 취급하는 것처럼 미혼자를 대한다.

이런 태도는 서양 종교의 영향을 강하게 받았다는 생각이 든다. 기독교나 이슬람교 등 일신교는 다른 신을 인정하지 않는다. 이교도는 적인데 그 존재가 방해가 되는 것이다. 기독교에서는 "이웃을 사랑하라"고 말하지만 그런 명목하에 십자군 전쟁 등 여러 차례 살육전을 벌여왔다는 점을 역사가 증명하고 있다.

이처럼 어떤 이들은 결혼하지 않는 사람을 적이나 방해자, 내쫓아야 할 존재로 취급한다. 결과적으로 결혼하지 않는 사람을 결함을 가진 사람으로 낙인찍는다.

회사 회식자리에서 결혼한 선배들이 결혼을 소재로 미혼인 후배를 괴롭히는 광경을 자주 목격한다. 요즘에는 여성에게 결혼 이야기를 꺼내 조롱하는 것은 금기시되고 있지만 상대가 남성인 경우 그만큼 문제시되지 않는 게 현실이다. 그렇지만 이것도 일종의 괴롭힘이자 정신적인 학대다.

결혼하지 않은 사람은 승진 못 한다

결혼하지 않은 사람이 사생활만 침해당한다면 그나마 낫다. 실은 솔로에 대한 괴롭힘은 사생활 침해 정도에 그치지 않는다는 게 더 무섭다. 결혼하지 않는 사람한테 문제가 있다고 생각해 직장 내 대인관계나 승진까지 영향을 주는 경우도 있다.

그러니까 독신이라고 괴롭히는 데에만 그치지 않고, 독신인 사람의 인격까지 부정하는 경우가 있다는 소리다. 더욱이 결혼하지 않는 사람은 아예 승진을 안 시키는 사태로 악화되는 경우도 있다. 이런 사례는 내가 실시한 인터뷰 조사에서도 여러 건이 있었는데, 특히 40대, 50대 미혼남성을 관리직으로 승진시키지 않는 경우가 있었다.

결혼 안 한 사람은 승진 못 시키겠다는 말을 자세히 들어보면, 아이를 낳아서 키워본 적이 없는 미혼자는 부하를 못 키운다는 논리가 들어 있다. 과연 아이를 기르는 것과 성인인 부하를 육성하는 것이 정말 같은 문제일까.

2016년 일본 프로야구에서 우승한 홋카이도 니혼 햄 파이터스팀을 이끈 구리야마 히데키(栗山 英樹) 감독은 55세 독신남이다. 구리야마 감독이 타자 나카타 쇼(中田翔) 선수, 수비와 공격 모두에 능한 오오타니 쇼헤이(大谷翔平) 선수를 잘 육성한 것은 의심할 바 없는 사실이다. 구리야마 감독이 아니었다면 오오타니 선수는 투수 겸 타자로 성장할 수 없었을 것이다. 미혼이거나 자식이 없다고 해서 일을 잘 못하는 것도 아니고, 부하직원을 성장시키지 못하는 것도 아니다. 아무런 관계가 없다.

백 번 양보해서 아이를 안 길러봐서 부하도 못 기른다는 말

〈도표 2-8〉 남녀 연령별 육아시간
(2001년, 2006년, 2011년 하루 중 육아에 할애한 시간)

	남성					여성					남녀차
	2001년	2006년	2011년	증감		2001년	2006년	2011년	증감		
				H2006 – H2001	H2011 – H2006				H2006 – H2001	H2011 – H2006	2011년
전체	0.03	0.04	0.05	0.01	0.01	0.22	0.22	0.23	0.00	0.01	-0.18
10~14세	0.00	0.00	0.00	0.00	0.00	0.00	0.00	0.00	0.00	0.00	0.00
15~19세	0.00	0.00	0.00	0.00	0.00	0.01	0.04	0.02	0.03	-0.02	-0.02
20~24세	0.01	0.01	0.01	0.00	0.00	0.17	0.16	0.17	-0.01	0.01	-0.16
25~29세	0.06	0.07	0.07	0.01	0.00	1.02	0.53	0.56	-0.09	0.03	-0.49
30~34세	0.11	0.15	0.16	0.04	0.01	1.34	1.36	1.32	0.02	-0.04	-1.16
35~39세	0.10	0.13	0.15	0.03	0.02	0.59	1.11	1.19	0.12	0.08	-1.04
40~44세	0.05	0.07	0.09	0.02	0.02	0.19	0.24	0.36	0.05	0.12	-0.27
45~49세	0.02	0.03	0.04	0.01	0.01	0.05	0.06	0.11	0.01	0.05	-0.07
50~54세	0.01	0.01	0.02	0.00	0.01	0.04	0.04	0.04	0.00	0.00	-0.02
55~59세	0.01	0.01	0.01	0.00	0.00	0.08	0.07	0.06	-0.01	-0.01	-0.05
60~64세	0.02	0.02	0.02	0.00	0.00	0.10	0.08	0.07	-0.02	-0.01	-0.05
65~69세	0.02	0.02	0.03	0.00	0.01	0.05	0.06	0.05	0.01	-0.01	-0.02
70~74세	0.02	0.02	0.02	0.00	0.00	0.03	0.03	0.04	0.00	0.01	-0.02
75~79세	0.01	0.01	0.01	0.00	0.00	0.02	0.01	0.02	-0.01	0.01	-0.01
80~84세	0.00	0.01	0.01	0.01	0.00	0.01	0.01	0.01	0.00	0.00	0.00
85세 이상	0.00	0.00	0.00	0.00	0.00	0.00	0.01	0.01	0.01	0.00	-0.01

※단위는 (시간.분)으로 1.34는 1시간 34분, 0.02는 2분을 나타낸다.

출처: 2011년 총무성 〈사회생활기본조사-생활시간에 관한 결과〉

이 맞다고 치자. 그렇게 주장하는 기혼남성들은 육아를 제대로 해봤을까. 모두 아내에게 맡겨 오지 않았는가.

지금 자녀가 스무 살인 부모는 1996년에 아이를 낳았다. 이 당시 총무성 '노동력조사' 자료를 보면, 고용자 대비 전업주부율(아내가 무직인 경우)이 과반인 50%를 넘는데 2011년 '사회생활기본조사-생활시간에 관한 결과'에 따르면 남편의 육아시간은 하루 중 단 5분이다(도표 2-8). 10년 전과 비교해서 2분밖에 늘지 않았다. 아이를 키우는 35~39세 세대를 보면 여성이 1시간 19분을 육아에 쓰는 데 비해 남성은 단 15분만 육아에 할애한다. 과거나 현재나 남성은 육아를 거의 하지 않는다.

물론 단순히 시간의 많고 적음으로 육아를 측정할 수는 없다. "아버지만의 역할이 있다. 결혼도 안 했으면서 무슨 소리냐"고 반격을 가하기도 한다. 그렇지만 가정에서의 육아와 회사에서 부하직원을 육성하는 것을 동급으로 보면서 결혼해서 아이를 키우지 않는 사람은 부하직원을 육성하지 못한다는 논리는 지나친 비약이다.

결혼 유무가 그 사람 본인의 일에 대한 평가나 수입에 직접적인 타격을 주는 일이 벌어지고 있다고 하면, 그런 어처구니없는 일이 실제 있느냐, 있을 수 없는 이야기라고 생각할 수도 있으나 실은 그런 사례가 있다는 점을 꼭 알아두면 좋겠다.

협조성이나 공감성이 없는 이를 허용하지 않는 일본사회

솔로에 대한 괴롭힘 가운데 또 다른 차원의 것이 있다. 미혼이나 독신이라면 그 사람이 어떻건 간에 상관없이 혼자 있고 싶어 한다거나 집단행동에 익숙하지 않다며 솔로를 배제하는 식의 괴롭힘이다. 이 또한 솔로남녀에게 고통을 준다.

솔로남녀는 대체로 사람들과 무리 짓는 것을 피하고 일을 할 때도 여러 사람과 일하는 것보다 단독으로 일하는 것을 선호하는 경향이 있다.

혼자서 일하는 게 자신에게 맞는지 묻는 설문조사에서 솔로남성의 64.2%, 솔로여성의 58.6%, 즉 솔로남녀의 약 60%가 '그렇다'고 답했다. 기혼남녀가 같은 질문에 대해 '그렇다'고 답한 비율이 40% 이하인데 비해 솔로남녀는 혼자서 일하는 것을 압도적으로 선호한다(도표 2-9).

이 결과를 보고 어떤 생각이 드는가. 역시 결혼을 하지 않은 사람은 조직에서 함께 일을 못한다는 생각이 드는가.

확실히 최근에는 기업에서 팀을 이뤄 일하는 것의 중요성을 강조하고 있다. 취직 시험 때도 개개인을 면담하기보다 조를 짜서 과제를 주고 평가하는 등 집단 속에서 어떻게 협조성

〈도표 2-9〉 팀워크 선호도 조사

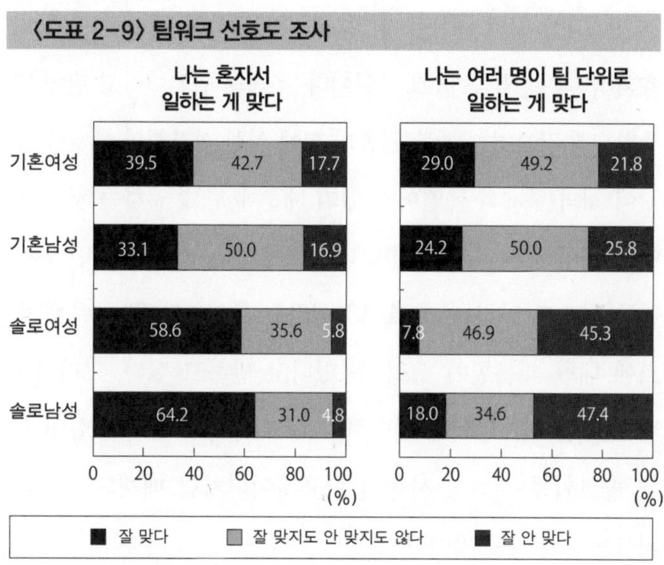

출처: 2016년 〈솔로활동계 남성 연구 프로젝트〉 조사

을 발휘하는지를 본다. 팀워크의 최대 장점은 팀원 개개인이 뿔뿔이 흩어져 자기 업무를 수행했을 때의 성과를 합친 것 이상의 시너지가 발휘될 수 있다는 점이다.

나는 이에 대해서 반론이 없다. 어차피 혼자서 할 수 있는 일의 수준이란 건 대개 뻔하다. 팀을 짜서 하는 일은 결코 혼자서 완수할 수 있는 성격의 것이 아니다. 기업이라는 조직의 일원으로 일하는 것이니 단독이 아니라 팀에 맞춰가는 것은 사회인으로서 당연한 마음가짐이라고 보는 주장도 이해한다.

그렇지만 일의 내용에 따라서 혼자 묵묵히 작업하는 게 더 효과적인 사람들도 있기 마련이다. 조직의 일원이라고 팀에 맞추라고만 강요하는 것도 일종의 힘에 의한 괴롭힘이 아닐까.

이 책의 주제와 동떨어져 있기 때문에 함께 일하는 것이 득인지 실인지 여기서 자세히 따져보지는 않겠지만, 어떤 일을 하든 팀으로 일하는 게 효과적이라고 보는 만능론 때문에 솔로에 대한 괴롭힘이 생길 수 있다고 말하고 싶다. 그러니까 팀으로 일하는 방식에 익숙하지 않고 혼자서 일하고 싶어 하는 솔로활동 지향형 사원이 아웃사이더처럼 배제되는 식의 괴롭힘이 있다는 말이다.

내가 인터뷰한 한 회사 직원의 사례를 소개할까 한다. 피해자는 40대 미혼남성인데 낯을 가리는 성격이며 어떤 일이든 타인에게 의존하지 않고 스스로 하려는 의식이 강했다. 그는 전형적인 솔로남성 기질을 갖고 있었다. 그렇다고 해서 커뮤니케이션 능력이 떨어지는 것도 아니고 특히 솔로남성 기질이 일에 부정적인 영향을 준 것도 아니었다. 상사와의 술자리나 접대 골프 등과 같은 일은 거절했다. 애초에 그는 골프를 치지 않고 술도 안 마시고 철저히 일에 몰두하는 타입이었다.

어떨까. 상사의 입장에서 보면 이런 부하직원은 다루기가 어려울까.

일본의 회사는 일의 능력이나 실적을 따지기보다 이런 종류의 협조성이 없으면 문제 삼는 경향이 있다. 솔로남녀는 특히 지배적인 태도의 상사와는 좀처럼 맞지 않는다. 자신이 소속된 조직의 룰에 따르지 않는 자를 철저하게 배제하는 것이 지배적인 태도의 상사의 특징이다. 이 남성의 비극은 지배적인 태도의 상사가 자신의 상사라는 데 있었다. 결과적으로 그는 조직에서 아웃사이더 취급을 당하고 업무에서도 배제되었다.

어느 때부터인지 상사가 일을 맡기지 않았고, 말조차 건네지 않았다고 한다. 상사가 그러니 이어 소속 부서 직원 전부가 그를 무시하는 직장 내 괴롭힘으로 발전했다. 얼마 지나지 않아 완전히 의도적으로 그의 존재 자체를 무시했다. 이런 조직적인 괴롭힘은 갑자기 동시에 발생하는 것이 아니라 상사의 지시 혹은 무언의 압력에 따른 것이다. 괴롭힘에 동조한 팀원 전부가 악의가 있던 것은 아니겠지만 지시에 따르지 않으면 자기도 또 하나의 아웃사이더로 취급당할 위험이 있다고 봤을 수도 있다. 사람은 모두 자기만 중요한 것일까.

그는 일 년 반이나 철저하게 무시당했다고 했다. 이 정도면 대단한 팀워크라고 비난하지 않을 수 없다. 나는 이 이야기를 듣고 나서 질려 버렸다. 하는 짓이 아이들의 왕따와 다를 바 없기 때문이다. 아니, 아이들의 왕따보다 더 교활하고 음험하다.

무시한다는 것은 폭언을 하거나 폭력을 행사하는 것과 달리 물적 증거를 남기지 않는다. 내가 무시당했다고 호소하더라도 객관적으로 인정받기가 어렵다. 게다가 피해자는 정신적으로 점점 궁지에 몰리게 되므로 그 결과가 매우 좋지 않다. 인간이 갖고 있는 가장 추한 부분에서 나온 괴롭힘이라 할 수 있다.

인간은 물리적으로 고독한 상태에 놓여 있는 것보다 집단 속에서 자기만 배제를 당하는 데서 오는 심리적 고립감을 견디기가 더 힘들다. 결국 인터뷰에 응했던 남성은 건강이 악화되고 적응장애를 겪으며 어쩔 수 없이 휴직하게 됐다. 정신적으로 살인한 것이나 다름없다고 생각한다.

장시간 노동에 의한 과로사나 과로자살 등도 정말 마음이 아프다. 또 괴롭힘이나 과로로 힘든데도 당하는 사람이 죽지만 않으면 그다지 크게 문제시하지 말라는 것도 나쁘다. 사람은 죽으면 되살릴 수 없다. 죽음이라는 선택에 이르기 전에 대처법을 찾으면 좋겠다. 무엇보다도 사회 속에서 한 사람 한 사람의 의식이 바뀌기를 절실하게 바란다.

3장

남성은 결혼을 싫어하게 됐나

옛날이나 지금이나 적극적으로 고백하는 남성은 드물다!

'요즘 젊은 남자들은 여자를 제대로 리드하지 못한다' '젊은이들이 연애를 두려워해서 연애를 못 한다' 하는 소리가 있다. 초식남(草食男. 이성에 관심이 없는 남성-옮긴이)이나 절식남(絶食男. 초식남보다 더 이성에 무관심한 남성-옮긴이)이라는 둥 젊은 남성이 연애에서 멀어졌다고 결론을 내리려는 풍조가 강하다. 또 만혼화나 저출산 문제가 요즘 젊은이들이 연애를 안 하는 탓이라며 연애를 안 하는 젊은이들을 마치 나라의 원흉으로 몰 것처럼 구는 지식인도 있다.

정말 그럴까.

남성은 연애를 못 하게 됐나

국립사회보장인구문제연구소의 '출생동향 기본조사(2015년 제15회)'를 보면 '교제하는 이성이 없다'고 답한 미혼자 비율은 남성 69.8%, 여성 59.1%였다(그전 조사는 2010년에 실시됐는데 이때는 남성 61.4%, 여성 49.5%였다). 이는 남녀 모두 5년 전보다 크게 증가한 수치다. 이 데이터를 근거로 일각에서는 젊은이들이 연애에서 멀어졌다고 주장한다. 그러나 이 조사는 데이터를 좀 더 세밀하게 보는 게 좋다.

실제로 이 데이터는 교제하는 이성에 이성 친구까지 포함했다. 그러나 이성 친구를 교제하는 이성이라고 말할 수 있는지 의문이다. 교제를 정의하는 여러 방식이 있겠으나 연애를 말할 때 교제란 일반적으로 연인이 된 단계를 가리킨다. 사랑을 고백하자 상대가 받아들여줬다거나 서로를 친구 이상인 소중한 사람이라고 인정한 관계가 연애가 아닐까. 예를 들어 남성이 고백을 했는데 "친구로 지내자"는 답이 돌아온다면 연인이 된 것이 아니다. 물론 이성 친구라도 교제 대상이 될 수 있다고 하는 주장에 동의할 수는 있다. 그렇지만 그것도 기껏해야 10대 중학생 때 이야기다. 언제까지나 이성 친구 관계로 있으면서 연인으로 발전하지 않는다면 그런 남성이야

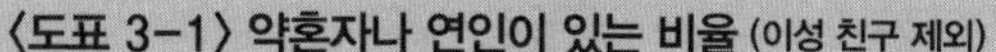

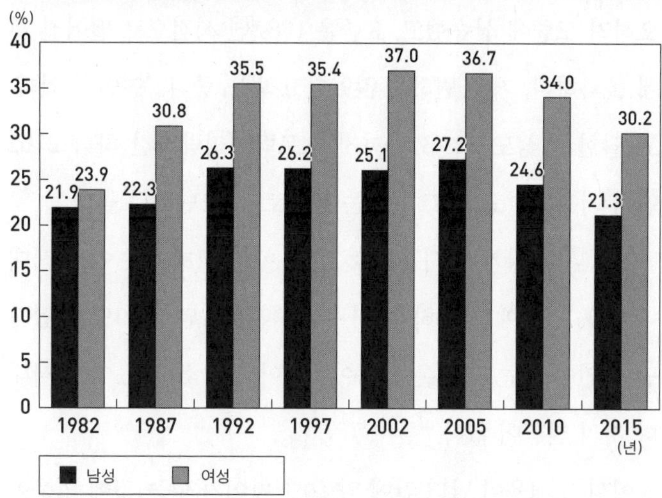

출처: 1987년 이후는 국립사회보장인구문제연구소 〈출생동향 기본조사〉, 1982년은 국립사회보장인구문제연구소 〈제8차 출산력조사〉를 바탕으로 재구성했다.

말로 초식남일 것이다.

여기서 다시 한 번 교제란 무엇인지 살펴보자.

교제란 남자친구, 여자친구라고 하는 애인이 있다는 것 아닐까. 따라서 '연인이 있다(결혼을 약속한 사이 포함, 이성 친구 제외)'고 답한 항목에 더 주목해야 한다.

최근 자료인 2015년 '출생동향 기본조사' 결과를 보면서 젊은이들이 연애에서 멀어졌다는 주장을 검증해보자. 이에 따르면 '연인이 있다'고 답한 남성은 1982년부터 2015년까지

22%→22%→26%→26%→25%→27%→25%→21%로 오히려 도중에 상승했고, 요즘은 1982년 시점으로 떨어진 것에 불과하다. 거의 변하지 않았다고 봐도 좋다. '연인이 있다'고 답한 여성도 24~37%까지 오르락내리락하긴 하나 2002년에 최고치였고, 2015년에는 30%로 1982년보다 높다.

그러니까 장기적 시점으로 보면, 이성 교제율은 어느 시대나 30% 안팎에 불과하다. 가령 한 학급에 남성 20명이 있다면 연인이 있는 남성은 많아야 6명이라는 소리다. 어느 시대나 거의 변함이 없다.

이성 교제율이 남녀 간에 약 10% 차이가 나는 것에 의문이 들 수도 있을 텐데 이것은 미혼남녀의 인구 차이 때문이다. 20~34세 세대에서는 남성이 여성보다 100만 명 정도가 더 많다(도표 1-4를 참조하라).

여성도 그렇지만 남성도, 연애를 못 하게 된 것도 하지 않게 된 것도 아니다. 초식남, 절식남이라고 하지만 현재 50대 세대와 별반 다르지 않다. 어느 시대건 남성은 대개 30%만 이성과 사귀고 있고 나머지 70%는 애인이 없다.

남성은 섹스를 하지 않게 됐나

"젊은이들이 섹스를 안 하게 됐다" "젊은이들은 이제 '소프레(섹스하지 않고 옆에 누워 잠만 같이 자는 친구를 일컫는 말. 옆에 누워 잔다는 뜻의 '소이네(添い寝)'와 '프렌드(friend)'를 합성한 신조어-옮긴이)'로 만족한다"며 최근 젊은이들의 성경험이 줄었다고 강조하는 책이나 기사를 자주 본다. 이것도 한번 검증해보자. 〈도표 3-2〉는 '출생동향 기본조사'를 바탕으로 성경험 유무 비율의 연도별 추이를 본 것이다.

'성경험이 있다'고 답한 이들을 보면, 남성은 2015년 54.2%로 5년 전 2010년 60.2%보다 큰 폭으로 하락하긴 했으나 이 수치가 근래에 최고치라는 점을 감안해서 1987년도부터 장기적 추이로 본다면, 그렇게 난리 법석을 부릴 만한 변화가 아니다. 2010년에 남성의 성경험률이 과거 최고치였다는 점을 언론이 왜 보도하지 않았는지 이상하게 느껴질 정도다. 여성도 1997년부터 오르락내리락하지만 대개 50% 정도로 변화가 있다고 하기는 어렵다. 1987년과 비교하자면 '성경험이 있다'고 답한 여성의 비율은 1.7배 늘었다.

'성경험이 없다'고 답한 이들을 봐도 마찬가지다. 남녀 모두 2005년부터 2015년까지 성경험이 없는 비율이 소폭 상승

〈도표 3-2〉 18~34세 남녀 성경험 유무 비율 총계 추이

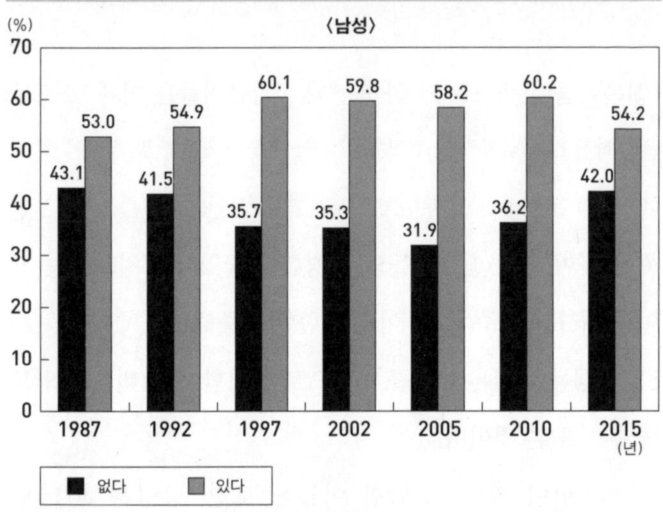

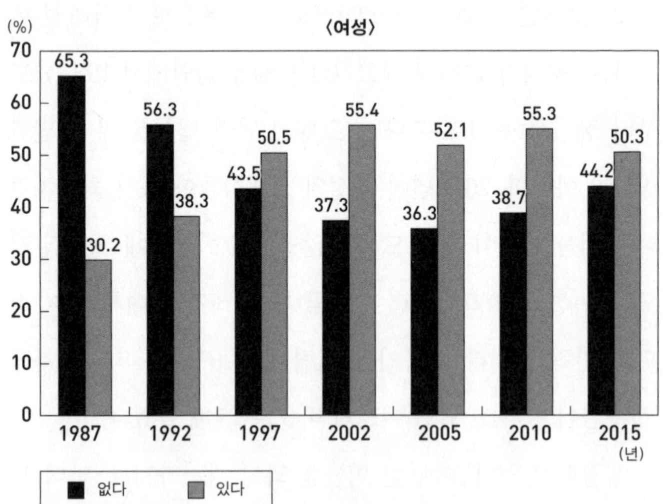

출처: 〈출생동향 기본조사〉를 재구성

했는데 이 데이터만 보면 초식화(草食化. 연애에 적극적이지 않고 성욕 등 육욕에 무관심한 사람들이 늘어나는 현상-옮긴이)가 진행되었다고 할 수 있다. 그러나 이것도 장기적으로 보면 그렇지 않다. 1987년과 2015년을 비교하면 성경험이 없는 남성의 비율은 거의 같고, 여성은 성경험이 없는 비율이 대폭 줄었다. 1987년에는 18~34세 여성의 65%가 성경험이 없었다.

〈도표 3-3〉은 이해하기 쉽게 세대별로 재구성했다. 조사를 실시한 시점에 맞춰 1964년~65년생(현재 50대 초반)부터 1984~85년생(현재 30대 초반)까지 세대별로 어떤 추이를 보여왔는지 살펴보자.

이 데이터를 보면 지금 40대 남성이 10대일 적에는 성경험이 적었다는 점을 알 수 있다. 초식남은 요즘 젊은이가 아니라 40대 남성이라고 할 수 있을 정도다. 20대 후반이 되어서도 성경험이 적은 세대는 지금 30대 후반 남성이다. 각 세대별로 다소 차이는 있지만 대개 서른살까지 70%의 남성이 성경험이 있다. 여성은 지금 50대 초반만 빼고, 젊을수록 성경험률이 상승했다.

이렇듯 요즘 젊은이들이 갑자기 연애나 섹스에 관심이 없어진 것도, 경험하지 않는 것도 아니다. 요즘 젊은이들이 우리 때랑 다르다며 선입견을 갖고서 보면 전체적인 상을 잘

〈도표 3-3〉 세대별 성경험 비율

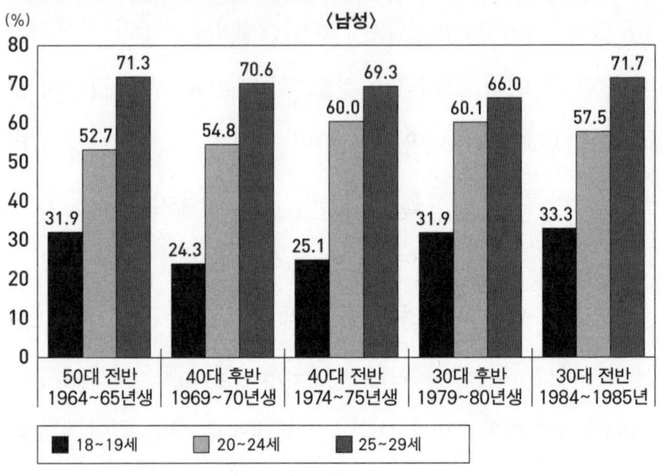

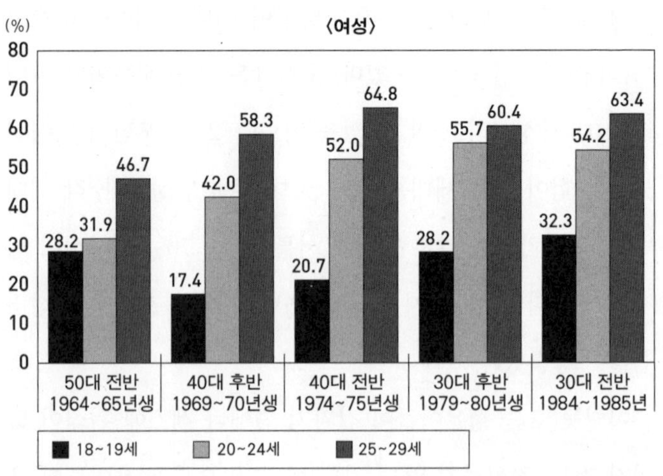

출처: 〈출생동향 기본조사〉를 재구성

못 짚는다. 1980년대도 현재도 이성 교제 상대가 있는 비율은 거의 30%로 변함이 없으며, 현재 50대 초반인 남성도 요즘 젊은이들도 10대에서 20대가 되기까지 70%가 성경험을 했다. 언제까지고 성경험을 하지 않은 채로 있는 남성은 어느 시대든 일정한 비율을 차지한다.

남성은 고백을 못 하게 됐나

"사귀려면 그 전에 고백을 해야 할까"라고 묻는 질문에 미혼여성이든 기혼여성이든 거의가 "그렇다"고 답한다.

2013년 야후가 실시한 '고백에 관한 의식조사'를 보면, 누가 고백해야 하는지에 대한 물음에 '남성이 고백해야 한다'고 답한 사람은 25%에 그쳤고, '남녀 누구든 고백하면 된다'는 답이 53%를 차지했다. 어쨌든 누가 하든지 간에 고백이 있어야 연애가 시작된다고 보는 이가 거의 80%라는 뜻이다.

여성취업정보 사이트 '마이나비 우먼(マイナビウーマン)'에서 2014년 2월에 실시한 조사를 봐도 22~39세 남성 44.9%가 '사귈 때마다 고백한다'고 답했다. 절반에 가까운 수치다. '사귈 때마다 고백하지는 않는다'는 답은 17.1%에 불과했다.

사귀기 전에 사랑을 고백하는 룰은 대체 언제부터 시작된 걸까.

적어도 내가 대학을 다니고 신입사원으로 사회생활을 시작한 1980년대에는 사귀기 전에 사귀자며 사랑을 고백하고 교제를 시작한다는 이야기를 별로 들은 적이 없었던 것 같다. 물론 중고교 때는 좀 다를 것이다. 섹스를 하지 않는 관계에서는 "좋아한다"고 서로 의사 표시를 하지 않는다면 이성 친구와 별반 다르지 않기 때문이다. 중학생이나 고등학생이라면 고백하고 교제를 시작하는 게 이해는 된다. 나는 중학생 때 여자친구가 없었고 고등학교도 남자고등학교를 다녀서 이성 교제와는 거리가 멀었다.

그런데 먼저 고백을 해야 교제를 시작하는 문화가 원래 있었던 걸까.

기억이 불분명해서 내가 틀릴 수도 있지만, 매주 월요일 9시에 하던 드라마 〈도쿄 러브 스토리(東京ラブストーリー. 1991년에 방영된 트렌디 드라마로 친구였던 남녀가 연인으로 발전하는 이야기-옮긴이)〉에서도 주인공 간치와 리카 사이에 고백하는 장면은 없었던 것 같다. 마음에 드는 사람이 있으면 연락처를 물어 데이트 신청을 하고, 그 다음에 몇 번인가 데이트를 하고서 키스를 하고, 그 다음에 섹스를 하는 단계로 진행되는 게 대체적

인 사귀는 과정이 아닐까. 물론 이런 단계를 하루에 다 끝내는 경우도 있을 테지만 말이다.

사귀려면 고백해야 한다는 문화의 기원은 무엇인가

1987년에 시작한 〈네루통 홍경단(ねるとん紅鯨団)〉이라는 예능 프로그램이 있었다. 내용은 남녀가 집단으로 소개팅을 하고 프로그램 말미에 남자가 마음에 드는 여자 앞에 서서 손을 내밀면서 "잘 부탁합니다" 하고서 머리를 숙이며 고백하는 것이었다.

그럼 이 프로그램이 방영되고서 1990년대부터 고백하는 문화가 퍼진 것일까.

1990년대에는 '두근두근 메모리얼(ときめきメモリアル)'이라는 게임이 유행했다. 게임 속에서 나오는 여자에게 사랑을 고백하는 버튼을 눌러서 게임 속 캐릭터 여자가 좋다고 하면 미션이 클리어되는 것이다. 또 1999년에는 일반인 남녀가 데이트하거나 사귀면서 여행하는 〈아이노리(相乗り)〉라는 예능 프로그램이 방영됐는데, 이 프로그램에서는 참가자들이 먼저

고백한 후에 사귀는 모습을 보여줬다.

이런 문화가 영향을 미친 것일까.

사귀기 전에 고백하는 문화가 일반화되면서 커플이 된 이들이 사귀기 시작한 날짜를 기념일로 삼고 중요하게 생각하며 챙긴다. 어쩌면 여자들은 기억하고, 남자들은 잊어버렸을지도 모른다. 그런데 여기서 커플이 기념하는 날짜가 바로 남자가 여자에게 고백을 한 날이다.

요즘에는 고백을 하지 않고 사귀기 시작하는 커플이 늘었다는 기사를 더러 보긴 한다. 사귀기 전에 고백하는 게 이성교제에서 무언의 룰이 됐음을 반증하는 게 아닐까.

그렇지만 정말 젊은 남성들은 사귀기 전에 고백을 하고 있는 것일까. 앞서 살펴본 '마이나비 우먼' 조사에서 절반에 가까운 남성들이 '사귈 때마다 고백한다'고 답했다. 이해가 가지 않는 습관이다.

해외에서는 사귀기 전에 고백하는 문화도 그런 룰도 없다. 외국인한테 이런 이야기를 하면 그 기묘한 습관은 어디서 왔느냐며 웃을지도 모른다. 이것은 일본의 독자적인 문화로 보인다.

원래 수동적인 일본 남성

2015년 내각부가 조사한 '저출산 사회에 관한 국제의식 조사'에서는 일본, 프랑스, 스웨덴, 영국 4개국 20~40대 남녀(미혼, 기혼)에게 '마음에 드는 사람이 있으면 적극적으로 접근하는가'를 물었다(도표 3-4).

이 조사결과에서 '그렇다'고 답한 남성은 일본 25.9%, 프랑스 22.5%, 스웨덴 28.6%, 영국 22.9%였다. 딱히 일본 남성만 낮은 게 아니다. 프랑스나 영국 남성은 일본 남성보다 낮은 수치를 기록했다. 그런데 반대로 '상대가 접근한다면 생각해보겠다'고 답한 남성의 비율은 스웨덴 남성을 제외하면(스웨덴은 남녀 모두 적극적으로 접근한다) 일본 남성이 29.6%로 높았다. 이는 마음에 드는 상대에게 먼저 접근한다는 답보다 높다.

일본 여성은 스스로 접근한다는 답보다 수동적으로 기다린다는 답이 45%로 훨씬 많다. 그러니까 일본인은 남성도 여성도, 상대방이 접근하기를 기다리는 유형이 많다. 마음에 드는 상대에게 스스로 적극적으로 다가가는 남성은 4명 중 1명밖에 없다. 이는 흥미롭게도, 앞서 소개했듯 연인이 있는 남성의 비율이 21%라는 점과 잘 들어맞는다. 남녀 모두 수동적이라면 서로 매칭이 될 일은 영원히 없을 것이다.

〈도표 3-4〉 '마음에 드는 사람이 있으면 적극적으로 접근한다' '상대가 접근한다면 생각해보겠다'를 선택한 20~40대 남녀 비율

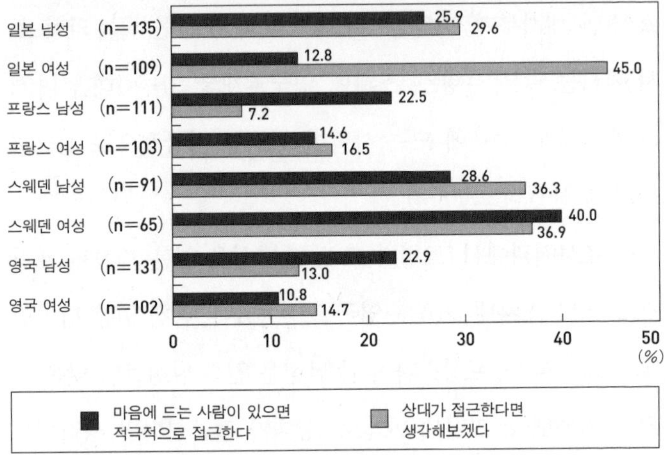

출처: 2015년 내각부 〈저출산 사회에 관한 국제의식조사〉

이 의식조사는 시간이 흐른 후 조사를 더 하지 않았기 때문에 요즘에는 어떤지 판단할 수 없다. 그러나 이 조사결과를 고려하면 전체 중 절반의 사람들이 사귀기 전에 고백한다는 데이터도 있는 그대로 받아들이면 안 될 것 같다. 결국 전체 중 25%만 마음에 드는 상대에게 고백하고 접근하는 게 아닐까 싶다.

이런 데이터를 보면 요새 젊은이들이 연애도 못 한다는 식으로 세대론을 설파하는 50대 이상 기혼남성들이 아주 기뻐

한다. 그들은 "젊은 것들이 변변찮다" "내가 젊었을 때는 차여도 상관없다고 하면서 부딪혀 깨지는 정신이 있었다"고 자랑하듯 말한다. 확인할 수 없으니 반론할 수는 없는데, 그런 말은 듣고 있는 사이에 이윽고 "내가 젊었을 때는 이랬다" 하는 식의 무용담을 늘어놓는 아저씨 이야기가 된다. 대체로 거짓말이라고 생각해도 좋다. 예전이나 지금이나 변한 건 없다.

사귀기 전에 고백을 하는 룰은 남성이 먼저 고백해야 한다고 생각하는 여성들의 바람일뿐, 그게 유별나게 지켜야 할 규칙으로 받아들여지고 있는 것도 아니다. 그리고 남성들이 이런 룰을 좀처럼 잘 실천하지 못하는 게 현실이다. 생각해보면 메이지 시대나 다이쇼 시대에 보내던 연애편지(연문(戀文). 짝사랑을 고백하는 내용을 담은 편지-옮긴이)나 와카(和歌. 단가 형식의 고전시-옮긴이) 같은 것도 고백의 일종인지도 모르겠다. 놀랍게도 남성이 먼저 고백해야 한다는 말은 고사기(古事記. 712년에 쓰인 것으로 알려진 일본에서 가장 오래된 역사책-옮긴이)에도 쓰여 있다.

일본 신화에 따르면 지상의 남신 이자나기노미코토, 여신 이자나미노미코토는 사람이 살 수 있는 나라를 만들라는 명령을 받았는데, 둘은 어쩔 줄을 몰랐다. 어느 날 이자나미노미코토가 "내 몸이 잘 완성됐지만 한 곳만 부족하다"고 말한다. 이 말을 들은 이자나기노미코토는 "내 몸은 잘 완성됐지만 한 곳만 넘친다"고 답한다. 그리고 이 두 신들은 서로 필요한 부분을 합체한다면 나라를 잘 만들 수 있지 않겠냐고 이야기한다.

그래도 동물과 같이 교미하는 것은 품격이 없다고 해서 둘은 결혼식을 올렸다. 결혼식이라고 해도 단순한 것이었는데, 신성한 기둥 앞에서 등을 마주대고 서서 기둥 주변을 남신 이자나기노미코토는 왼쪽으로, 여신 이자나미노미코토는 오른쪽으로 돌다가 만나 사랑을 고백하는 로맨틱한 장면을 연출한다. 그런데 남신 이자나기노미코토가 긴장한 탓인지 수줍은 탓인지 말이 나오지 않는다. 여신 이자나미노미코토가 먼저 말을 건다. "아, 정말 좋은 남자로군." 이 말을 듣고서 남신 이자나기노미코토도 대꾸한다. "아, 정말 좋은 여자로군."

일본 최초의 프로포즈라 할 수 있는 고백을 건넨 것도 여성이 먼저였다.

기분 좋게 결혼한 둘은 성관계를 했는데 거기서 태어난 아이는 거머리처럼 못생긴 아이 히루코였다. 다시 한 번 아이를 낳았는데 이번에는 거품과 같은 아이였다. 당황한 둘은 천상의 신을 찾아가 고민을 털어놓는다. 천상의 신은 "혹시 여신이 먼저 고백하지 않았나요. 그건 안 됩니다. 남신이 먼저 고백해야 합니다"라고 말한다. 이렇게 해서 남신 이자나기노미코토가 먼저 고백을 하는 의례를 다시 치렀다. 그 후 태어난 아이가 일본 최초의 땅이라 알려진 지금의 아와지시마(淡路島. 혼슈와 시코쿠 사이에 있는 세토내해에 있는 섬-옮긴이)라고 한다.

고사기에서 전한 신화의 단계에서부터 일본 남성은 고백을 잘하지 못했다. 어쩌면 고대에는 남자가 먼저 고백해야 한다고 기록해둬야 할 정도로 여권이 강했다는 증거일지도 모르겠다. 그래서 여자가 고백하면 안 된다는 경고와 같은 내용이 나오지 않았을까.

그러니까 요즘 젊은 남성만 고백을 못 하는 게 아니다. 고대 신화에 나오는 남신조차도 고백을 못 했다. 고백을 먼저 못 한다고 해서 고민할 것도 스스로를 비하할 필요도 없다.

돈이 없어서 남성이 결혼을 못 하게 됐나

결혼하지 않은 남성들이 늘어난 현상이 저임금으로 젊은층이 빈곤하게 됐기 때문이라고 보는 주장이 진실인 냥 논의되고 있다. 이제 젊은이들에게 결혼은 사치품이 됐고, 하고 싶어도 할 수 없는 것이 되고 있다는 식의 주장이다.

앞서 말했듯, 남성의 연 수입이 낮으면 낮을수록 미혼율이 높은 것은 분명한 사실이며, 정규직 고용과 비정규직 고용을 비교해 봐도 비정규직 남성의 미혼율이 높다. 고용형태별로 대졸 남성 35~39세 미혼율을 보면 정규직 근무자는 약 25%인데 반해 파견직·계약직 근무자는 67%, 파트타임·아르바이트 근무자는 86%다(2012년 취업구조 기본조사). 30대 후반 미혼남성은 비정규직과 아르바이트 근무자가 많다.

결혼알선업체가 제공하는 기사 중에는 "남자는 이 정도 연봉이 되어야 결혼한다"는 식으로 선동하는 글이 많다. 의지를 가지고 결혼상담소에 가봤자 연봉이 낮다는 이유로 회원등록마저 거절당하기도 한다. 사람의 가치가 연봉으로만 결정되는 것도 아니고, 연봉이 낮다고 해서 같은 출발선상에 설 수 없는 현실 자체가 부끄러운 일이라고 생각한다.

내가 인터뷰한 남성들 중에도 "내가 결혼 못 하는 이유는 돈이 없어서"라고 답한 사람이 꽤 있었다. 그러나 깊이 이야기를 나눠보면 이런 이유를 대는 것은 변명이거나 쑥스러움을 감추려는 것에 지나지 않는 경우가 많았다.

물론 정말 돈이 없다면 결혼에 신경 쓸 여유가 없다. 살아가는 것은 먹는 것이니, 식비에 돈을 쓰지 않을 수 없다. 먹고 사는 데 지장이 있는 생활수준이라면 애초에 연애할 마음조차도 생기지 않을 거라 본다. 그렇다고 해서 먹고 사는 것만 겨우 하는 극빈곤층과 미혼율 상승 사이에 연관성이 있다고 봐서는 안 된다. 극빈곤층은 전부터 있었고, 이 계층은 애초에 결혼에 신경 쓸 여유조차 없었기 때문이다.

그렇다면 기혼남성의 연 수입은 얼마나 될까.

'2012년 취업구조 조사'에는 세대별로 본 미혼남성과 기혼남성의 연 수입 분포 결과가 나와 있다(도표 3-5).

20대는 연 수입이 낮은 미혼자만 있는 것처럼 이야기되곤 하는데, 그 전에 평균 초혼 연령이 30세를 넘은 시대라는 점을 감안해야 한다. 20대 남성의 결혼 건수는 적다. 대체로 20대는 예전이나 지금이나 모두 연 수입이 낮다.

30대의 분포를 보자. 300만 엔대를 중심으로 기혼자 수치가 한꺼번에 오른다. 40대도 마찬가지다. 남성은 300만 엔대를 기준으로 결혼한다는 점을 알 수 있다.

한편 300만 엔대 미만이더라도 기혼자와 미혼자 수의 차이가 그렇게 크지 않다. 연 수입이 300만 엔 미만이더라도 30대는 98만 명, 40대는 103만 명이 기혼자다.

연 수입별 분포를 보더라도 미혼자건 기혼자건 크게 차이가 없다. 즉, 연 수입이 많고 적음은 남성의 결혼과 관련이 없다. 결혼을 하고 싶은데도 못 하는 남성이 결혼 못 하는 것을 자기 탓으로 돌리고 싶지 않기 때문에 연 수입 탓으로 돌리는

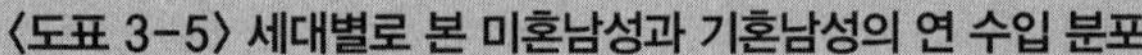

〈도표 3-5〉 세대별로 본 미혼남성과 기혼남성의 연 수입 분포

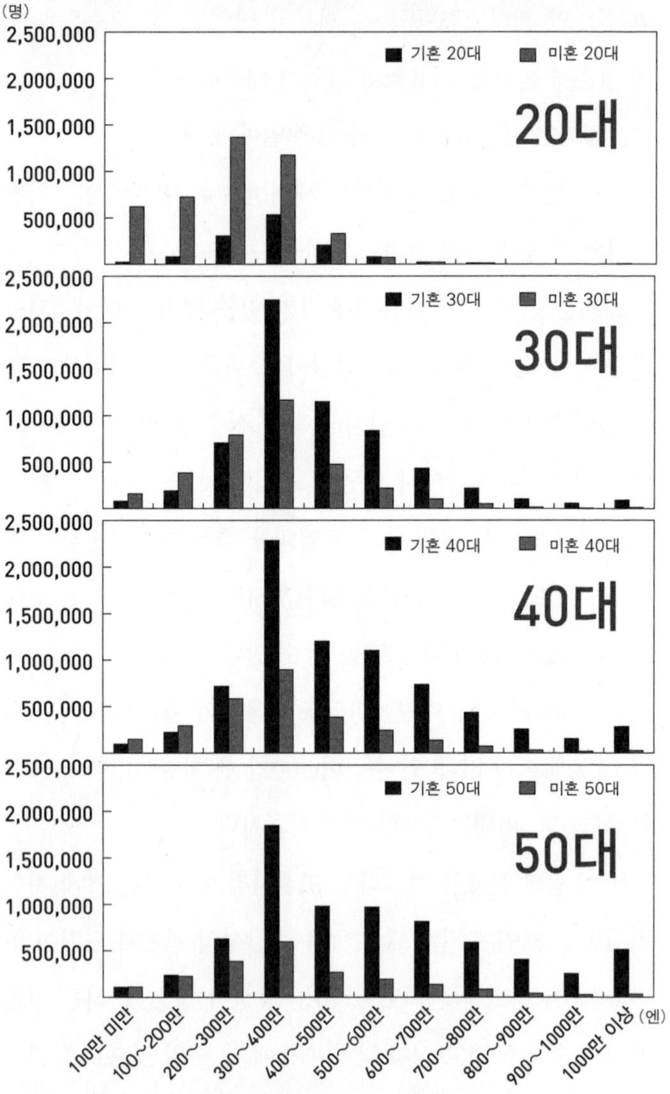

출처: 2012년 총무성 통계국 〈취업구조 기본조사〉(무직은 제외)

것일 뿐이다. 반대로 말하면 연 수입이 높다고 해서 꼭 결혼하는 것도 아니다.

이것에 대해 이야기할 때 나는 요즘 젊은이들이 차 구입에 별로 관심이 없어진 현상을 화제로 삼곤 한다.

물론 요즘 젊은이들이 차 구입에 관심이 없다고는 해도 지방에 거주한다면 차가 생활필수품이기 때문에 아무리 돈이 없어도 산다. 필요하기 때문이다. 하지만 도회지에 사는 젊은이들은 차가 없어도 생활할 수 있다. 유지비를 감안하면, 차를 사는 것은 쓸데없는 소비라고 생각하기 때문에 차를 사지 않는다. 예전처럼 모두가 차를 소유하는 시대도 아니므로 차가 없다고 해서 어깨가 움츠러드는 것도 아니다. 좋은 차를 갖고 있다고 해서 인기가 있다거나 존경받는 시대도 아니다. 차를 살 수 있는 돈이 있어도 차에 별다른 매력을 못 느끼기 때문에 안 살 뿐이다. 겉으로 보이는 객관적인 상황 말고, 남성들의 마음에 좀 더 관심을 기울여야 할 필요가 있다.

남성들이 젊은 여성과의 결혼에 집착하는 이유

40대 남성 초혼율이 계속 조금씩 늘어나는 추이를 보이는 것을 알고 있는가. 미혼인 채로 40세가 넘으면 결혼할 확률이 거의 없다고 생각하기 마련인데, 결코 그렇지 않다.

2014년 '인구동태조사'에서 부부의 초혼 혼인 건수를 보면 40대 남성 초혼 건수는 1947년에 겨우 2,629건에 불과했지만 2014년에 35,071건으로 약 13배가 늘어났다(도표 3-6). 동시에 20대 남성의 초혼 건수는 거의 절반으로 줄었다. 이것만 봐도 만혼화 경향을 확인할 수 있다.

그렇다면 13배나 늘어난 40대 이상 소위 '아저씨' 초혼자들은 대체 누구랑 결혼한 것일까. 젊은 20대 여성과 결혼했을까.

'남자는 아무리 나이를 먹어도 어린 여자를 찾는다' '다다미나 아내는 새 것일수록 좋다' 하는 식의 말이 있다. 남성들이 젊은 여성을 찾는다는 뜻이다. 같은 남성으로서 이해가 안 가는 바도 아니지만 아저씨가 나이 어린 여성만 찾는 모습은 눈살을 찌푸리게 만들 뿐이다.

2010년 '출생동향 기본조사'의 부부조사 항목 가운데 실제로 결혼한 커플의 평균 연령차를 살펴보니 남성의 나이가 약

〈도표 3-6〉 세대별로 본 초혼자끼리의 혼인 건수 비교

남성	1947년	2014년	증감률
20대	358,216	212,746	0.59
30대	51,242	172,401	3.36
40대	2,629	35,071	13.34
50대	531	4,030	7.59
여성	1947년	2014년	증감률
20대	339,608	262,106	0.77
30대	12,511	151,897	12.14
40대	1,403	18,467	13.16
50대	315	1,324	4.20

출처: 2014년 〈인구동태조사〉를 재구성

1.7세 높았다. 한동안 언론에서 나이 차가 많이 나는 커플 이야기로 시끄러웠는데 실제로 결혼을 하는 남녀 커플은 거의 같은 나이대에서 한다.

그러니까 아저씨가 나이 어린 여성과 결혼하는 것은 현실에서 일어나는 일이 아니라 어디까지나 희망사항이라고 볼 수 있다. 독신자를 대상으로 자신이 결혼하기를 바라는 나이와 원하는 배우자의 나이를 조사한 자료가 있다. 그 자료를 토대로, 결혼을 할 때 남녀가 어느 정도로 나이 차이가 나는

〈도표 3-7〉 미혼남녀가 바라는 배우자와의 나이차

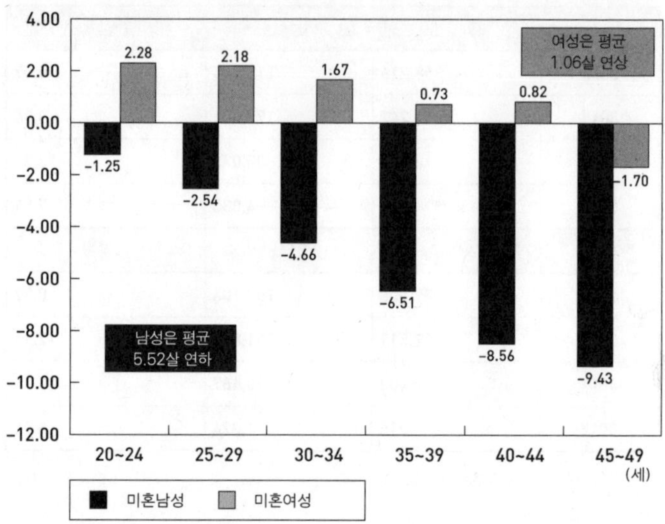

※결혼과 출산에 관한 전국조사 가운데 자신이 결혼하기를 바라는 나이와 원하는 배우자의 나이 데이터를 바탕으로 재구성했다.

출처: 2010년 〈출생동향 기본조사〉

상대를 바라는지 세대별로 정리해봤다. 자기 나이와 상대의 나이의 차이를 평균내어 산출했다(도표 3-7).

그 결과 여성은 전체적으로 평균 1.06살 연상인 상대를 찾는 데 반해, 남성은 자기보다 5.52살 연하인 상대를 찾는다.

세대별로 보면 40대 초반 남성은 8.56살 연하의 여성을, 40대 후반 남성은 9.43살 연하의 여성을 원한다. 34세 이하를 보면 남성은 2.8살 연하, 여성은 2살 연상을 찾으므로 30대 후반 이상 남성이 얼마나 젊은 상대를 바라는지 알 수 있다. 개별적인 답을 살펴보니 47세 아저씨가 19세 여성과의 결혼을 바라는 경우도 있었다. 어디까지나 희망사항이기 때문에 어떻게 답하든 그건 자유다.

여성은 전체적으로 자기보다 조금만 연상인 남성을 결혼 상대로 바라는데 40대 후반이 되면 연하를 찾는다. 또 여성의 경우 29~31세 여성 중 결혼 상대가 50세 남성이더라도 상관없다는 사람도 더러 있었다.

물론 현실에서는 나이 차이가 20살 이상 나는 결혼도 있을 수 있고 사람마다 천차만별이지만, 전체적으로 볼 때 남성은 5살 연하, 여성은 1살 연상을 바라는 게 일본의 평균치라고 할 수 있다.

여기서도 미묘하긴 하나 남녀 차가 있다.

실제로 남녀가 거의 같은 나이에 결혼을 한다는 사실을 보면, 실제 결혼이 여성의 결혼상대 희망 연령에 가까운 형태로 많이 이뤄진다는 점을 알 수 있다. 언제까지나 젊은 사람만 찾는 아저씨들은 결혼하기를 바라더라도 생애미혼이 될 가능성이 높다. 자업자득이긴 하지만 말이다.

미혼인 아저씨가 젊은 여성을 바라는 마음은 복권을 사는 것과 닮았다. 예컨대 100엔을 주고서 복권을 사면 반드시 10

엔은 받을 수 있는 복권 A와, 백분의 일의 확률로 1000엔에 당첨되는 대신 당첨되지 않으면 돈을 전혀 받지 않는 복권 B가 있다면 어느 것을 택하겠는가.

대개 사람들은 B를 선택한다. 확률로 보면 복권이라는 게 대개는 당첨될 일이 없다. 확실히 10엔을 돌려받기보다는 어쩌면 하는 기대 심리로 B를 고른다. 이런 게 복권을 사는 사람들의 마음이다.

그런데 한 장에 100만 엔이나 하고 당첨액도 1,000만 엔이나 되는 복권이 있다고 치자. 당첨되면 1,000만 엔을 받을 수 있지만 내가 지금 갖고 있는 100만 엔을 날릴 확률이 크다. 이 경우 사람들은 리스크가 크기 때문에 B를 선택하지 않을 것이다. 요컨대 리스크와 저울질해보는 것이다. 금액이 크면 갖고 있는 것을 잃고 싶어 하지 않는 게 사람들의 마음이다.

이런 원리를 결혼에 빗대어 생각해 보자. 어디까지나 비유이기 때문에 말이 조금 거칠게 나오는 것을 양해해 주길 바란다.

결혼을 정말 하고 싶어 하는 아저씨가 한 명 있다. 지금까지 소개팅도 해봤고 결혼업체에도 가봤고 맞선도 봤지만 계속 결혼을 못 했다. 계속 인기가 없는 남성이었다. 이제 시간적 여유도 없다. 다음 번 기회를 놓치면 평생 독신이 될 상황이라고 가정해보자. 이때 확실히 결혼할 수 있는데 나이가 든 여성 A와 젊고 발랄하지만 청혼하더라도 거절당할 가능성이 높은 여성 B가 있다면 누구를 고르겠는가.

결혼을 해야 하는 상황이니 논리적으로 보면 A를 택해야 한다. 왜냐하면 확실하게 결혼할 수 있기 때문이다. 젊어야 한다든지 그런 조건 따위를 내세우고 있을 상황이 아니다.

그래도 아저씨는 아마 B를 택할 것이다. 그리고 당연히 차일 것이며, 평생 결혼을 못 하는 게 확정된다. 그리고 이제는 아저씨가 괜찮다고 말해주는 A같은 여성은 두 번 다시 나타나지 않을 것이다.

왜 이런 선택을 하는 걸까.

원숭이 실험에서도 입증된 사실이지만, 원숭이가 꾸준한 노력으로 소량의 과일을 확실하게 받을 수 있는 선택지 A, 대량의 과일을 어쩌다가 단 한 번에 받을 수 있는 선택지 B 가운데 어떤 것을 고르는지 보았더니 원숭이는 일관되게 B만 계속 선택했다. 미국 듀크대학 메디컬센터 신경생물학자 마이클 플랫(Michael L. Platt) 등의 연구진이 한 실험인데, 원숭이들이 꾸준한 보상과 갑작스러운 노다지 가운데 후자를 선택하는 경향을 보였다. 원숭이도 인간의 도박 행태와 똑같은 행동을 보인다는 결과다.

원숭이도 리스크를 인식할 수 있다. 원숭이 뇌의 후방대상

피질에 있는 신경세포가 리스크를 감지한다. 그러니까 리스크를 알고서도 원숭이는 B를 선택한다.

아저씨들은 B를 선택하면 리스크가 크다는 것을 아주 잘 알고 있다. 그렇지만 확실한 보상보다도 리스크를 뛰어넘어서 꿈을 향해 가는 유혹에 지고 만다. 냉정하고 합리적으로 판단할 수 있는데도 결혼이나 연애와 연관되면 이성이고 합리고 내다 버리는 꼴이다. 그리고 계속 같은 실수를 되풀이한다. 그래도 아저씨들은 좋은 꿈을 꿨다면서 강한 척하고 반성하지 않는다. 이것이야말로 결혼을 하고 싶은데 못 하는 남성들이 일생을 보내는 특징이 아닐까.

확실히 결혼할 수 있는 상대인 A를 고르지 않는 남성은 결국 결혼할 의사가 없다고도 볼 수 있다. 언제까지나 젊은 상대만 찾아 집착하는 남성은 애초에 결혼할 의욕이 없는 남성으로 봐야 한다.

나이 차가 나는 결혼을 희망하는 남성들이 생애미혼이 되는 이유는 자승자박이라 할 수 있는데 어쩌면 본인의 잠재의식이 선택한 결단일지도 모르겠다. 이것은 여성의 경우도 마찬가지다. 상대의 연 수입만 따지는 여성도 결국 애초에 결혼할 의사가 없다고 볼 수도 있다.

결혼하고 싶어 하지 않는 남자를 판별하는 법

한 여성의 트위터에 다음과 같은 글이 올라왔다.

"친구가 남자친구에게 결혼하지 않겠다는 말을 들었다고 한다. 책임을 못 질 거라면 서른이 넘은 여자한테 접근하지 말아! 여자는 시간제한이 있다고!"

서른이 넘어서 일정 기간을 교제한 남자친구에게 결혼할 마음이 없다는 소리를 듣고 다툼이 생긴 친구 이야기다.

친구니까 이 여성이 화를 내는 것도 당연한데, 이런 사례를 제법 자주 듣는다.

예를 들어 서른 살 남자친구와 사귄지 5년이나 지났는데 남자가 결혼할 생각이 없다면서 갑자기 헤어지자고 했다거나, 7년이나 사귀었는데 마흔 살 남자친구가 청혼을 하지 않자 자기가 먼저 청혼을 한 여성이 남자친구에게 결혼하지 말고 이 관계를 유지하자는 말을 들었다든지 하는 경우를 셀 수 없이 들었다. 이 경우 여성은 모두 서른 살이 넘은 이들로 출산을 고려해 시간이 없어서 결혼을 서두르는 사례로 볼 수 있다.

연애는 하지만 결혼할 마음은 없는 남자들이 있다. 연애의 연장선상에 결혼이 있다고 생각하는 여성은 이런 생각을 이해하지 못할 수 있다. 여성이 잘못한 것도 아니고 그저 사귄 남자가 결혼을 하지 않으려는 남자일 뿐이다.

1장에서 살펴본 것처럼 30대 남성의 절반이 결혼을 주저한다. 그렇다 해도 그 가운데 사분의 일은 결혼할 수도 있다. 그렇지만 이 경우도 40대나 50대가 돼서 결혼한다는 것이지 30대일 때는 결혼할 마음이 전혀 없을 수도 있다.

이런 솔로남성이 있는 한, 결혼할 의사가 있는 여성은 애초에 그런 남자를 사귀지 않아야 한다. 아무리 사귀어봤자 시간 낭비다. 애초에 결혼 상대가 아닌 것이다. 10대 젊은이들을 노린 상품을 고령자들에게 팔려고 해도 안 팔리는 것과 같은 이치다. 구혼 활동은 일종의 마케팅이다.

그럼, 결혼할 생각이 없는 남성을 어떻게 알아보면 좋을까.

결혼할 생각이 없는 남성을 판별하는 법을 체크리스트로 준비했다. 한 번쯤 주변의 남성들을 떠올리면서 점검해보기 바란다.

〈도표 3-8〉 결혼할 생각이 없는 남성을 판별하는 법

	질문	답
❶	구속당하고 싶지 않아 한다	
❷	혼자만의 시간을 확보하고 싶어 한다	
❸	문제가 생겨도 우선은 혼자서 어떻게든 해결해보려 한다	
❹	옷은 무난한 색깔로 입는다	
❺	셀프카메라는 거의 안 찍는다	
❻	과자를 좋아한다	
❼	기본적으로 깔끔한 것을 선호한다	
❽	고집스러운 측면이 있다	
❾	다른 사람들의 이야기를 잘 듣지 않는다	
❿	말하는 것과 행동하는 것이 다를 때가 많다	
⓫	일을 좋아한다	
⓬	다른 사람에게 불평하지 않는다	

※ 8개 이상 체크한 경우, 진짜 솔로남성이다. 결혼하고 싶은 여성은 처음부터 가까이 하지 않는 게 좋다. 3개 이하인 경우, 좋은 남편이자 아빠가 될 자질이 있다. 단 ❶❷❸에 전부 그렇다고 체크한 경우는 솔로 지향 남성이기 때문에 사귀지 않는 게 좋다.

4장

결혼해도 솔로로 되돌아가는 사람들

결혼을 해도 이혼과 사별로 결국엔 솔로가 된다!

"결혼 안 하면 고독사가 기다리고 있다"는 말을 자주 듣는다. 분명히 생애에 솔로로 살아가는 한, 죽을 때도 혼자다. 고령자가 되고서 갑자기 뇌출혈이나 심장발작이 일어났을 때 혼자 있다면 누구도 알아차리지 못할 것이고 구급차조차 부르지 못하고 숨을 거둘 수 있다. 이런 점을 부정할 수는 없다.

그러나 결혼했다고 해서 고독사하지 않으리라고 단언할 수도 없다. 4장에서는 결혼 후 솔로로 돌아갈 가능성과 리스크를 살펴본다.

홀로 남겨진 고령의 솔로여성들

내각부가 발표한 '2016년도판 고령사회백서'에 의하면 일본의 65세 이상 고령자 인구는 3,392만 명이다. 총인구 1억 2,711만 명에서 고령자가 차지하는 비율은 26.7%가 됐다. 65세 이상 고령자 인구를 남녀별로 보면 남성이 1,466만 명, 여성이 1,926만 명이고, 성비(여성 인구 100명당 남성 인구)는 76.1로 남성 대 여성 비율은 약 3대 4가 됐다. 그런데 언론에서는 고령화에 따른 문제를 항상 거론하면서도, '고령의 독신자'가 늘어나는 문제에 대해서는 거의 언급하지 않는다.

이 책에서 수차례 반복해 말하고 있는데, 2035년 독신자 인구는 4,800만 명으로 예상되고 있다. 15세 이상 인구의 거의 절반이 독신자가 될 것이다. 이 가운데 특히 심각한 문제가 고령의 독신남녀가 늘어나는 것이다. 65세 이상 고령의 솔로 인구는 남성 497만 명, 여성 1,179만 명으로 여성이 남성의 2.5배에 달할 것으로 추계된다.

특히 85세 이상 독신자가 급증하는 현상이 눈에 띄게 나타나고 있는데, 2035년에는 85세 이상 독신여성만 500만 명을 돌파할 것으로 추정된다(도표 4-1). 이는 배우자와 사별한 고령의 여성이 많기 때문이다. 이렇게 고령의 독신여성이 많은

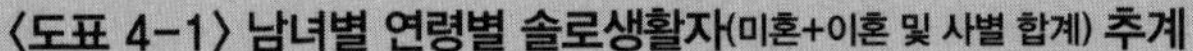

〈도표 4-1〉 남녀별 연령별 솔로생활자(미혼+이혼 및 사별 합계) 추계

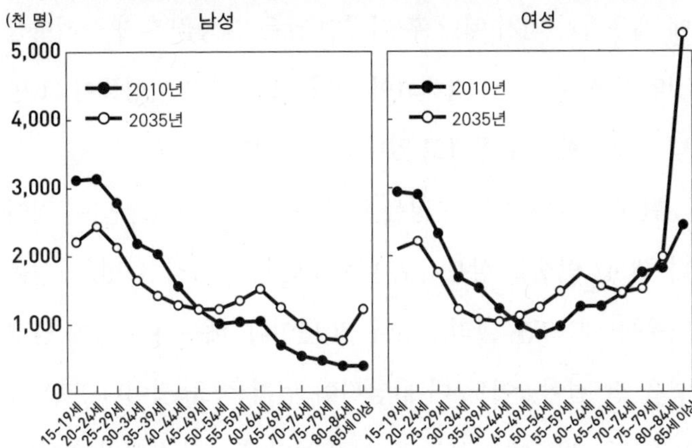

출처: 국립사회보장인구문제연구소 〈장래 일본의 세대 수 추계〉(전국 집계에 따른 추정치, 2013년 1월 현재 추계)

이유는 원래 결혼할 때부터 남성이 연상인 커플이 많고, 여성의 평균수명이 길기 때문에 당연한 결과라고 할 수 있다. 여성의 경우 결혼했어도 인생의 마지막 단계에서 다시 솔로 생활로 돌아가는 시기가 반드시 찾아온다.

부부가 같은 날 같은 시간에 죽는 건 아니므로 반드시 한쪽이 먼저 죽는다. 결혼을 했어도 남겨진 이는 혼자가 된다. 자녀나 손주, 친척이 있어도 같이 살지 않는다면 생애미혼자가 혼자 사는 것과 마찬가지인 상태가 된다.

이제 국민연금에 기대서만 살 수 없는 시대가 되었기 때문에 배우자가 먼저 떠난 후 어떻게 남은 인생을 혼자 꾸려나갈 것인지 진지하게 생각해봐야 한다. 나는 이미 여성들이 그 방법을 생각했고 실천하고 있다고 생각한다.

현재 여성의 평균 수명은 약 87세다. 곧 90세를 넘길 것이다. 90년 인생을 삼분기로 나눠보면 결혼까지 30년, 아이를 키우는 데 30년, 그리고 노후 30년이다. 배우자와 함께 인생길을 잘 걸어왔어도 대개 남편이 먼저 죽을 것이다. 그러면 노후 15~20년에 이르는 긴 시간 동안 혼자서 살아가야 한다. 이렇게 보면, 아내가 예순이 되어 황혼이혼을 선택한다고 해도 그게 결코 부정적인 것은 아니다.

현대에는 3쌍 중 1쌍이 이혼한다

후생노동성에서 발표한 '2015년 인구동태 통계월보 연간 수치'에 따르면, 혼인 건수는 63만 5,096건으로 전년도 대비 8,653건이 줄었다(도표 4-2). 2014년 대비 98.6%로, 결국 역대 최저치를 기록했다. 미혼화, 만혼화, 비혼화를 둘러싸고 세간에서 떠들썩하게 이야기하고 있는 시대이니 그럴 법도 하다

〈도표 4-2〉 2015년 인구동태 통계월보 연간 수치

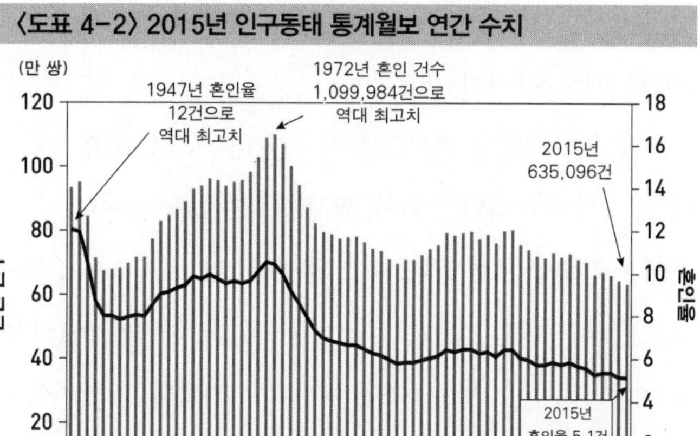

출처: 후생노동성 2015년 〈인구동태 통계월보 연간 수치〉(어림수)

고 수긍할 수도 있겠다. 그런데 관점을 달리해서, 아직도 연간 63만 쌍이나 결혼하고 있다는 통계를 보면 무슨 생각이 드는가.

역대 최저치라고는 해도 그래프를 보면 1989년 이후 혼인 건수는 하락하나 그래프가 완만하게 내려가는 것을 알 수 있다. 현재 결혼적령기의 청년층 인구 자체가 줄어들고 있으니 혼인 건수가 거의 제자리걸음인 것은 오히려 늘고 있다는 해석도 가능하다. 혼인율(인구 천 명당 혼인 건수)을 보면 2003

년 5.9건을 기록한 이래, 10년간 죽 5건 대를 유지하고 있고 2015년에도 5.1건이었다.

그렇다면 저출산 대책으로 정부가 내걸었던 '구혼활동 지원'의 효과가 나타난 것인가. 필시 그렇지 않을 것이다.

이혼 건수를 보면 2002년 28만 9,836건(이혼율 2.30건)을 절정으로 최근 이혼 건수는 약간 줄어들었다. 하지만 2015년에도 이혼 건수는 22만 6,198건(이혼율 1.77건)이다. 과거 가장 이혼율이 낮았던 1930~40년대에 비해 3배나 늘어난 것이다. 2015년도 이혼율(인구 천 명 당 이혼 건수)을 다른 나라와 비교해 보면(총무성 통계국에서 발표한 '세계의 통계 2014'), 일본은 36위로 세계에서 중위권 정도다. 러시아가 4.7건(2011년)으로 이혼율이 가장 높고, 미국은 2.8건(2011년)으로 5위다. 아시아에서는 한국의 이혼율이 가장 높은데 2.3건으로 세계 17위다.

그런데 전체 인구 천 명 당 이혼 건수(이혼율)가 아니라, 이혼 건수를 결혼 건수로 나눈 비율(특수이혼율)로 보면 2011년 이후 계속해서 35% 이상을 유지하고 있다. 그러니까 언론에서 자주 쓰는 '3쌍 중에 1쌍이 이혼한다'는 말은 특수이혼율에서 산출한 수치다(도표 4-3).

이혼이 늘었어도 서구권 국가와 비교할 때 그래도 일본인은 여전히 이혼율이 낮다고 착각하고 있는 이들도 있다. 그러

〈도표 4-3〉 이혼율 추이

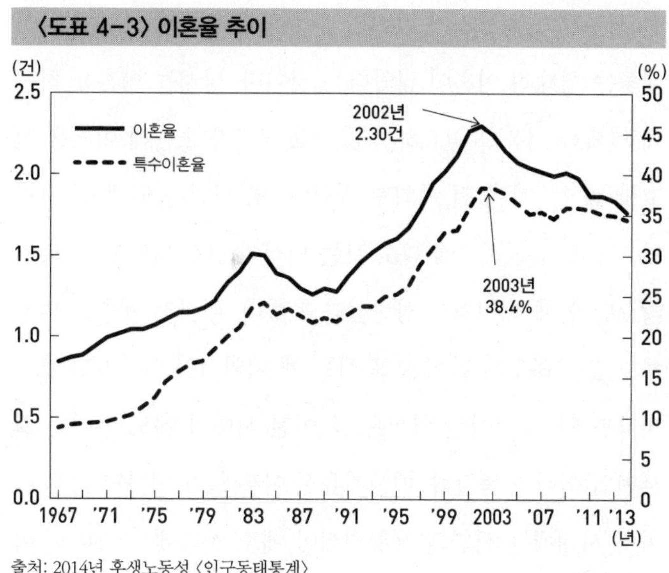

출처: 2014년 후생노동성 〈인구동태통계〉

나 일본은 원래부터 이혼대국이었다.

통계국에서 발표한 자료를 보면, 1893년 이혼율은 3.38건이었다. 당시 일본의 이혼율은 세계 최고 수준이었는데, 지금 이혼율의 두 배 정도로 최근 이혼율이 가장 높은 러시아와 큰 차이가 없다.

《메이지 시대의 결혼과 이혼(明治の結婚 明治の離婚)》이란 책을 쓴 가족사회학자 유자와 야스히코(湯沢 雍彦)는 메이지 시대 일본에서 이혼이 많았던 이유를 다음과 같이 설명한다. 우

선 시부모가 며느리가 자신의 가문에 적합하지 않다고 해서 내쫓는 형태의 이혼이 많았다는 것이다. 당시는 이혼을 하는 데 명확한 이유가 필요하지 않았고 절차가 느슨해 이혼을 신고할 필요조차 없던 지역도 많았다. 또 서민은 일생 한 사람과 결혼을 유지해야 한다고 보는 의식이 별로 없었고 잘 맞지 않으면 언제 헤어져도 상관없다고 봤다. 위아래 계층을 막론하고, 결혼하고서 같이 오래 사는 게 예외적인 일이라고 보는 시각도 있었다. 이런 의식은 그 이전 시대인 에도 시대의 일본인의 의식과 똑같다. 메이지유신 이후 얼마 지나지 않은 메이지 시대에는 서민의 생활의식이 에도 시대에서 그대로 이어진 것으로 볼 수 있다. 나중에 에도 시대의 자유로운 연애관과 결혼관에 대해서도 살펴볼 것이다.

이렇게 이혼대국인 일본에서 이혼이 격감하게 된 계기는 무엇이었을까. 바로 메이지유신 이후 1898년 7월에 시행한 민법이다. 이 민법은 '메이지민법'이라고도 하는데 큰 특징이 '가(家)제도(2차 세계대전 때 일본이 패전한 후 법은 폐지됐으나, 1960년대까지 생활이나 의식에 남아 있었다. 일종의 호주제로 보기도 한다-옮긴이)'를 확립한 것이다. 민법 시행으로 결혼하면 여성이 자신의 성(姓)을 남편의 성으로 바꿔야 했다. 상속 면에서도 적자(혼인관계에 있는 부부에게서 태어난 아이)인 장남(직계장남)만 가장의 지위를 계승할 수 있었고, 재산도 장남이 전부 가져가게 바뀌었다. 이에 따라 아내는 가문(家)을 존속시키기 위한 하나의 기능으로서 속박당하는 결과가 초래됐다. 메이지민법이 만들어낸 제도가 일본인의 가족의식이나 성규범에 미친 영향은 매우 컸다. 에도 시대까지 지속됐던 서민의 자유로운 성규범이나 결혼관은 정조관념으로 바뀌었고 여성상도 현모양처를 이상으로 삼고 그것만 옳다고 했다.

이혼 수속도 바뀌었다. 그때까지 느슨하던 이혼 신고 절차는 엄격해졌고 시부모가 며느리를 내쫓아내서 이혼하는 형태는 법률상 불가능해졌다. 또 호적법에 따라 호적을 관리한다는 명분으로 이혼이 신고의무제가 되어 엄격히 시행됐다. 이혼한 경우 호적등본을 보면 배우자란에 X가 표시된 것을 볼 수 있게 된 것도 이때부터다(호적등본이 전산화된 1994년부터 이혼한 배우자란에 X표 도장을 찍지 않고 '제적'이라고 표시하는 것으로 바뀌었다. 그 이전까지는 이혼한 경우 관청에서 호적등본에 배우자 이름을 적은 란에 X표 도장을 찍었는데 이에 따라 일본에서는 이혼을 일컬어 속칭 'X(바쓰)'라고 말하고 있다. 참고로 한국에서는 여성운동의 노력으로 2005년 호주제가 폐지된 결과 가족관계등록제도가 실시되어 이혼한 사실은 혼인관계증명서에만 기재된다-옮긴이).

메이지민법의 지대한 영향으로 민법이 시행된 1898년 이

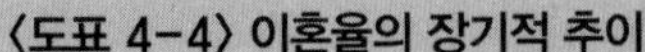
〈도표 4-4〉 이혼율의 장기적 추이

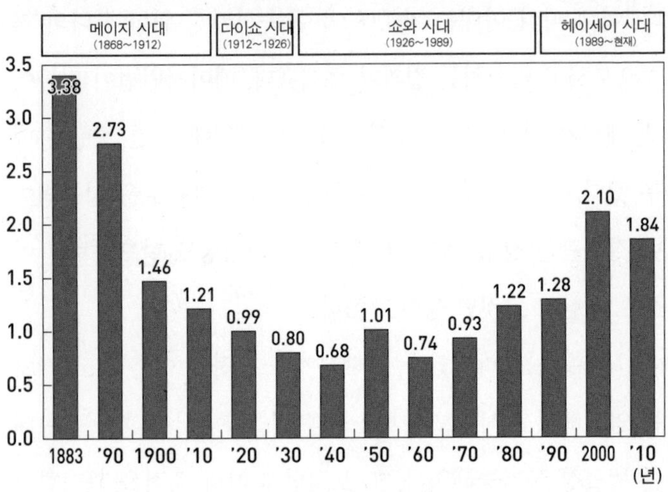

출처: 1883년, 1890년은 내각통계국 〈제국통계연감〉, 1900년 이후는 후생노동성 통계정보부 〈인구동태통계〉

혼 건수는 전년도 대비 20% 줄었다. 이듬해 1899년에도 이혼 건수는 전년도 대비 33% 줄었다. 시행 전과 비교하면 절반 가까이 줄어든 것이다. 이후 이혼율은 1943년까지 죽 조금씩 줄어들었다(도표 4-4).

그렇다면 지역별로 봤을 때 이혼율이 높은 곳은 어디일까. 〈도표 4-5〉를 보면 1위는 오키나와(2.53건)고, 그 다음이 미야자키, 오사카다. 전체적으로 보면 오사카를 비롯한 관서지역의 이혼율이 높다. 도쿄는·전국에서 9위로 1.81건인데 이

〈도표 4-5〉 지역별 이혼율 순위

순위	현	이혼율	순위	현	이혼율	순위	현	이혼율
1	오키나와	2.53	17	지바	1.74	33	후쿠시마	1.64
2	미야자키	2.07	18	교토	1.74	34	나라	1.63
3	오사카	2.06	19	구마모토	1.74	35	야마구치	1.62
4	홋카이도	2.04	20	미에	1.73	36	시가	1.60
5	와카야마	1.98	21	히로시마	1.73	37	사가	1.59
6	후쿠오카	1.98	22	에히메	1.73	38	기후	1.58
7	고치	1.86	23	이바라키	1.72	39	나가노	1.57
8	가고시마	1.82	24	오이타	1.72	40	이시카와	1.49
9	도쿄	1.81	25	군마	1.71	41	야마가타	1.48
10	돗토리	1.80	26	도치기	1.70	42	후쿠이	1.46
11	가나가와	1.78	27	야마나시	1.69	43	이와테	1.45
12	시즈오카	1.76	28	오카야마	1.68	44	아키타	1.40
13	효고	1.76	29	나가사키	1.68	45	시마네	1.40
14	가가와	1.76	30	아오모리	1.67	46	니가타	1.38
15	사이타마	1.75	31	도쿠시마	1.67	47	도야마	1.34
16	아이치	1.75	32	미야기	1.65			

※순위는 이혼율을 소수점 세 자리까지 계산해서 반올림한 후 매긴 것이다.

출처: 2014년 〈인구동태조사〉

는 전국 평균 수치다. 이혼율이 가장 낮은 곳은 도야마(1.34건)다. 이밖에도 니가타, 시마네, 아키타, 이와테, 후쿠이 등 눈이 많이 내리는 지역은 정확한 이유는 알 수 없지만 이혼율이 낮다. 그런데 눈이 많이 오는 지역 중 홋카이도만 예외로 이혼율이 전국 4위다.

이혼율이 가장 높은 오키나와는 한부모 여성가장의 비율도 전국 1위다(도표 4-6). 유독 오키나와만 이혼율과 한부모 여성

〈도표 4-6〉 지역별 이혼율과 한부모 여성가장 비율의 상관관계

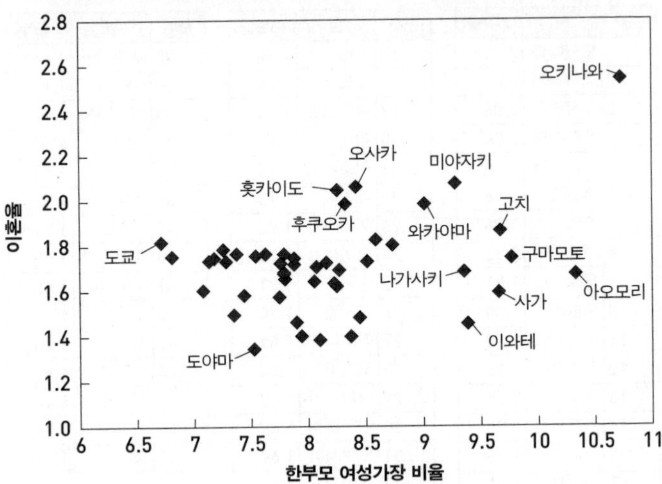

출처: 2015년 〈국세조사 추출속보〉 '엄마와 아이 세대' 비율, 2014년 〈인구동태조사〉

가장 비율 모두 높다. 동북 지방이나 규슈 쪽은 이혼율이 낮은데도 한부모 여성가장의 비율이 매우 높다. 한부모 여성가장의 비율이 가장 낮은 곳은 도쿄다.

늘어나는 황혼이혼

결혼기간별로 이혼 건수를 살펴보면, 결혼 후 5년 이내가 가

〈도표 4-7〉 결혼기간별 이혼 비율 추이 (결혼기간이 불분명한 경우는 제외)

	5년 이내	5-10년	10-15년	15년 이상	20년 이상	25년 이상
1947년	61.2	23.4	8.5	6.9	3.1	—
1975년	49.3	24.2	13.7	12.7	5.8	2.4
1980년	37.2	27.7	17.3	17.7	7.7	3.0
1985년	34.0	21.3	19.5	25.4	12.4	4.7
1990년	38.2	21.2	14.1	26.7	14.0	5.8
1995년	39.5	21.2	13.0	26.3	16.4	7.2
2000년	38.0	23.0	13.0	26.1	16.5	9.1
2005년	36.6	23.1	14.1	26.2	16.2	8.8
2010년	34.9	22.6	14.7	27.7	16.9	9.5
2015년	33.7	22.2	14.6	29.4	18.1	10.1

출처: 2015년 〈인구동태조사〉

장 많다. 2015년 전체 이혼 중 약 34%다(도표 4-7). 그런데 1947년에 결혼 후 5년 이내 이혼이 60%를 차지했다는 점을 감안하면, 이 수치는 꽤 줄어든 것이라 할 수 있다. 근래에 들어서는 결혼한지 15년 이상 된 부부의 이혼 건수가 늘었는데 전체 이혼 중 약 30%를 차지한다. 특히 결혼한지 20년 이상 된 부부의 이혼(황혼이혼) 비율이 증가해왔는데, 1947년과 2015년을 비교해보면 5.8배나 늘었다. 또 결혼한지 25년 이상 된 부부의 이혼율도 올랐다.

〈도표 4-8〉 연령별 이혼 건수

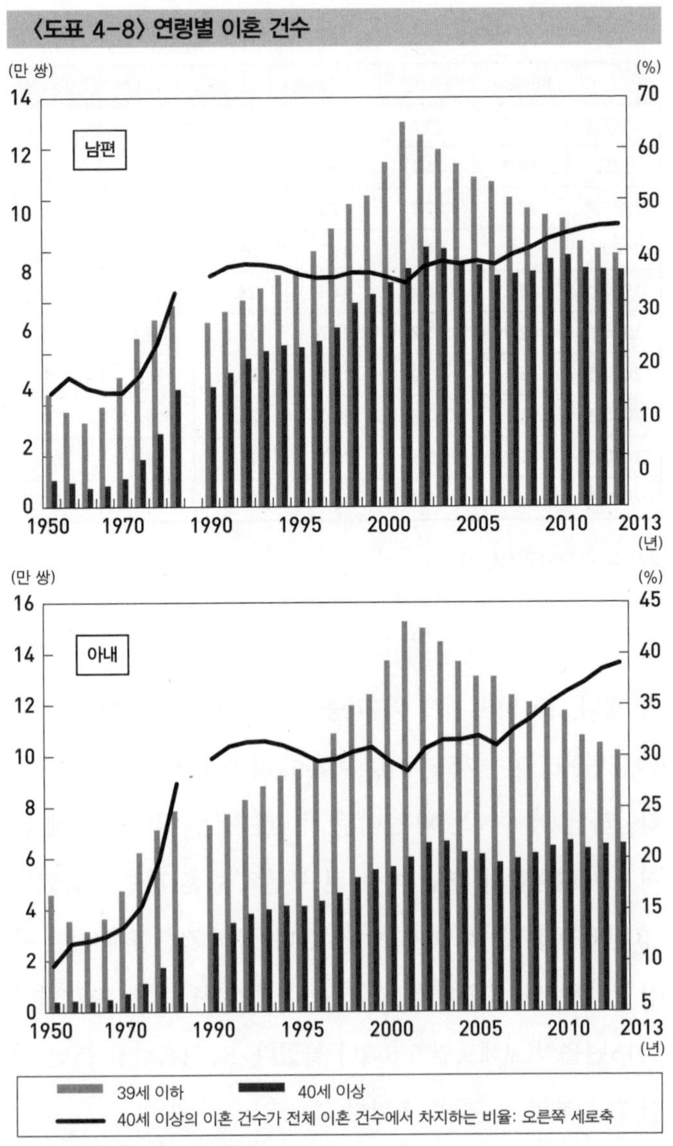

출처: 2014년 후생노동성 〈인구동태통계〉

연령별 이혼 건수를 보면, 39세 이하의 이혼 건수는 남녀 모두 줄어든 데 반해, 40세 이상의 이혼 건수는 줄어들지 않았다(도표 4-8). 즉 40세 이상 중장년층의 이혼율이 상승했다.

황혼이혼이라고 하면 정년퇴직한 남편과 아내의 이혼을 퍼뜩 떠올리는 이들도 많을 것이다. 그러니까 자녀가 취직하거나 결혼한 후, 어느 날 갑자기 아내가 가사나 육아를 전혀 안 하고 밖에서 일만 하며 집안일은 하나도 모르는 남편에게 이혼 서류를 들이미는 모습 말이다. 2016년에 개봉한 야마다 요지(山田洋次) 감독의 영화 〈동경가족: 두 번째 이야기(東京家族2)〉에 나오는 부부의 모습이 딱 이런 이미지였다.

그런데 통계 작성시 황혼이혼이란 이혼한 때 나이를 말하는 게 아니고, 결혼한지 20년 이상 된 부부의 이혼을 말한다. 일본에서 남자는 18세, 여자는 16세부터 법적으로 결혼을 할 수 있으므로 어디까지나 수치상으로 보자면 가장 나이가 어린 부부가 황혼이혼을 하는 경우 남편 38살, 아내 36살이 되는 셈이다. 물론 지금은 평균 초혼 연령이 30세로 만혼화되어 있으므로 그만큼 이혼 연령도 뒤로 늦춰진다. 그 결과 결혼한지 20년 이상 지난 부부는 대개 50살 이상이라고 볼 수 있다.

2009년 내각부가 실시한 '남녀공동참획사회에 관한 여론조사' 자료를 보자. 여기서는 '결혼을 하더라도 상대에게 만

〈도표 4-9〉 '결혼을 하더라도 상대에게 만족할 수 없을 때는 이혼하면 된다'고 생각하는 이들의 비율 (시기별)

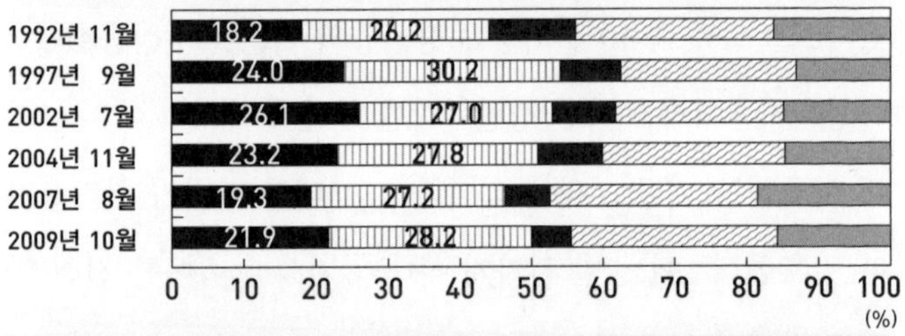

〈도표 4-10〉 '결혼을 하더라도 상대에게 만족할 수 없을 때는 이혼하면 된다'고 생각하는 이들의 비율

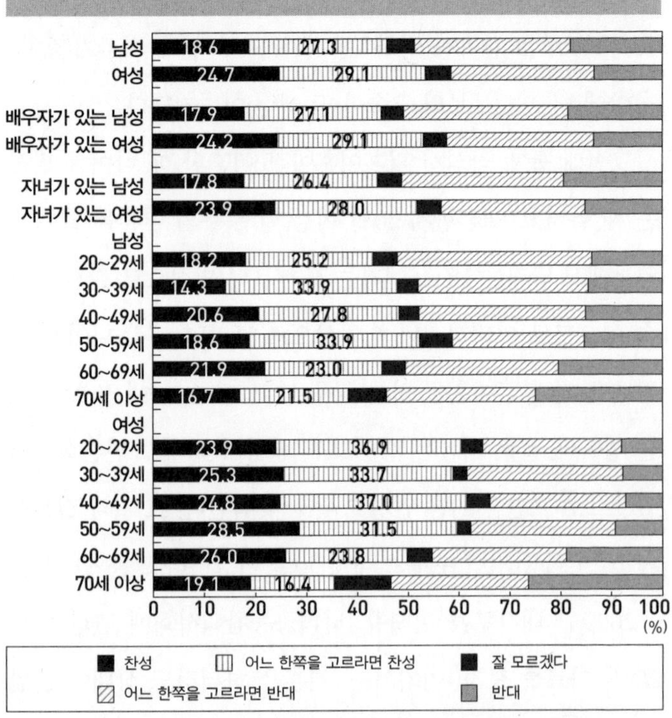

출처: 2009년 내각부 〈남녀공동참획사회에 관한 여론조사〉 '가정생활 등에 관한 의식 조사'

족할 수 없을 때는 이혼하면 된다'고 생각하는 이들의 비율을 살펴볼 것이다(도표 4-9, 도표 4-10).

결혼을 하더라도 이혼할 수 있다는 생각에 찬성하는 비율(찬성+어느 한쪽을 고르라면 찬성)은 전체 합계가 1997년에 54.2%로 오른 이후 2009년까지 거의 과반수를 차지해 왔다. 1979년에는 20%대에 지나지 않았다는 점을 고려하면 이혼에 대한 심리적 저항이 제법 낮아진 것이다.

이혼에 관한 남녀의 의식 차는 2009년 내각부 여론조사에서 상세히 확인할 수 있다. 전체적으로 남성보다는 여성이 이혼에 관해 긍정적이다. 배우자가 있거나 자녀가 있는 경우라 하더라도 절반이 넘는 여성이 이혼에 긍정적이다.

이 점은 연령별로 살펴봐도 그렇다. 20~50세만 보면 약 60%의 여성이 이혼에 긍정적인데 남성과 10%p나 차이가 난다. 흥미로운 점은 이혼을 긍정적으로 보는 남성은 60대가 22%로 가장 높고, 여성은 50대(29%)와 60대(26%)가 가장 높다('어느 한쪽을 고르라면 찬성'이란 답을 제외하고, 전적으로 찬성인 경우만 집계). 즉 50~60대 부부가 이혼에 가장 긍정적이다.

이혼의 주도권을 가진 아내

그렇다면 이혼 서류를 내미는 쪽은 남편일까 아내일까.

2012년 가정법원의 이혼 건수를 보면, 전체 6만 7,892건 가운데 아내가 이혼을 신청한 건은 4만 9,156건, 전체 중 72.4%로 압도적으로 많다. 십년 전으로 거슬러 올라가보더라도 똑같은 경향을 볼 수 있다. 이혼 이야기를 꺼내는 쪽은 아내인 경우가 많다.

의식부터 실제 이혼 신청을 하기까지 여성이 이혼의 주도권을 갖고 있는 것이다.

이 사실을 알고 나서도 '우리집은 괜찮아' 하고 안심하면서 "긴 시간을 같이 보냈으니 우리 부부는 서로 사랑하는 마음이 크다"고 반론을 펴는 남편이 있을지도 모른다. 그런데 정말 그럴까. 긴 시간 동안 애정을 쌓는 관계도 있지만 오랜 세월을 보내며 지쳐서 무너지는 관계도 있다. 영화 〈동경가족: 두 번째 이야기〉처럼 아내가 갑자기 이혼 서류를 내미는 날이 올 수도 있다.

여담이지만 연간 이혼 건수가 가장 많은 달은 3월이고 그 다음이 4월이다(도표 4-11). 3월에 이혼이 가장 많은 현상은 1980년대부터 계속되어 왔다. 회계결산을 하는 달이 3월이

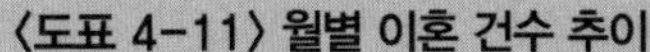
〈도표 4-11〉 월별 이혼 건수 추이

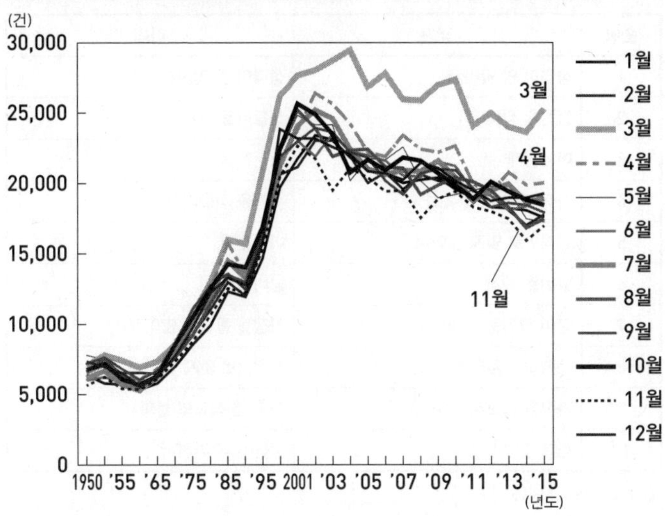

출처: 2015년 〈인구동태조사〉를 재구성

니만큼 결혼생활을 깨끗하게 정리하고 4월에 새로 출발하려는 마음이 들어서일까. 진짜 이유는 모르겠지만 3월에는 아내에게 선물도 하고 여행도 함께 가는 게 좋을 것이다.

지금까지 살펴본 대로 결혼한지 20년 이상 된 부부의 황혼이혼은 이미 정착되었다. 이혼에 대해 남성보다 여성이 긍정적으로 보며, 실제로 이혼을 준비하고 이야기를 꺼내는 쪽도 아내가 많다는 점도 짚어봤다.

그렇다면 이렇게 이혼하는 이유는 대체 뭘까.

〈도표 4-12〉 이혼을 신청한 이유

순위	남편	아내
1	성격이 안 맞아서	성격이 안 맞아서
2	정신적 학대	생활비를 주지 않아서
3	이성관계	정신적 학대
4	가족, 친척과의 불화	폭력을 휘둘러서
5	성적으로 맞지 않아서	이성관계
6	낭비를 해서	낭비를 해서
7	같이 살기를 거부해서	가정을 돌보지 않아서
8	폭력을 휘둘러서	성적으로 맞지 않아서
9	가정을 돌보지 않아서	가족, 친척과의 불화
10	병에 걸려서	술을 많이 마셔서

출처: 2013년 〈사법통계〉

일본의 경우 이혼의 90%가 협의이혼이다. 나머지 10%가 법원을 통한 조정이혼, 재판을 통한 판결이혼이다. 이 비율은 고도경제성장기와 거의 똑같다. 협의이혼은 당사자들끼리 합의만 하면 성립된다. 이혼 신고를 할 때 이혼 사유를 적을 필요도 없다. 그래서 이혼하는 이유가 무엇인지 분명하지 않다. 설령 이혼하는 이유를 묻는다한들 아마 직장을 그만두면서 사직서에 개인적인 사정에 의해 사직한다고 적는 것처럼 진짜 이유는 알 수 없을 것이다.

협의이혼 외 이혼의 경우 이혼 이유를 알아보기 위해 '사법 통계'를 보면 이혼 이유는 남녀 모두 '성격이 안 맞아서'가 1위다(도표 4-12). 2위부터는 남녀 차가 있다. 남편은 2위가 '(아내로부터의) 정신적 학대', 3위가 '(아내의) 이성관계', 4위가 '가족, 친척과의 불화'다. '가족, 친척과의 불화'란 아내가 시어머니나 시댁 쪽 친인척과 사이가 좋지 않음을 말한다.

한편 아내는 '생활비를 주지 않아서(2위)' '(남편이) 낭비를 해서(6위)' 등 경제적인 문제를 이유로 들고 있다. '폭력을 휘둘러서(4위)' 보다도 '(남편으로부터의) 정신적 학대(3위)'가 높다는 점도 눈에 띈다. '(남편의) 이성관계'는 5위로 의외로 순위가 낮다.

이 데이터에서 주목할 부분은 부부 모두 이혼하는 이유로 상대로부터의 정신적 학대를 폭력보다 더 많이 들고 있다는 점이다. 그럼 무엇이 정신적 학대에 해당할까. 욕설을 퍼붓고 매도하며 떠들어대는 것, 괴롭힌다는 생각이 전혀 없이 하는 잔소리, 일부러 싫어할 말이나 아무 것도 모른다고 깔보는 발언같이 일상에서 하는 말도 정신적 학대에 포함된다. 생계나 육아에 대한 책임을 전가하는 발언도 많은 것 같다.

한편 가정 내 배우자의 폭력, 이른바 DV(Domestic Violence)가 여전히 계속 증가하고 있다. 경찰청이 발표한 '2015년 스

〈도표 4-13〉 배우자로부터의 폭력 사건 등의 상담 건수

	2011년	2012년	2013년	2014년	2015년	2015년 비율
남성	1,146	2,372	3,281	5,971	7,557	12.0%
여성	33,183	41,578	46,252	53,101	55,584	88.0%

출처: 경찰청 〈2015년 스토커 사건 및 배우자로부터의 폭력 사건 등에 관한 대응상황〉

토커 사건 및 배우자로부터의 폭력 사건 등에 관한 대응상황(도표 4-13)'에 따르면 2015년 일어난 사건은 약 6만 3천 건이다. 2011년 3만 4천 건과 비교하면 1.8배로 거의 갑절이나 늘었다. 피해자 성비를 보면 남성 대 여성이 1대 9로 여성 피해자가 압도적으로 많은데 남성 피해자도 최근 몇 년 간 7배 정도 늘었다. 가정폭력이 이렇게 늘어난 상황을 보면, 정신적 학대에 의해 부부 관계가 무너진 것을 이유로 이혼이 증가한 점도 수긍이 된다.

물론 조정이혼이나 판결이혼까지 간 경우는 부부 사이가 악화된 경우이며 전체 이혼 가운데 10%에 불과하다. 어찌 보면 법정까지 간 특수한 종류의 이혼으로 성급한 결론을 낸 게 아닐까 싶다.

시사잡지 〈아에라(アエラ)〉(아사히신문사 출간, 2010년 11월 22일호)에 '이혼을 한 사람과 하지 않은 사람의 갈림길'이란 제목

〈도표 4-14〉 이혼을 생각한 이유

이혼을 한 부부

【남편】		【아내】	
❶ 생활이 다르고 안 맞아서	31.3%	❶ 돈 문제	48.5%
❷ 애정이 식어서	25.2%	❷ 애정이 식어서	35.0%
❸ 성생활이 불만이라서	19.4%	❸ 시부모 문제	22.3%

이혼을 검토 중인 부부

【남편】		【아내】	
❶ 생활이 다르고 안 맞아서	33.3%	❶ 생활이 다르고 안 맞아서	36.7%
❷ 성생활이 불만이라서	23.5%	❷ 애정이 식어서	28.6%
❸ 애정이 식어서	19.6%	❸ 돈 문제	26.5%

부부 관계를 회복해 이혼하지 않은 부부

【남편】		【아내】	
❶ 생활이 다르고 안 맞아서	26.9%	❶ 시부모 문제	27.8%
❷ 성생활이 불만이라서	15.4%	❷ 돈 문제	18.5%
❸ 일을 이해해주지 않아서	13.5%	❸ 이렇다 할 이유 없이	14.8%

※앙케이트 대상자 수는 마흔 안팎 412명. 복수 응답 가능. 성격상 불일치는 제외했다.

출처: 시사잡지 〈아에라〉 2010년 11월 22일호 '이혼을 한 사람과 하지 않은 사람의 갈림길'

의 특집기사가 실렸다(도표 4-14). 마흔 안팎의 남녀 412명을 대상으로 실시한 설문조사로, 실제 이혼을 한 부부가 든 이혼 사유뿐만 아니라 이혼을 검토 중인 부부가 든 사유, 부부 관계를 회복해 이혼을 하지 않고 멈춘 부부가 든 사유 세 가지로 유형을 나눠 비교한 점이 흥미롭다. 조사 결과를 보자.

세 가지 유형 전부에서 남편들은 그 이유로 '생활이 다르고 안 맞아서' '애정이 식어서' '성생활이 불만이라서'를 공통적으로 꼽았다. 그러니까 이혼을 했거나 검토 중이거나, 관계를 회복해 이혼에 이르지 않은 경우에 이혼을 고려한 사유가 거의 차이가 나지 않는다.

반면 아내들의 답을 보면, 남편들에게서는 거론되지 않는 돈 문제가 나온다. 또 이혼을 검토 중인 아내가 든 이유 3위(26.5%)가 돈 문제였는데, 실제로 이혼한 아내를 보면 1위(48.5%)가 돈 문제다. 이혼을 고려하는 아내가 이혼하고 싶은 이유도 어쩌면 돈 문제가 가장 클 수 있는데, '생활이 다르고 안 맞아서' '애정이 식어서'와 같은 명분을 먼저 내세웠을 수도 있겠다. 또 이혼을 고려할 때는 '시부모 문제'도 별로 거론되지 않지만, 실제 이혼을 한 이유 3위(22.3%)였다는 점을 보면 '시부모 문제'가 크다는 점을 알 수 있다.

따져보면 남편이 이혼을 생각하거나 결심하게 된 이유는 감정적인 부분이 많다. 반대로 아내 쪽은 대부분 돈 문제와 시부모 문제다.

최근 추이를 보면 경제적 요인에 의해 이혼 건수가 좌지우지되고 있다는 점은 분명하다. 거품경제기에 이혼율이 내려갔고, 거품경제가 무너진 후 1990년대에는 이혼율이 올랐다. 고이즈미 내각이 집권하기 시작한 2001년 이혼율은 근래 들어 최고인 2.30을 기록했다. 그 후 이자나미 경기 기간(거품경제가 무너진 후 침체되었던 일본 경기는 해외시장에서 활로를 찾으면서 2002년부터 2008년까지 호황이었는데 이를 두고 일본 고대 여신 이름 '이자나미'를 붙여서 이자나미 경기라 부른다-옮긴이)에 경기가 다시 좋아지면서 이혼율이 하락했다. 경기와 연동해서 이혼율이 오르락내리락한다.

생활을 관리하고 살림을 꾸리는 아내 입장에서 본다면 결혼은 경영과도 비슷하다. 기업에서 수입이 없어진다면 경영이 파탄날 것이다. 앞서 본 대로 여성은 남성보다 이혼에 대한 심리적 저항감이 낮으며, 기울어지는 배와 운명을 같이 하고 싶지 않다고 생각한다고 해서 아내에게 뭐라고 할 수는 없는 노릇이다.

이런 사실은 수입의 대부분을 남편에게 의존할 수밖에 없는 전업주부에게만 해당되는 이야기가 아니다. 맞벌이 부부도 둘이 합쳐 생활을 꾸려오다가 한쪽 날개가 꺾이는 상황이 오면 생활을 꾸려가기 힘들다.

이혼에 대한 20대 남성의 의식을 봐도 그렇지만, 여성보다는 오히려 남성 쪽이 결혼은 애정으로 이어져 있으며 오래갈 것이라는 로맨틱한 환상을 품고 있는 게 아닐까 싶다. 아내는 현실을 냉정하게 보고 있다.

남편에게 필요한 인생 계획

정년퇴직 후 이혼에 대해 부부의 생각이 서로 다른 경우가 많다.

정년퇴직 후 남편이 집에서 빈둥대는 게 보기 싫다며 이혼하자는 아내도 있는 것 같다. 남편 입장에서 보면 '여태까지 열심히 일했는데……' 하면서 어이없을 수도 있겠지만 이렇게 생각하는 시점에 이미 부부의 생각이 서로 다르다.

정년을 앞둔 남편이 "나 퇴직하고서 외딴섬에 가서 우리 부부 둘만 느긋하게 살자"면서 퇴직 후 계획을 아내에게 알렸을 때 아내가 이혼을 하자고 한 사례가 있었다. 아내에게 이혼 소리가 나오자 남편은 아닌 밤중에 홍두깨라며 전혀 예상치 못했다고 했지만 아내 생각은 달랐다.

"도쿄에 계속 산다면 몰라도 생활이 불편한 외딴섬에 데려가서 남편만 보고 살라는 건 정말 싫어요. 도쿄에서 친구들과 하고 싶은 일도 많고 나는 남편을 돌보는 어머니도 가정부도 아닙니다. 지금껏 남편이 집안을 아예 돌보지 않아도 계속 참고 살았는데 이제 한계예요."

남편은 "내가 가사도 육아도 별로 하지 않은 것은 사실이지만 이혼 이야기를 꺼낼 정도로 아내가 불만을 갖고 있으리라고는 전혀 예상하지 못했다"고 했다.

이런 사례를 보고 남편이 가사나 육아를 안 해서 아내가 이혼을 결심했다고 결론을 내려서는 안 된다.

2015년 제일생명경제연구소에서 배우자가 있는 60~79세 남녀를 대상으로 조사한 결과에 따르면 남편의 60%가 '아내가 의지가 된다'고 답했는데 아내는 단 20%만 '남편이 의지가 된다'고 답하는 데 그쳤다. '남편이 의지가 되지 않는다'는 답도 42%에 달했다. 또 '다시 태어나면 현재 배우자와 다시 결혼할 것인가'라는 설문에 대해 남편의 60%는 '그렇다'고 했지만 아내가 '그렇다'고 응답한 비율은 남편 응답의 절반인 30%에도 미치지 못했다. 여기서도 배우자에게 의존하는 남편의 모습을 볼 수 있다. 이런 생각의 차이야말로 황혼이혼의 근본적인 원인이라고 할 수 있다.

결혼했을 때 남편은 대개 바깥일을 하고 있었을 것이다. 가족을 부양해야 한다는 의식도 있고 아내도 자녀도 남편(아버지)에게 의지하니 자신감도 있었을 것이다. 하지만 정년이 되어 일을 관둔 고령의 남편은 여태까지의 모습과는 다르다. 객관적으로 보자면 나이 든 무직 남성이다. 언제까지나 아내가 나를 의지할 것이라고 보는 생각 자체가 크게 잘못된 것이다.

동화는 공주님이 왕자님과 결혼하는 것으로 끝난다. 하지만 결혼은 다르다. 결혼을 했다고 다 해피엔딩이 아니다. 결혼기간이 길어질수록 남편은 동화 속 환상을 꿈꾸며 아내에게 의존하기 쉽다.

주오대학교 교수이자 사회학자인 야마다 마사히로(山田 昌弘)는 “여성에게 결혼이란 다시 태어나는 것을 의미한다”고 표현한 적이 있다. 마찬가지로 부부로 오래 같이 살게 될 때는 남편도 아내처럼 다시 태어난다고 생각하며 자신의 생각을 바꿔야 할 필요가 있지 않을까 싶다.

여성이 60살이 넘으면 90살까지의 인생을 계획하면서 자신과 마주할 계기로 삼는다는 점은 이미 이야기했다. 남성도 결혼하기까지 30년, 일에 전념하기까지 30년, 그리고 나머지 정년 후의 인생을 새롭게 생각해볼 필요가 있다. 인생은 삼국지처럼 지혜와 계획이 필요하다.

특히 남성은 일에 몰두한 30년간의 자신과 퇴직한 후 자신의 사회적 역할이 크게 바뀐다는 점을 인식해야 한다. 지금 자신의 직업과 수입, 직함을 전부 떼어내고 생각해 보라. 그러면 대체 무엇이 남는가. 모든 남성에게 아무 것도 안 남는다는 말을 하려는 게 아니다. 내가 하고 싶은 이야기는 직업, 수입, 직함 이 세 가지가 당신의 30년을 지탱한 기반이었다는 점을 부정할 수 없다는 것이다. 아내도 그 기반에 의지했을 것이다. 그런데 퇴직 후에는 이 세 가지 기반이 없어진다. 그

전까지의 자신과는 다른 것이다. 일을 그만두고 60대를 맞이한 시기에 남성은 다시 태어나기 위해 무엇이 필요할지 미리 생각해둬야 할 것이다.

기혼자가 미혼자에게 "결혼 안 하면 고독하게 죽을 거야"라고 자주 말하지만 결혼을 해도 솔로로 돌아가거나 고독사할 리스크는 있다. 결혼했다고 해서 안심할 수 없고, 그게 인생의 전부도 아니다. 우리는 언제라도 솔로로 돌아갈 가능성을 갖고 산다.

초혼은 줄고 재혼이 늘었다

자주 보도되진 않지만 이혼이 증가하면서 재혼도 늘고 있다. 혼인 건수는 초혼 건수와 재혼 건수를 합한 것인데, 재혼이 늘었지만 전체적으로 혼인 건수가 줄어든 이유는 그만큼 초혼 건수가 격감했기 때문이다.

초혼과 재혼 추이를 살핀 혼인 건수 그래프(도표 4-15)를 보면, 초혼자끼리 결혼하는 혼인 건수가 최대치였던 것은 1972년이다. 2014년에는 거의 절반으로 줄었다. 초혼이 늘지 않는 것은 미혼자 수 증가와 직결된다. 역으로 보면 이혼하고서 재혼

〈도표 4-15〉 초혼과 재혼 추이를 살핀 혼인 건수

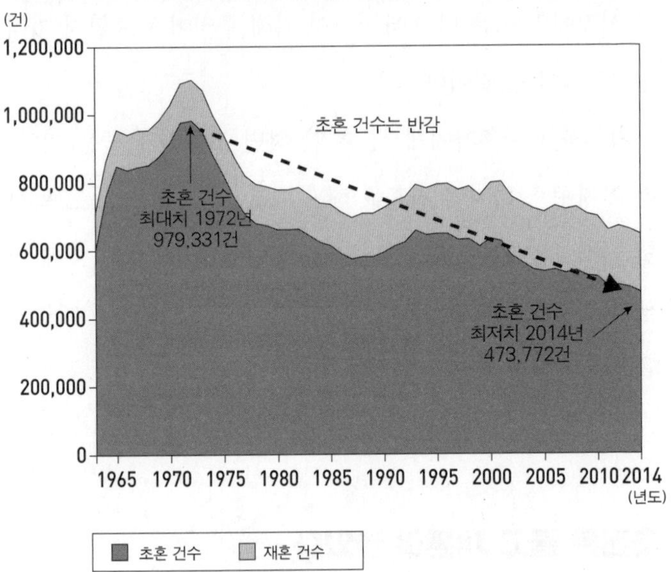

출처: 2014년 후생노동성 〈인구동태조사〉

한 사람들이 혼인 건수를 늘리고 있는 셈이다.

그렇다면 재혼한 사람들을 살펴보자.

재혼한 부부라고 했을 때 왠지 이혼한 남성과 초혼인 젊은 여성의 이미지를 떠올리는 이들이 많을 것이다. 나도 데이터를 보기 전에는 그랬다.

1979년까지는 이런 이미지가 재혼 부부의 실상과 들어맞는다. 그런데 최근에는 부부 모두 재혼인 커플이 늘어 재혼인

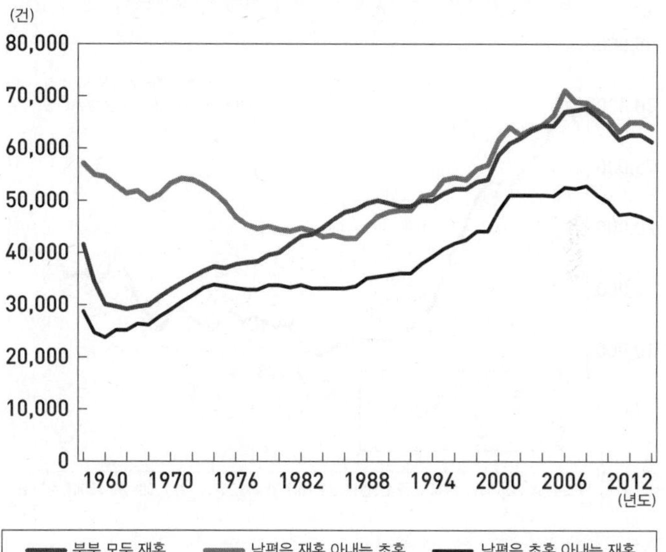

출처: 2014년 후생노동성 〈인구동태조사〉

남성과 초혼인 여성 커플의 혼인 건수와 거의 비슷하다. 또 초혼인 남성과 재혼인 여성 커플의 비율도 서서히 늘고 있다(도표 4-16).

물론 아직까지 재혼 건수는 남성이 많다. 과거에 한 번 남녀의 재혼 건수가 비슷해진 시기가 있긴 했는데 최근에 다시 남성의 재혼 건수가 많아졌다. 한부모 여성가장의 수가 증가한 것도 관련이 있다.

〈도표 4-17〉 재혼 건수의 남녀 차

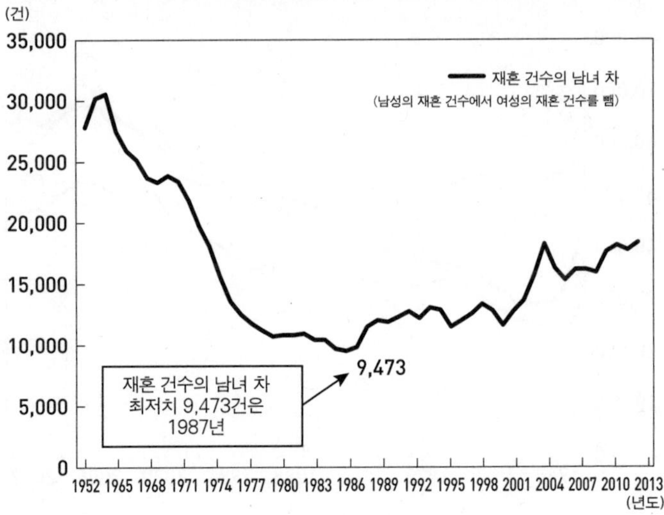

출처: 2014년 후생노동성 〈인구동태조사〉

요즘에는 정숙한 여자는 결혼을 두 번 해서는 안 된다는 식으로 생각하며 재혼한 여성에 대해 색안경을 끼고 보는 사람들은 거의 없다. 그렇다면 여성이 재혼을 안 하게 된 것은 재혼에 대한 심리적 저항감이 높아서일까.

재혼 건수의 남녀 차를 살핀 것이 〈도표 4-17〉인데, 남성의 재혼 건수에서 여성의 재혼 건수를 뺐다. 남녀 차가 가장 낮은 때는 1987년인데 여태까지 1987년보다 낮아진 해는 없다. 여성은 예전처럼 재혼을 하지 않는 선택을 다시 하고 있다고 보면 된다.

반복해서 말하는데, 1987년은 생애미혼율이 급격히 증가하기 시작한 해이기도 하다. 또 남녀고용기회균등법이 시행된 1986년으로부터 1년이 지난 시점이며, 결혼하지 않는 남성들이 늘어나기 시작한 해다. 참고로 지금 50대 초반인 사람들(즉, 생애미혼율을 계산할 때 포함되는 사람들)이 대학을 졸업하거나 사회에 나왔을 때다. 이들은 당시에 '신인류(일본의 전후 베이비붐 세대 이후에 등장한 세대로 주로 1960~70년생을 가리킨다. 성장하며 입시, 만화, 아이돌 문화를 경험하면서 기성세대와 달리 새로운 가치관을 갖고 있다고 해서 붙여진 명칭이다-옮긴이)'라고 불렸다. 1987년으로부터 2년 전인 1985년에는 이혼 건수가 처음으로 15만 건을 넘었으며 이혼율이 20%를 넘었다.

1980년대 후반은 거품경제가 절정에 달했는데 긴 생머리를 적당히 수평으로 늘어뜨리는 헤어스타일, 바디라인을 살린 니트 등의 패션 소재가 유행했다. 일본이 아주 호황이던 시절이었다. 미래에 경제성장이 계속될 것이라는 점을 아무도 의심하지 않았다. 결혼으로 행복해진다기보다 돈을 벌어 행복할 수 있던 시기다. 모두가 결혼하던 사회에서 결혼하지 않는 사회가 되는 출발시점이 거품경제 시기였다는 점은 어떤 인과관계가 있을까.

어쨌든 앞으로도 이혼 건수는 늘어날 것이며 거기에 연동하여 재혼 건수도 늘어날 것이다. 결혼하는 사람은 여러 번 결혼하고, 못 하는 사람은 평생 할 수 없는 양극화가 더욱 분명히 나타날 것이다. 결혼 건수 자체는 제자리걸음인데 생애 미혼자 수만 늘어나고 있는 양상이 이미 그러하다.

에도 시대 이혼율은 세계 톱

앞서 메이지 시대 초 일본인은 지금보다 이혼율이 높았고 세계 톱 수준이었다고 했는데, 에도 시대까지 거슬러 올라가면 이혼율이 더 높다. 정식 통계는 없지만 일설에 의하면 서민도 이혼율이 4.8건이었다고 한다. 오늘날 이혼율의 배 이상이고 러시아나 미국보다 높다.

당시에 남편이 아내에게 제시하는 증명서로 알려진 '세 줄 반(三行半. 이혼 취지와 이유 등을 세 줄로 간결하게 적은 데서 유래한 속칭-옮긴이)'이라는 이혼장이 있다. 정식 명칭은 인연을 끊는다는 뜻의 '이연장(離緣狀)'이지만 '세 줄 반 이혼장'이라 불렸다.

그런데 이 이혼장은 남편이 혼자 멋대로 적어서 아내에게 주는 것이 아니라 부부가 서로 합의해서 적어야 했다. 남편에게만 권리가 있던 게 결코 아니었다.

'세 줄 반 이혼장'은 이혼증명서이면서 동시에 재혼허가증이기도 했다. 에도 시대에 중혼(결혼한 이가 또 결혼하는 것)을 하거나 불륜을 하면 중죄여서 부부의 인연이 끝났다는 증명서가 없으면 재혼을 할 수 없었다. 남편이 아내에게 '세 줄 반 이혼장'을 주면 이것을 받은 아내가 답하는 증서를 남편에게 주는 것으로 부부의 이혼이 성립됐다. 부부가 서로 재혼허가증을 손에 넣고 결혼이 끝난다.

그러면 주요한 이혼 사유는 무엇이었을까.

현존하는 옛 이혼장을 살펴보면 가장 많이 보이는 말은 '우리 마음'이다. 요즘으로 치면 사직서에 '일신상의 사유'라고 적는 것과 같다. 또 '인연이 못 돼서'라는 이유도 있는데 이는 요즘 표현으로는 '성격이 안 맞아서'에 해당할 것이다. 이혼장에 쓰는 이유는 대개 명분상의 이유임을 알 수 있는데, 이혼장이 재혼허가증 역할을 하므로 굳이 이혼의 진짜 이유를 써봤자 다음에 결혼할 상대에게도 그렇고 좋을 게 없기 때문이었다.

게다가 사별도 많았다. 남편이 병사한 경우도 있고 출산을 하다 아내가 죽은 경우도 있었다. 이 경우에는 죽은 이의 가족이나 친척이 이혼장을 썼다.

하지만 모두가 원만하게 이혼한 것은 아니고 다툼이 벌어졌을 때는 조정하는 경우도 있었다. 요즘으로 치면 조정이혼이다. 이 경우 이혼 사유를 보면 남편이 경제력이나 생활력이 없어서 아내가 지쳐 이혼을 해달라고 요구한 경우가 있었다. 또 남편의 가정폭력이 이유인 경우도 있었다. 에도 시대에는 아내가 남편의 폭력을 참기만 하는 일은 없었던 듯하다. 또 돈 벌러 나간 남편이 실종돼 생활이 궁핍해져 더는 기다릴 수 없다며 아내가 이혼을 요구한 사례도 있었고, 바람을 피우는 문제 때문에 이혼한 경우도 있었다. 83세의 병든 남편을 돌보다가 도망간 아내도 이혼을 요구했다. 이런 생활상은 에도 시대나 지금이나 크게 다르지 않다.

이혼장을 봐도 이혼하는 진짜 이유를 알 수는 없을 것이다. '세 줄 반 이혼장' 가운데 눈에 띄는 게 하나 있었다. "앞으로 누구와 결혼해도 좋은데 옆집 남자와는 절대로 안 된다"는 내용이었다. 아마도 아내가 옆집 남자와 사랑에 빠졌던 듯하다.

에도 시대 이혼 사유는 경제적 문제

에도 시대에 아내가 조정이혼을 요구한 경우 남편이 응하지 않은 사례가 많았다. 당시 여성 인구는 남성에 비해 훨씬 적었다. 농가에서 아내는 귀중한 노동력인 셈이라 아내가 이혼을 원한다고 해도 남편이 쉽게 응하지 못하는 사정 때문에 다툼이 일어나기도 했다. 여기서 주의해서 봐야 할 점은 아직 너무 사랑해서 이혼을 할 수 없으니 제발 헤어지지 말자는 식의 감정적인 이유가 아니었다는 점이다. 남녀 모두 '결혼은 곧 생활'이란 의식이 강했다. 합리적이고 극히 메마른 인간관계였다고도 볼 수 있다.

조정에 의해 아내가 이혼 요구를 철회한 사례도 있는데, 이 경우 아내가 내세운 조건이 특이하다. "이번에는 이혼 요구를 철회하나 내가 다시 이혼을 요구한다면 1년에 35냥(両. 에도 시대 돈의 단위-옮긴이)을 내놓을 것." 당시 약 40냥이던 여성의 평균 연 수입과 비슷한 액수를 내놓는 게 조건이다. 이밖에도 "내가 다시 이혼을 요구한다면 남편은 가진 재산의 삼분의 일을 넘긴다"는 내용도 있다. 이런 조건을 보면 당시 여권이 강했음을 알 수 있다.

이혼을 할 때는 돈 문제가 얽힌다. 가장 큰 문제는 아내가 결혼할 때 준비해 간 옷장과 같은 혼수용품과 지참금(結納金. 에도 시대 결혼 때 부부가 서로 주고받는 돈-옮긴이)을 어떻게 돌려받을지에 관한 문제였다. 원칙상 이혼할 때 서로가 전부 돌려줘야 하지만 이를 두고 다툼이 일어났다.

아내가 이혼을 요구한 경우 남편이 부자여도 낭비벽이 있는 남편이 많았기 때문에 남편이 "못 돌려준다" "돌려줄 수 없으니 이혼할 수 없다"고 나오는 경우도 있었다. 이 경우 아내는 혼수용품이나 지참금을 포기하고 이혼한 사례가 많았다. 돈도 포기할 만큼 이혼하고 싶어진 것이다.

자신이 가져온 지참금을 이용해 결혼생활을 잘하도록 남편을 유도한 아내도 있었던 듯하다. 당시 센류(川柳. 총 17글자의 일본의 전통시-옮긴이) 가운데 "지참금 봉투를 뜯기니 새댁 난처하네"라는 게 있다. 지참금이 남편 손에 들어가면 아내의 위협이 효과가 없다는 것을 야유하는 시다. 또 "지참금 봉투를 뜯었으니 내 것일세"란 시도 있다. 지참금을 써 버렸으니 이것으로 가난한 남편을 위협해서 지배 아래 두는 게 가능하다는 뜻이다. 만약 이혼 후에 지참금을 돌려주지 않는다면 관청에 가서 신고하면 됐다.

위자료도 당연히 있었다. 이혼에 책임이 있는 사람이 위자료를 물어줘야 하는 것도 오늘날과 비슷하다. 남편이 아내에게 위자료를 지불할 때는 일반적으로 아내의 연 수입에 해당하는 돈을 지불했다. 더러 아내 연 수입의 열 배에 해당하는 위자료를 지불한 사례도 있다. 데릴사위의 경우, 데릴사위에게 이혼 책임이 없는데 아내가 이혼을 요구한 경우 남편(데릴사위)에게 위자료를 지불했다. 현대보다 에도 시대가 더 남녀평등한 분위기였던 것 같다.

참고로 자녀 양육 문제를 보면 데릴사위와 이혼하는 경우를 제외하면 남편이 자녀를 데려갔다. 더러 남자아이는 남편이, 여자아이는 아내가 맡아서 키우기로 정한 사례도 있었는데 이런 경우는 남편이 경제적으로 어려웠기 때문이다. 남편이 아이를 못 맡을 정도로 경제적 여유가 없어서 아내가 자녀를 여럿 데리고 한부모 여성가장으로 살아가는 경우도 많았다.

남녀가 각자 자립한 에도 시대

에도 시대에는 이혼도 많고 재혼도 활발했다. 1730년 사료를 보면 재혼이 많다는 기록이 있다. 도사번(土佐藩. 현재 고치현)에는 '7번 이상 이혼할 수 없다'는 규칙이 있을 정도였다. 이혼이나 재혼이 얼마나 많았는지 알 수 있다.

그럼 부부 중 한 쪽이 아이가 있는 경우의 재혼은 어땠을까.

한 사례를 보자. 이혼한 전남편과의 사이에서 낳은 딸과 친정엄마와 같이 살던 여성이 있었다. 그러던 어느 날, 어떤 남성과 혼담이 오가게 되었는데 재혼할 남성이 "딸과 엄마는 같이 살 수 없다. 혼자서 시집오라"는 조건을 내세웠다. 요즘 같으면 심하다고 생각할 텐데 당시에는 당연했던 것 같다.

이런 조건을 들은 여성이 어떤 결단을 내렸을까. 친정엄마를 고향으로 보내고 재혼한 남성이 친정엄마에게 생활비를 주도록 약속을 받아냈다. 딸은 전남편이 책임지도록 했다. 그리고 혼자가 되어 재혼했다.

이런 냉정한 조치를 보면 에도 시대 사람들은 각자 자기 인생을 아무런 속박 없이 당당하게 살아가려는 확고한 의지가 있었으며 동시에 매우 사무적으로도 보인다. 물론 이런 사례는 재혼할 남편이 경제력이 있고 전남편이 아이를 맡기로 해서 가능한 것이었다. 재혼하기 위해 서로가 아이를 키우려 하지 않는 부부를 보면 슬프다.

자녀 육아 문제가 얽히면 복잡해지긴 했지만, 이렇듯 에도 시대는 남녀 모두 결혼도 이혼도 재혼도 자유로웠다. 도시에서는 여성이 전업주부라 해도 가사와 육아가 가치 있는 노동으로 평가받았으며, 농민과 상인들 사이에서 부부는 맞벌이 개념이었으므로 남녀 모두 자립한 상태였다고 할 수 있다. 이런 게 남녀평등이 아닐까 한다.

단, 에도 시대는 현대의 고도경제성장기처럼 모두가 결혼하던 시대가 아니었다. 생애 전부를 독신으로 사는 남성도 많았다. 독신으로 산다고 해서 비장하게 살아간 흔적도 전혀 없다. 각자 자기 가치관에 따라 삶을 누렸다. 생각하건대 남녀 모두 솔로로 살아갈 힘을 갖고 있었던 듯하다.

이렇듯 과거 일본인은 남녀관계에 있어서도 각자 자립한 관계였다는 점을 알 수 있다. 메이지 시대 이후 서구 열강을 좇아서 서양의 결혼제도를 도입한 것이 잘못됐다고 생각하지 않을 수 없다. 결혼제도가 확립된 후 이혼율은 확실히 줄었고 모두가 결혼하는 사회가 됐지만 이게 모든 사람에게 맞지는 않는다. 요즘 미혼율이나 이혼율이 높은 것은 본래 있어야 할 모습으로 되돌아가는 것일 뿐이라고 단언한다면 지나친 비약일까.

이혼 후 자살하는 현대의 남편들

2015년 '정부백서'에 따르면 자살자 수는 전년 대비 1,402명이 줄어든 24,025명이다. 4년 연속 3만 명 이하를 기록하고 있기는 하나 자살자가 줄었다고 할 수는 없는 상황이다. 놀랍게도 10~44세 남성의 사망원인 1위가 자살이다. 사고나 암보다 많다.

남녀별로 보면 전체 자살자 중 70%가 남성으로 변함없이 남성의 자살율이 높다. 남성이 여성보다 자살하는 이가 많다는 것은 선진국이든 아니든 간에 세계적인 현상이다. 민족이나 종교가 같아도 남성이 여성보다 자살을 많이 한다. 남성이 자살하는 이유는 무엇일까.

남성 자살자를 연령별로 보면 40~60대 남성이 과반이다. 동기별로 보면 건강문제가 가장 많고 이어서 경제문제나 생활문제 순이다. 60대 이상에서 건강문제를 이유로 한 자살이 많은데 신체 건강뿐 아니라 우울증과 같은 정신 건강문제도 포함된다.

〈도표 4-18〉은 세대별, 배우자 관계별로 본 자살률이다. 자살률이 가장 높은 남성은 아내와 헤어진(이혼이나 별거) 남성이고 그 다음은 아내와 사별한 남성이다. 그러니까 배우자가 있던 남성이 아내와 이혼이나 별거를 했거나 사별로 아내를 잃은 경우 자살할 확률이 높다. 2013년도 수치를 바탕으로 만든 그래프지만 매년 같은 경향을 보이고 있다.

젊을수록 그 확률이 높은데, 20~30대의 경우 애초에 혼인건수가 다른 세대에 비해 적은 것도 영향을 미친다. 고령의 미혼자 자살률이 높은 것도 애초에 고령의 미혼자 수가 절대

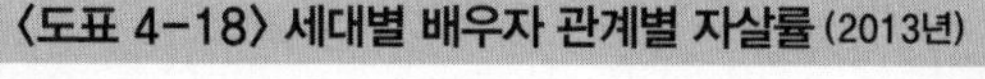
〈도표 4-18〉 세대별 배우자 관계별 자살률 (2013년)

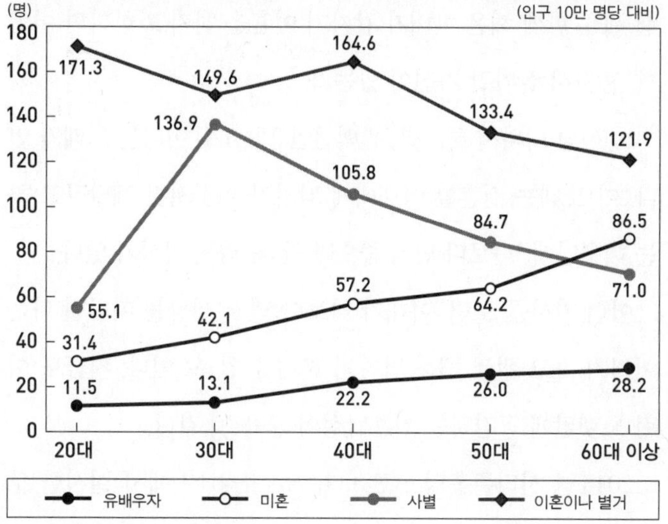

출처: 2015년 내각부 〈자살대책백서〉

적으로 적은 것과 관련이 있다.

참고로 비율이 아니라 건수로 보면, 전체 자살자 중 절반이 배우자가 있다. 특히 배우자가 있는 40~60대 남성 자살자 수가 절대적 수치로는 가장 많다.

그렇지만 이혼이나 별거를 하거나 사별을 한 남성의 자살률이 높은 것은 엄연한 사실이다. 사람은 혼자 살아갈 수 없다고는 하지만 남성은 배우자와 이혼이나 사별을 하면 약해지는 것일까.

상상해보길 바란다. 만일 아내가 먼저 세상을 떠나거나 오랜 세월 함께 해온 아내가 갑자기 이혼을 하자고 한다면 어떨까. 혼자서 살아갈 자신이 있는가.

1979년 나와서 히트한 '관백선언(関白宣言)'이라는 노래가 있다. 이 노래는 결혼할 아내에게 남자가 이것저것 해달라고 하는 내용인데 "나보다 먼저 죽으면 안 돼"라는 가사가 있다.

이런 가사를 보면 '아내가 나보다 먼저 세상을 떠나면 나는 어쩌지'라고 쩔쩔 매는 남자의 본심을 알 수 있다. 지금도 이런 노랫말에 공감하는 기혼남성이 많을 것 같다.

2014년 시티즌홀딩스(현 시티즌시계 주식회사)에서 실시한 조사에서 배우자보다 더 오래 살고 싶은지 묻는 질문에 '아니다'라고 답한 남성은 80%에 달했다. 반면 여성은 58%였다.

배우자에 지나치게 의존하는 일본 부부

일본사회에서는 배우자에게 의존하려는 경향이 강하다.

2010년 각국의 60세 이상 고령자를 대상으로 생활과 의식을 조사한 국제비교 결과를 보자(도표 4-19). 일본은 의지가 되는 사람으로 배우자를 꼽는 비율이 65.3%로 높은 편인데 이

〈도표 4-19〉 의지가 되는 사람 (국제비교)

	배우자 혹은 파트너	자녀(입양한 자녀를 포함)	형제자매	친한 친구나 지인
일본	65.3%	57.4%	13.9%	15.5%
미국	46.0%	69.8%	39.3%	46.5%
한국	55.4%	57.1%	4.7%	6.0%
독일	50.2%	52.0%	12.8%	32.3%
프랑스	48.1%	66.9%	11.1%	25.4%
스웨덴	70.9%	59.8%	15.9%	24.8%

출처: 내각부 〈고령자의 생활과 의식에 관한 국제비교 조사〉(2010년 조사, 프랑스만 2005년 조사)

를 보면 일본인이 배우자에게 정신적으로 많이 의존하고 있다는 점을 알 수 있다.

미국과 비교하면 약 20%p 더 높고 독일과 비교해도 15%p 더 높다. 다른 나라 사람들은 배우자보다 자녀에게 더 의지하는 경향이 있다. 일본처럼 자녀보다 배우자가 더 의지가 된다고 답한 국가는 스웨덴 정도다. 사회보장이 충실한 스웨덴과 비슷한 경향을 보인다는 점은 흥미롭다. 서구권 국가들과 비교했을 때 일본인은 친구나 지인에게 의존하지 않는(또는 의존하지 못하는) 점이 뚜렷이 나타난다. 친구나 지인이 의지가 된다고 답한 미국인은 46.5%인데, 일본인은 그 삼분의

〈도표 4-20〉 부부의 시간 (고령자의식 국제비교)

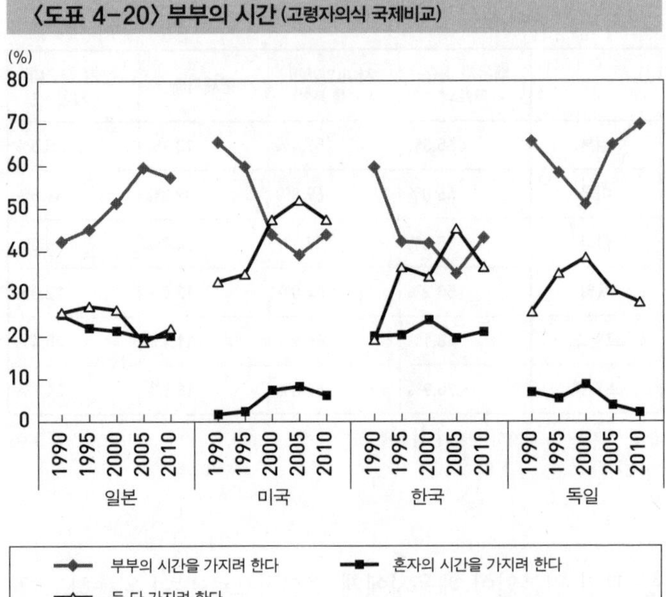

출처: 2010년 내각부 〈고령자의 생활과 의식에 관한 국제비교 조사〉

일에 해당하는 15.5%에 그친다.

또 같은 자료에서 부부의 시간에 관한 의식을 시계열로 비교해 보면, 일본인은 부부가 함께 시간을 보내야 한다고 생각하는 경향이 매해 늘고 있다(도표 4-20). 1990년에 일본은 다른 나라에 비해 부부의 시간을 가지려는 의식이 낮았다. 그러던 것이 최근에 부부의 시간을 가지려는 의식이 늘고 있다. 이런 경향은 독일과 비슷하나 미국과는 정반대다.

조사대상은 60세 이상 세대로 이들은 전후 베이비붐 세대이며 생애미혼율이 급상승하기 전에 결혼한 사람들이다. 고도경제성장기 시절 모두가 결혼하던 시대에 결혼해 부부가 된 것인데, 이들은 핵가족화를 실천하기도 했으며 '남자는 바깥일을 하고 여자는 가정을 돌본다'는 가치관이 가장 강하게 남아 있는 세대이기도 하다. 대체로 남편은 집안일을 전혀 모르고 못한다.

그런데 배우자에게 의존하는 경향이 꼭 전후 베이비붐 세대만의 특징이라고 할 수는 없다. 30~40대에서도 결혼 후, 특히 아이가 태어난 후 전에 연락하던 친구나 지인과의 관계가 소원해지고 대화를 하는 사람도 직장 동료나 일과 관계된 사람, 배우자만으로 한정되는 경향이 나타난다. 이런 사람들이 많을 것 같다.

부부 사이가 원만한 건 좋지만, 오직 배우자에게만 의지하고 부부가 같이 시간을 보내는 것만 행복하다고 생각한다면 좀 위험하다고 본다. 황혼이혼을 할 가능성도 있고, 설령 황혼이혼을 하지 않고 오랫동안 시간을 함께 보냈어도 언젠가 부부 중 한 명은 먼저 세상을 떠난다. 지금과 똑같은 부부생활이 언제까지고 이어지지는 않는다. 결혼해도 솔로로 되돌아갈 가능성이 있다는 점은 이미 앞서 말한 그대로다.

그런 상황이 오면, 아내에게 과도하게 의존하는 남편은 그대로 괜찮을까. 일을 하는 중이라면 그나마 괜찮다. 하지만 퇴직하면 직장에서의 인간관계도 사라진다. 주변에서 그전까지 수도 없이 묻던 안부조차 점점 뜸해진다. 지금 취미도 없이 일만 하고 있다면, 퇴직 후 자녀가 독립하고 배우자가 사망했을 때 집에 혼자 남겨진 자신의 모습을 떠올려보고 그 상황을 자신이 견딜 수 있는지 생각해봤으면 좋겠다.

1인 가구 40% 시대

과거 표준가구는 부부와 자녀로 구성된 가구를 뜻했다. 그러나 이미 2010년 국세조사 자료에서 보았듯, 가족유형별 가구 구성비 가운데 1인 가구 비율이 가장 높다. 2015년 국세조사 결과를 봐도 1인 가구가 약 1,685만 가구로 가장 많고 그 구성비를 봐도 32.6%에 달한다. 부부와 자녀로 구성된 가구는 1,400만 가구로 변동이 없고 그 구성비는 30% 이하로 떨어져 28%가 됐다.

앞으로 총인구가 감소하더라도 1인 가구 수는 늘어날 것으로 추정된다. 2035년 1인 가구는 전체의 37%에 달할 것이다.

전체 가구 중 40%가 1인 가구가 되는 시대가 곧 온다(2013년 국립사회보장인구문제연구소 '일본 장래 인구 추계'에서 발췌).

이미 알고 있는 이들도 꽤 있겠지만, 일본은 세계에서 1인 가구 비율이 가장 높은 국가 가운데 하나다(도표 4-21). 1인 가구 수로 보자면 일본은 1,679만 가구로 세계 제3위다. 1위는 인구가 많은 중국으로 약 5,840만 가구, 2위는 미국으로 3,121만 가구다. 4위 러시아를 포함해 이 네 국가가 전 세계 1인 가구의 약 40%를 차지한다.

1인 가구의 증가는 세계적인 현상으로 인구가 집중된 도시에서 뚜렷이 나타난다. 일본에서 1인 가구 수가 가장 많은 지역은 도쿄다. 도쿄도는 국세조사를 바탕으로 5년마다 장래 세대 수 예측 조사를 실시하는데 2014년 3월 도쿄도 자료에 따르면 2030년에 도쿄의 1인 가구 비율은 47.2%에 달할 것이며 2035년에는 50.2%가 되어 최초로 50%를 넘을 것으로 보인다. 가까운 미래에 도쿄 전체 세대 중 절반 이상이 1인 가구가 된다.

1인 가구 수 추이를 볼 때 주목할 점이 있다. 65세 이상 고령자의 1인 가구 비율이 증가한 것이다(도표 4-22). 1인 가구에는 미혼자뿐만 아니라 배우자와 이혼했거나 배우자가 세상을 떠난 가구도 포함된다. 특히 배우자와 사별한 고령 여성의

〈도표 4-21〉 세계의 1인 가구

국가(지역)	1인 가구 수(단위 천)	1인 가구 비율(%)
중국 a	58,396	14.5
미국 a	31,205	26.7
일본 ab	16,785	32.4
러시아 a	14,019	25.7
독일 a	13,765	37.3
영국 a	8,087	30.6
이탈리아	7,667	31.2
인도 c	7,564	3.9
프랑스 a	5,826	27.1
스페인 a	4,193	23.2
한국 a	4,142	23.9
브라질 a	3,967	8.9
캐나다 a	3,673	27.6
폴란드 a	3,229	24.0
멕시코	2,475	8.8
남아프리카공화국 f	2,078	18.5
루마니아 a	1,941	26.0
호주 a	1,889	24.3
베트남	1,626	7.2
스웨덴 a	1,516	39.6
이란 a	1,512	7.2
체코슬로바키아 a	1,422	32.5
벨기에 a	1,366	31.8
오스트리아 a	1,324	36.3
헝가리 a	1,317	32.1
에티오피아	1,297	8.3
콜롬비아 a	1,177	11.1
벨라루시 a	1,149	29.7
필리핀 a	1,092	5.9
방글라데시	1,031	3.2
포르투갈	867	21.4
페루	795	11.8
그리스 a	724	19.8
우간다	675	13.4
이집트	624	6.4
칠레	481	11.6
파키스탄 d	385	3.1
뉴질랜드 a	324	22.4
태국 a	297	3.5
베네수엘라 e	179	6.6

※a는 정주민 인구만 집계. b는 통계국 국세조사 결과 참고. c는 마니푸르 제외, 카슈미르 포함. d는 카슈미르, 주나가드, 마나바타르, 길기트, 발루치스탄 제외. e는 원주민은 제외. f는 일부 지역 제외.

출처: 총무성 통계국 〈세계의 통계 2016〉(통계자료는 2010년)

1인 가구 수가 매년 늘고 있다. 고령 부부의 경우 자녀가 독립한 경우가 많은데, 남편이 먼저 세상을 떠난 후 아내가 지금까지 부부가 함께 살던 넓은 집에 혼자 쓸쓸히 사는 경우가 굉장히 많다. 고령의 1인 가구는 2000년에 303만 가구였는데, 2015년에는 563만 가구로 1.9배 늘었다.

부부로만 구성된 가구도 397만 가구에서 624만 가구로 1.6배 늘어나는 등 비슷한 경향이 나타나고 있다. 624만에 이르는 부부로만 구성된 가구도 머지않아 1인 가구가 될 예비군이라 할 수 있다. 미혼자 1인 가구보다 배우자 사별에 의한 고령자 1인 가구가 많아질 가능성이 크다. 가장 심각한 문제는 부부와 자녀로 구성된 가구의 고령화다. 부부와 자녀로 구성된 가구는 2000년과 비교해보면 1,490만 가구에서 1,454만 가구로 감소했다(도표 4-22). 그러나 65세 이상 세대원을 포함한 가구 중 부부와 자녀로 구성된 가구 수는 2000년 157만 가구에서 2015년 311만 가구로 갑절이 늘었다. 이는 고령의 부모와 고령의 비혼 자녀가 함께 사는 가구가 늘어났음을 시사한다.

예전처럼 자녀가 반드시 결혼할 것이라 볼 수 없다. 이제 80대 부모와 50대 미혼 자녀가 함께 사는 모습이 드물지 않다. 부모와 같이 생활한다면 자녀가 노부모를 돌봐야 마땅하

〈도표 4-22〉 가족유형별 가구 수 추이

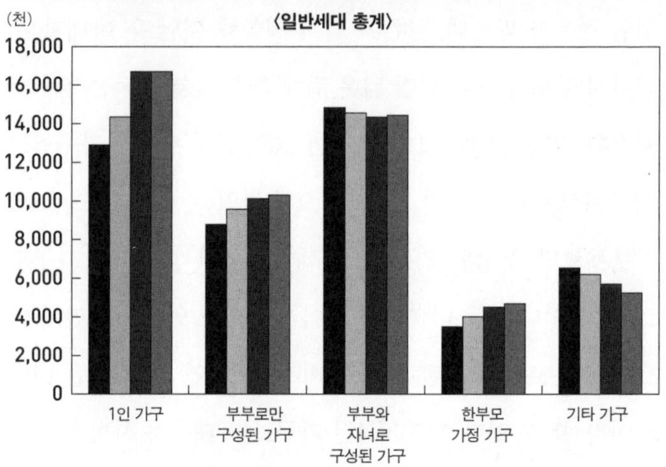

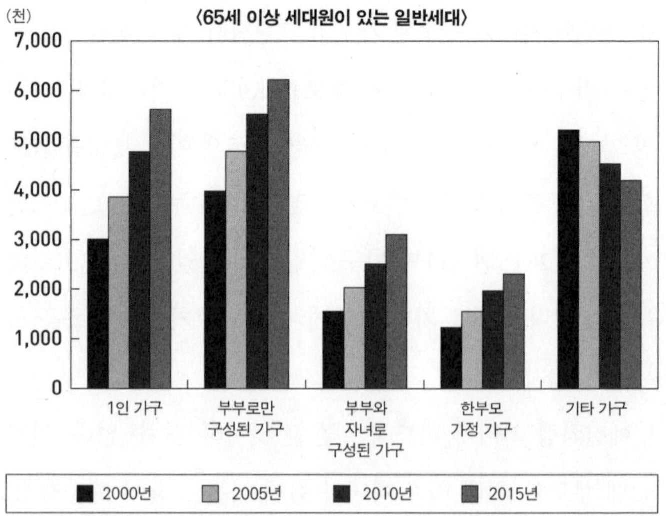

출처: 2015년 〈국세조사 추출속보 결과〉

다고 보는 이도 있을 것이다. 그러나 자녀도 일을 하면서 살아가야 한다. 만일 요양이나 돌봄이 필요한 부모라 해도 일하는 자녀가 계속 옆에서 보살피기는 어렵다. 하물며 비정규직 근무자로 수입이 적고 가난한 40~50대 독신 자녀의 경우는 어떻겠는가. 자녀 혼자 살아가기도 벅찬 상황이다. 이런 경우 자녀와 함께 산다 한들 자녀에게 기댈 수 없다.

인식을 바꿔야 한다. 혼자서 솔로로 살아갈 힘을 기르겠다는 각오가 없다면 노부모와 나이 든 자녀가 함께 무너지는 비극을 맞이할 것이다. 자녀라서, 부부라서 또는 가족이라서 계속 돌봐줄 것이라는 믿음은 환상이다.

가족만 탓하는 자기책임론의 비극

나이 든 부모를 돌보기 위해 일도 그만두고 간병하던 자식이 돈도 없고 너무 지쳐서 결국 부모를 죽이는 가슴 아픈 사건이 2주에 한 번꼴로 발생하고 있다.

2006년 2월 교토에서 일어난 사건도 이런 사건 가운데 하나다. 당시에 기초생활수급이나 노인 간병 체제를 정비하는 문제 등 일본의 사회복지 시스템 개선 문제가 큰 화제가 됐다. 사건 개요는 다음과 같다.

아들(당시 54세 미혼남성)이 알츠하이머를 앓는 어머니를 혼자서 돌보다가 어머니를 목 졸라 살해한 후 자살을 하려 했는데 미수에 그쳤다. 어머니는 1995년 아버지 사망 후 알츠하이머가 발병했는데 2005년 무렵 상태가 악화됐다. 어머니는 한밤중에 15분에 한 번씩 깼고 아들은 밤에 잠을 자지 못해 수면부족에 시달렸다. 아들은 일을 하러 다녔는데 아들이 일하러 간 사이 밖으로 나간 어머니가 거리를 배회하다 파출소에서 보호받는 일도 여러 차례 있었다. 아들은 노인요양보험을 신청했고, 살던 아파트에서 가까운 시설을 통해 주간 보호 서비스를 받기 시작했다. 그렇게 해도 어머니는 밤에 자주 깼기 때문에 아들은 잠을 제대로 자지 못했다. 그래도 아들은 열심히 간호를 했지만 결국 2005년 7월에 휴직을 했다. 9월에는 공장에 취직해 일하기 시작했는데 어머니를 돌보는 데 어려움이 있어서 아들은 곧 공장 일을 그만둘 수밖에 없었다. 그 후 아들은 집에서 어머니를 돌보면서 할 수 있는 일을 찾기 시작했지만 일을 찾을 수 없었다. 구청에 가서 3번이나 기초생활수급을 신청했지만 거절당했다. 실업급여 지급이 끝나자 아들은 카드빚을 내 한도액까지 썼다. 식비도 떨어지자 아들은 자기 식비를 줄이는 등 노력했지만 살던 집 월세 3만 엔조차 낼 수 없는 지경이 됐다. 결국 아들은 어머니와 함께 죽으려고 결심하게 됐다.

죽기 전에 어머니께 마지막 효도를 하려고 휠체어에 어머니를 태우고 교토 시내를 돌며 구경한 다음, 집 근처 하천부지에 멈췄다. 아들이 어머니에게 말했다.

"이제 돈이 없어서 살 수가 없어요. 이걸로 끝이에요."

어머니는 아들의 머리를 쓰다듬으면서 "울지 마라. 이제 살 수가 없구나. 그래도 너와 함께 있어. 너와"라고 답했다. 그 후 아들은 자기 손으로 어머니를 죽였다.

교토지방법원은 2006년 7월 아들에게 징역 2년 6개월, 집행유예 3년이라는 판결을 내렸다. 살인사건으로서는 매우 이례적인 판결이었다.

판사는 판결 후에 아들에게 이런 말을 남겼다.

"가슴 아프고 슬픈 사건입니다. 어머니의 명복을 빌면서 앞으로 절대로 스스로를 해치지 말고 어머니를 위해서라도 행복하게 사세요."

이 말에 아들은 "온정적인 판결을 해주셔서 감사합니다. 빨리 일을 찾고 어머니 명복을 빌겠습니다"라고 답했다.

이 사건은 뉴스에서 연일 보도됐고 인터넷에서도 화제가 됐지만 그 후 아들이 어떻게 살았는지는 별로 알려지지 않은 것 같다.

그로부터 8년 후인 2014년 8월 아들은 교토 비와코 호수에서 사체로 발견됐다. 자살이었다. 관대한 판결을 받은 후 아들은 목재 회사에서 아르바이트를 하며 혼자 살았다. 그러다가 2013년 2월 친척에게 전화를 걸어 "아르바이트에서 잘려서 일을 못 하게 됐다"고 했다고 한다. 그 후 아들은 실종됐다.

이 남성이 자살한 진짜 이유는 알 수 없다. 그는 고독했던 건 아닌 것 같다. 의지하던 친척이 있었음에도 그는 누구에게도 기대지 않고 혼자서 조용히 죽음을 택했다.

이 사건을 강 건너 불구경 하듯 봐서는 안 된다. 우리에게도 언제든 일어날 수 있는 일이고 이런 일이 일어난다고 해도 하나도 이상하지 않다. 결혼하더라도 언제든 솔로가 될 리스크가 있고, 자녀가 있어도 모든 것을 의존한다면 언제든 비극이 일어날 수 있다. 고령사회가 되어 우리가 살아갈 날이 늘어난 만큼 늘어난 기간을 살기 위해 들어가는 비용이 있다는 점도 알아야 하고 각오도 필요하다. 이 점을 잊어서는 안 된다.

당시 판사는 이런 말도 남겼다.

"이 사건에서 재판을 받는 것은 피고인 한 사람만이 아닙니다. 노인요양보험이나 기초생활수급과 관련된 행정에도 책임을 물어야 합니다. 이 사건이 일어난 이상, 행정 관계자들이 이 문제를 어떻게 대응해야 할지 좀 더 생각해볼 필요가 있습니다."

사회적인 모순을 죄다 개인 탓을 하면서 개인의 책임으로 돌리는 주장을 자기책임론이라 한다. 이런 주장을 허용하는 사회는 문제다. 하지만 이런 비극적인 사건이 행정 관계자만의 문제는 아닐 것이다. 우리가 어떻게 대응해야 할지 타인이나 자녀, 행정, 사회제도에만 맡기지 말고 스스로 생각해볼 필요가 있다.

이 장에서는 솔로로 사는 것이 결코 미혼자들만의 문제가 아니란 점을 이야기했다. 결혼한다고 무조건 장밋빛 인생이 기다리고 있는 것은 아니란 사실을 누구나 알고 있으면서도, 결혼만 하면 뭐든 잘 해결될 것이라는 식의 주장이 여전하다. 나는 이런 주장이 불편하고 심지어 두렵다.

이혼 문제도 그렇다. 요즘 인터넷 상에서 아무런 근거도 없는 '25살 전에 결혼해야 인생이 행복하다'는 기사가 자주 보이는데, 너무 무책임한 말이다. 결혼 후 5년 이내 이혼율이 가장 높다는 점을 알기나 할까. 아이를 임신해서 그걸 계기로 결혼한 후에 곧 이혼해서 한부모 가정이 늘어나고 있다는 사실은 알고 있을까. 한부모 여성가장 가구가 늘며 어린이 빈곤 문제가 심화되고 있다는 사실도 잊어서는 안 된다.

미혼화, 만혼화, 저출산, 고령화, 이혼이나 어린이 빈곤 문제는 각기 따로 볼 문제가 아니다. 이 문제들은 모두 솔로사회화와 관련이 있다. 연결된 문제라고 생각해야 한다. 미혼자뿐 아니라 기혼자도 누구나 솔로로 돌아갈 가능성이 있다. 솔로사회는 우리 모두의 문제다. 한 사람 한 사람이 솔로로 살아갈 수 있는 힘을 갖춰야 하며 자신의 문제로 받아들여야 한다.

5장

솔로의 소비

가족 단위의 소비는 가고 1인 가구가 소비의 주체가 된다.
체험 소비와 감성 소비에 주목하라!

1인 가구 비율이 40%가 되고, 인구 절반이 솔로가 되는 등 1인 생활자가 크게 늘어나면 소비시장에 큰 변화가 생길 것이다. 이 장에서는 마케팅 관점에서 20~50대 솔로남녀가 시장에 미치는 영향을 논하려 한다.

소비를 이끄는 솔로남녀

가구 구성의 유형이 변화하면 소비시장에도 변화가 나타난다. 이는 과거 상황을 봐도 확실하다. 2차세계대전 후 부흥기 때 사람들의 소비 중심은 지역 상점가에서 슈퍼마켓으로

〈도표 5-1〉 가구 유형별 슈퍼마켓과 편의점 매출 추이

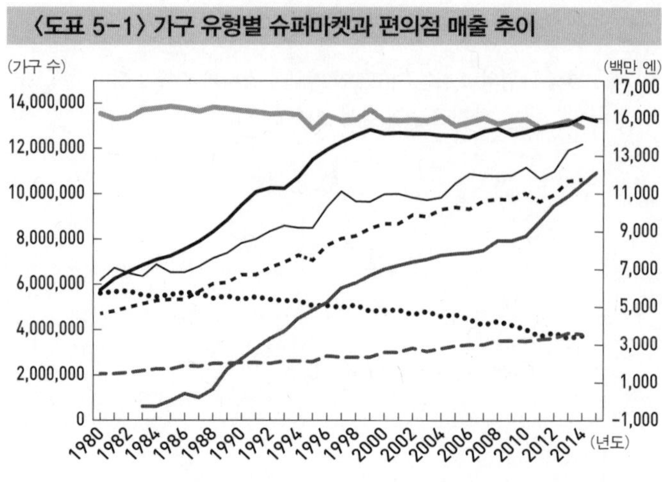

출처: 가구 수는 2014년 〈국민생활기초조사〉, 매출은 경제산업성 〈산업통계조사〉를 바탕으로 재구성. 2008년 이후 편의점 매상은 프랜차이즈 체인(FC) 통계조사에 따름.

바뀌었다. 대량생산 대량소비 시대가 온 것이다. 슈퍼마켓은 1953년 기노쿠니야를 비롯해 1960년대에 다이에, 이토요카도, 오카다야(현재 이온)로 늘어나며 눈부시게 성장했다. 이 소비시장에서 중심적 역할은 한 이는 한 가족의 살림을 꾸려 가는 주부였다.

그러다가 1970년대가 되면 가족 형태가 대가족에서 핵가족으로 이행한다. 이에 따라 1970년대 후반에 슈퍼마켓의 성

장세가 둔화됐다. 1974년 일본에 편의점 세븐일레븐 1호점이 생겼는데, 그 이래 세븐일레븐은 전국 점포수가 5만 개를 넘는 규모로 성장했다.

가구 유형별로 슈퍼마켓과 편의점의 매출 추이를 살핀 그래프가 〈도표 5-1〉이다. 이를 보면, 가구 유형과 매출 사이에 상관관계가 있음을 명백히 알 수 있다. 남성의 생애미혼율이 급상승하기 시작한 1990년대 이후 편의점 매상이 급상승하기 시작한다. 이른바 표준가구라 불렸던 부부와 자녀로 구성된 가구 수는 계속 큰 변화가 없는 양상을 보이는데, 1998년경부터 슈퍼마켓의 매출도 마찬가지로 거의 변동이 없다.

이 그래프를 보면 시장을 움직이는 집단이 바뀌었다는 점을 알 수 있다.

과거 슈퍼마켓에서 장을 보는 사람은 주로 주부였다. 그런데 그 후 크게 성장하고 있는 편의점의 주요 고객층은 독신남성이다. 이 솔로남성들은 식료품을 매일 장봐줄 사람이 없고 뭐든 혼자 해야 한다. 또 이들의 생활패턴에 편의점이 딱 들어맞는다. 가격은 슈퍼마켓보다 다소 비싸도 편의점은 밤늦게까지 문을 열고 집 가까이에 있으며, 바로 먹을 수 있는 도시락, 양질의 반찬 등 주로 혼자 사는 이들이 요리를 하지 않아도 먹을 수 있는 것들이 많다. 이런 점들이 솔로남성의 필

〈도표 5-2〉 솔로남녀가 편의점에서 사는 물건

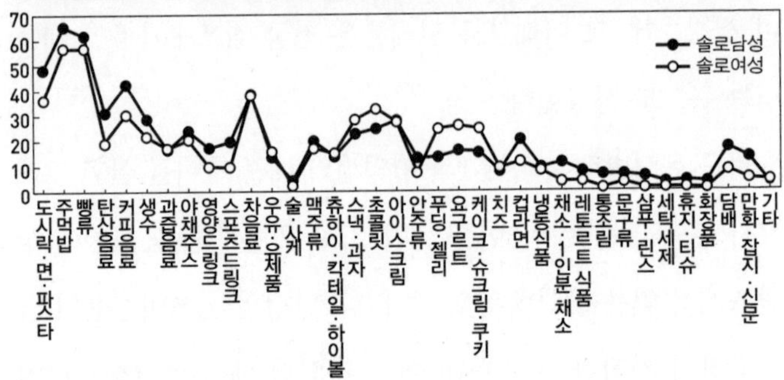

※조사대상: 20~50대 남녀 272명을 대상으로 조사했다. 음료, 컵라면, 채소, 일용품은 남성이, 과자와 디저트는 여성이 더 많이 산다. 츄하이는 탄산과 과즙을 넣은 일본소주, 하이볼은 위스키에 소다수 등을 섞고 얼음을 넣은 음료를 말한다.

출처: 2016년 〈솔로활동계 남성 연구 프로젝트〉 조사 결과

요에 잘 들어맞은 것이다.

솔로남성뿐만이 아니다. 솔로여성도 편의점을 자주 이용한다. 솔로남성과 솔로여성의 편의점 구입 물품 목록을 비교해 보자(도표 5-2).

남성도 여성도 편의점에서 도시락이나 주먹밥, 커피를 많이 산다. 여성은 스낵, 초콜릿과 같은 과자류, 요구르트, 작은 푸딩이나 케이크를 남성보다 더 많이 산다. 최근 편의점의 빅 아이템이 된 1인분 채소(한 끼니 분량으로 손질을 해 포장한 채소-옮

긴이), **레토르트 식품**(조리·가공한 식품을 살균하여 알루미늄 봉지에 포장한 식품-옮긴이)은 남성이 더 많이 산다.

편의점 매출이 늘어난 것은 커피, 도시락, 조리해서 먹는 컵우동이나 컵라면, 반찬, 디저트 등이 잘 팔려서 그렇다. 편의점에서 이런 것들을 구입하는 이는 솔로남녀다.

일본프랜차이즈체인협회가 발표한 2015년 '편의점 통계 동향'에 따르면 편의점 전체에서 고객 1인당 1회 평균 구입 단가는 약 609엔이다. 그런데 솔로남성만 보면 1회 구입이 1,000엔 미만인 경우는 적고, 매일 편의점에 갈 정도로 방문 빈도도 높다. 솔로남성이 편의점의 주요 고객임을 알 수 있다.

그런데 편의점뿐만 아니라 슈퍼마켓도 그렇다. 과거와 달리 슈퍼마켓은 밤늦게까지 영업하는 점포가 많아졌다. 슈퍼마켓의 영업시간이 길어지면서 슈퍼마켓은 시간대에 따라 주요고객층이 달라지는 현상이 나타나고 있다. 개점 때부터 낮 시간대에는 고령자, 저녁에는 주부, 저녁 8시 이후에는 남성 고객이 늘었다. 밤 시간대에 슈퍼마켓에 가면 남성고객이 혼자 와서 장바구니를 들고 주로 반찬과 술을 구입하는 모습을 자주 볼 수 있는데, 이들은 거의 솔로남성이다. 편의점과 달리 매일 가는 것은 아니지만 그래도 주 2회 정도 슈퍼마켓에서 장을 본다.

주목해야 할 점은 솔로남성 고객들이 편의점과 슈퍼마켓에서 각기 다른 품목을 구입한다는 점이다. 편의점에서는 도시락, 주먹밥 등 조리가공식품이나 음료수를 주로 산다. 슈퍼마켓에서는 우유, 술, 채소, 냉동식품, 휴지와 같은 일용품을 사는데, 이런 상품은 편의점보다 슈퍼마켓이 당연히 가격이 더 싸다. 즉 솔로남성이라고 해서 뭐든 편의점에서 다 사지 않고, 편의점에서 살 것과 슈퍼마켓에서 살 것을 확실히 구분한다는 게 특징이다. 비용 대비 효과를 생각한 소비, 신축성이 있는 소비(여기서 원어는 신축성을 의미하는 '메리하리'에 소비를 붙인 메리하리 소비(メリハリ消費)다. 과거 불황 때처럼 소비자가 싸다고 해서 무조건 다 사는 게 아니라 자신의 라이프스타일에 맞고 품질이 좋고 안전한 상품은 고가더라도 구입하는 동시에 그렇지 않은 제품은 절약해 값싼 상품으로 사는 소비경향을 말한다-옮긴이)를 하고 있는 것이다.

솔로남녀에게는 싸다고 해서 한꺼번에 다 사들이는 개념이 없다. 가령 한 번에 많이 사면 싸게 살 수 있는 식품이 있다고 해도 이들은 이런 식품을 사지 않는다. 집에 냉장고가 없는 것은 아니지만 한 번에 싸게 사봤자 그 날 안 먹으면 결국 썩어서 버리게 될 것을 이미 경험을 통해 알고 있기 때문이다.

구매란 경험이다. 주로 주부가 장을 보던 시대에는 주부들이 구매하면서 지혜를 쌓았다. 솔로남성은 매일 장보기를 하면서 물가 변동에 민감해졌다. 기혼남성과는 구매경험 수 자체부터 압도적으로 차이가 난다. 또 양배추나 오이가 얼마인지 물어도 기혼남성은 아마 거의 모를 터이나 솔로남성들은 대부분 알고 있다.

혼자서 한 가족만큼 소비하는 솔로남성들

솔로남성의 구매력은 이제 더는 무시할 수 없을 정도로 커졌지만 일각에서는 "그래봤자 구매력에서 여성을 쫓아오지 못한다"고 말한다. 마케팅 분야에서는 대개 여성을 타깃으로 설정한다. 확실히 여성의 소비구매력이 더 높기 때문이다. 나도 광고회사에서 일하면서 기업과 회의를 자주 하는데, 이때 사실 솔로남성을 타깃으로 삼는 경우는 드물다. TV 광고를 만들 때도 여성을 타깃으로 하는 경우가 많다. 소비성향(소득에 대한 소비지출의 비율)을 비교해 보면 여성이 75%인데 비해 남성은 60%대다. 마케팅의 세계에서는 실소득을 거의 소비로 돌리는 여성과 비교할 때 남성의 소비력이 낮다고 평가하는 게 일반적이다. 그도 그럴 것이 가계조사시 기본적으로 세대원이 둘 이상인 가구를 중심으로 조사를 실시하던 과거에는

〈도표 5-3〉 솔로남성과 솔로여성의 한 달 평균 소비지출액

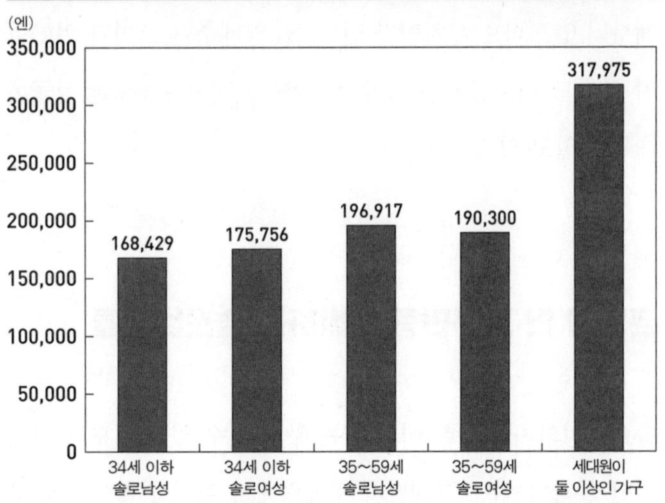

출처: 총무성 〈가계조사〉 2007~2015년 월별 소비지출액 평균(1인 가구나 세대원이 둘 이상인 가구, 모두 근로자가구)을 바탕으로 재구성

대개 1인 가구 남녀의 소비경향을 파악하기 어려웠다. 그런데 1인 가구 남녀 소비지출을 비교해 보면, 솔로남성의 구매력이 솔로여성보다 떨어지지 않는다.

한 해의 소비지출만 보면 솔로남녀 구매력이 각기 올라가기도 내려가기도 하기 때문에, 2007년부터 2015년까지 9년간 솔로남성과 솔로여성의 한 달 소비지출액의 평균을 비교해보자(도표 5-3). 34세 이하 솔로남성은 한 달에 16만 8,429엔, 34세 이하 솔로여성은 한 달에 17만 5,756엔을 쓴다. 이

경우 여성이 조금 많은데 35~59세에서는 달라진다. 35~59세 솔로남성이 19만 6,917엔을 쓰고 솔로여성은 19만 300엔을 쓴다. 참고로 세대원이 둘 이상인 가구의 한 달 평균 소비지출액은 31만 7,975엔으로, 이것은 평균 세대원 수인 3.4명을 기준으로 계산한 수치다. 세대원이 둘 뿐이더라도 솔로남녀의 한 사람당 소비지출액에 미치지 못한다.

솔로남성은 엥겔지수가 높고 오락비 지출이 많은 게 특징이다(도표 5-4). 엥겔지수란 소비지출에서 식비(외식비 포함)가 차지하는 비율로, 엥겔의 법칙에 따라 엥겔지수가 높으면 생활수준이 낮다. 식비는 살아가는 데 필수적이므로, 최저로 필요한 절대액수는 사람에 따라 큰 차이가 없다. 따라서 엥겔지수가 높으면 최소한의 생활에 필요한 비용의 비율이 올라가므로 생활수준이 낮아진다고 보는 것이다.

2015년 가계조사에 따르면 1인 가구 남성의 엥겔지수는 27.9%, 1인 가구 여성은 21.9%, 세대원이 둘 이상인 가구는 23.6%였다. 1인 가구 남성의 엥겔지수가 가장 높다. 외식비에서도 1인 가구 남성은 세대원이 둘 이상인 가구보다 지출이 2~3배 가량 높다. 식비 비율만 높은 게 아니다. 주거비와 교양오락비 지출비율도 더 높다. 1인 가구 여성도 마찬가지다. 주거비와 의류비, 미용비 등의 지출이 높다.

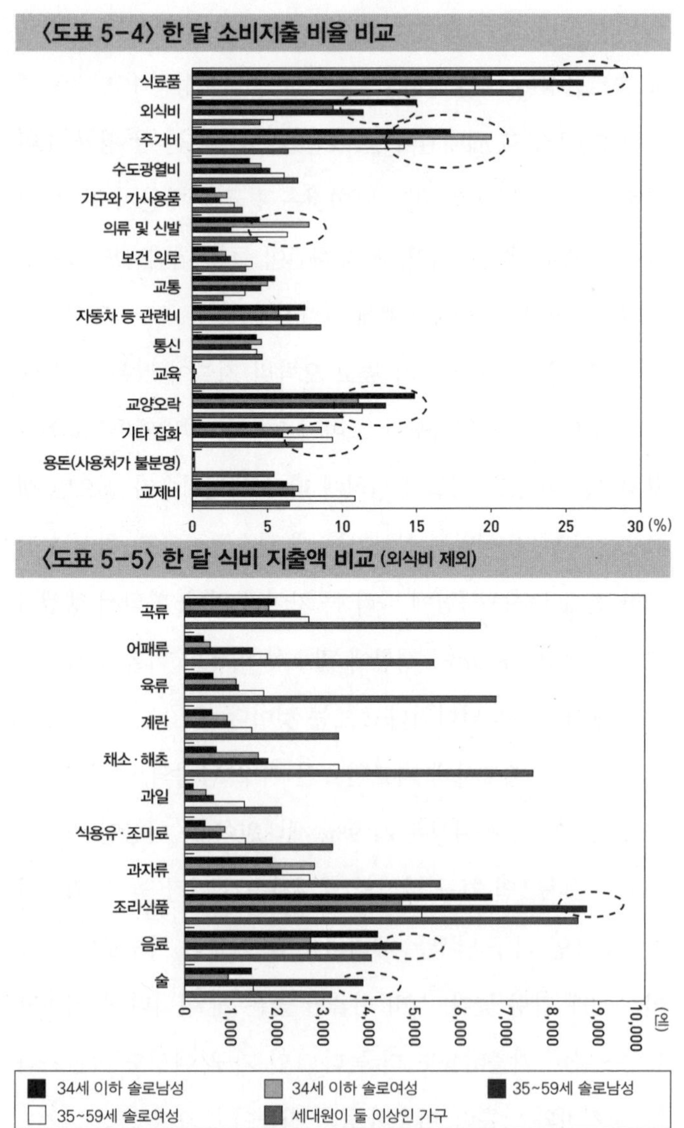

출처: 총무성 〈가계조사〉 2007~2015년 평균치로 소비지출액 가운데 식비 비율을 살폈다 (1인 가구나 세대원이 둘 이상인 가구, 모두 근로자가구).

지출비율뿐만 아니라 지출액을 비교해봐도, 1인 가구가 한 가족의 소비지출액과 비슷하거나 이를 능가하는 품목이 있다. 도시락 등 조리식품, 커피를 포함한 음료, 술의 소비지출액은 한 가족의 지출액과 거의 비슷하다. 더욱이 외식비 지출 규모는 한 가족의 지출액을 훨씬 넘는다. 솔로남성은 평균 3.4명으로 구성된 한 가족 이상으로 혼자 외식비를 쓰는 것이다. 이 점은 언론에서 별로 보도를 안 해서 많이 알려지지는 않았지만 생각해 보면 그리 놀랄 만한 일도 아니다. 식료품은 실상 가족단위로 구입해서 나눠 소비하는 게 효율적일뿐만 아니라 1인당 식비 지출액도 낮아지기 때문이다.

식비 가운데 외식비를 보면 한 가족이 월 1만 4천 엔을 쓰는 데 비해 34세 이하 솔로남성은 2만 5천 엔, 35세 이상 솔로남성은 2만 3천 엔을 쓴다. 한 달에 만 엔이나 더 쓰는 것이다. 34세 이하 솔로여성도 한 가족의 외식비를 웃도는 1만 6천 엔을 쓴다. 외식산업은 이런 솔로생활자를 무시할 수 없다.

앞으로 생애미혼율이 더 높아지고 만혼화가 더 진행되면, 일인당 생활비가 더 많이 드는 솔로남성의 인구가 더 늘어날 것이다. 여성의 사회진출이 늘고, 결혼이나 출산을 선택하지 않는 여성이 늘어나면서 솔로여성 인구도 늘어날 것이다. 혼자서 한 가족만큼 소비하는 솔로생활자들이 증가하면 식품소

〈도표 5-6〉 월별 평균 식비와 외식비 지출액 비교

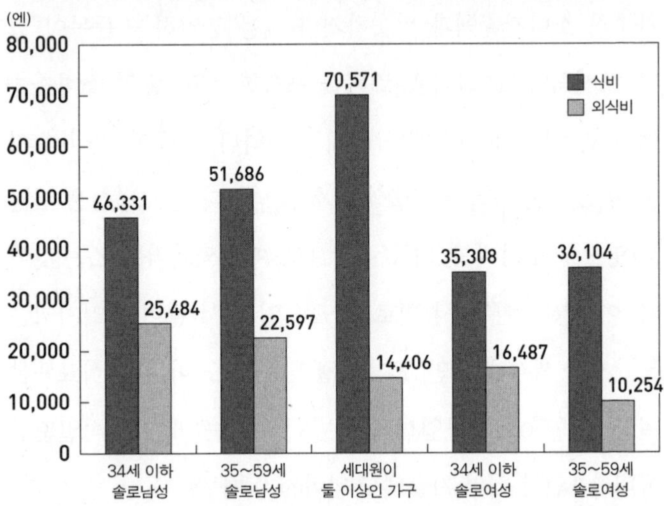

출처: 총무성 〈가계조사〉 2007~2015년 평균치 (1인 가구나 세대원이 둘 이상인 가구, 모두 근로자가구)

비 지출 전체가 상승할 것이다. 이들이야말로 향후 식품소비 시장의 열쇠를 쥐고 있다.

솔로로 살아가는 기간이 늘었다

생활하는 데 돈을 더 많이 쓰고 소비빈도가 높은 솔로남녀는 그 인구만 늘어난 게 아니다. 만혼화, 비혼화와 더불어 이혼

증가, 사별 증가로 인해 한 개인의 인생에서 솔로로 살아가는 기간도 늘어났다.

지금까지 살펴본 것처럼 결혼해서 가족과 생활할 때와 자유롭고 편하게 솔로로 살 때는 돈을 쓰는 방식이 분명히 다르다. 가령 어떤 남성의 인생에서 결혼이 1년 늦어졌다고 치자. 그러면 늦어진 365일만큼 솔로남성으로 소비하는 기간이 늘어난 셈이니 기혼자와 쓰는 금액도 소비 항목도 다르다. 결과적으로 시장에도 영향을 미친다.

그래서 솔로로 살아가는 기간은 소비시장과 밀접한 관련이 있다고 할 수 있다.

1990년 평균초혼연령은 남성 28.4세, 여성 25.9세였다. 2015년에는 남성 31.1세, 여성 29.4세로 3세 상승했다. 그런데 초혼연령이 3년 늦어졌다고 해서 솔로로 사는 기간이 3년만 늘어난 것으로 보면 안 된다.

남녀 모두 생애미혼율이 높아졌고 이혼 건수도 1990년 15만 8천 건에서 2015년에는 22만 6천 건으로 1.4배가 늘었다. 초혼연령과 미혼율이 상승하고 이혼·사별 건수가 증가한 것을 고려해서 1990년과 2015년에 인생에서 솔로로 사는 기간이 평균 얼마나 늘었는지 검증해 보자(도표 5-7).

1990년 남성은 76살 생애에 배우자가 있는 기간이 40.7년,

솔로생활기간이 20.3년이고, 여성은 82살 생애에 배우자가 있는 기간이 39.2년, 솔로생활기간이 27.7년이다(15세 미만일 때는 집계에서 제외). 1990년 남녀는 생애 중 40년 가량을 배우자와 살았다. 여성의 솔로생활기간이 남성보다 더 긴 이유는 배우자 사별 후 혼자 사는 기간이 길기 때문이다.

그러던 것이 2015년에는 남성이 81살 생애에 배우자가 있는 기간이 37.0년, 솔로생활기간이 28.8년이다. 여성은 87살 생애에 배우자가 있는 기간이 38.1년, 솔로생활기간이 33.9년이다. 남성은 평균수명이 5년 늘어났음에도 배우자가 있는 기간은 3년이 줄었다. 여성은 평균수명이 5년 늘었는데 배우자가 있는 기간이 1년 줄었다. 결과적으로 지난 25년 동안 솔로생활기간은 남성이 8년, 여성이 6년 늘어난 셈이다. 남성 한 사람당 솔로생활기간이 약 8년 늘어났다는 것은 앞서 살펴본 솔로남성의 소비행동이 8년 더 늘었다는 뜻이다. 이 솔로남성들은 엥겔지수가 높고 특히 조리식품, 음료, 커피, 술, 외식비 등에서 한 가족보다 더 많은 돈을 쓰므로 적어도 위 품목에서는 8년의 고객생애가치(Customer Lifetime Value. 고객이 평생 기업에 가져다주는 이익-옮긴이)를 새롭게 창출한 셈이다.

앞으로 솔로남성은 편의점뿐만 아니라 식품업, 음료업, 외식업 등 관련 산업과 엔터테인먼트업계, 또 솔로생활을 지탱

〈도표 5-7〉 생애 솔로생활기간의 변화

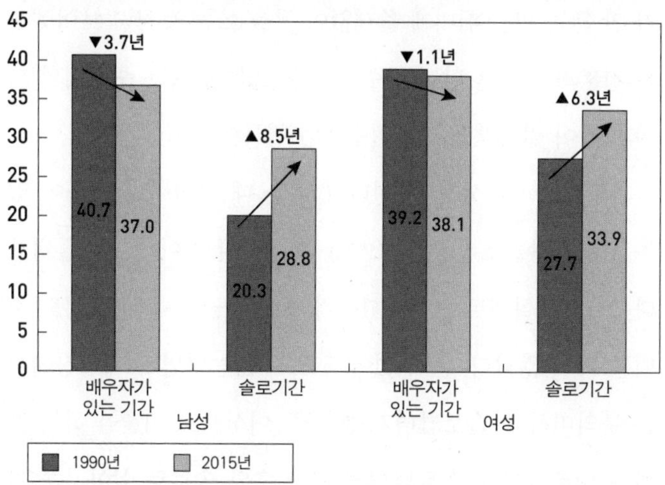

출처: 1990년 〈국세조사〉, 2015년 〈국세조사 추출속보집계〉. 각 해 배우자가 있는 비율을 집계한 것을 재구성(솔로기간 집계 대상은 15세 이상으로 미혼, 이혼, 사별 인구를 합산함)

하는 각종 생활 인프라 관련 업체에게 블루오션 타깃이 될 것이다. 마찬가지로 50대 이하 솔로여성도 블루오션 타깃이다.

이처럼 소비시장에서는 솔로 인구가 얼마나 증가했는지만 보면 안 되고, 고객생애가치도 중요하게 보아야 한다. 이제 결혼하지 않는 남녀는 시장이 무시할 수 없는 존재가 되었다.

결혼하지 않으려는 남녀를 일컬어 '독신귀족'이라고 부르기도 한다. 그러나 이들이 딱히 윤택한 생활을 하는 것도, 고

가의 상품만 사러 다니는 것도 아니다. 물론 남이 보면 이해가 안 되는 별난 취미에 쓸데없이 돈을 쓰는 것처럼 보이겠지만 결혼하지 않은 남녀가 주로 돈을 쓰는 품목은 주거비와 식비와 같이 일상생활에서 필수적인 항목이다.

과거 '고령화 사회'가 된다고 했을 때 자산이나 저축이 있는 고령자야말로 앞으로 소비를 이끌어갈 층이라고 떠들썩했다. 그러나 실제로는 어떠했는가. 고령자들은 돈이 있어도 소비를 하지 않았다. 돈이 있어도 쓰지 않는다면 소비시장에서는 무의미하다. 솔로남녀가 한 가족 이상으로 지출을 하는 것과는 대조적이다. 솔로남녀의 인구 수와 솔로로 살아가는 기간이 늘어난 것이 소비시장에 미치는 영향은 크다. 소비구조 그 자체를 바꿀 수 있다고 해도 과언이 아니다.

여태까지 마케팅이나 소비시장에서는 부부와 자녀가 있는 가구를 표준가구로 한정해왔다. 단언컨대, 부부와 자녀로 구성된 가구는 앞으로 점점 줄면 줄었지 늘어날 일은 없다. 인구 절반이 솔로인 사회로 가고 있는 상황에서 마케팅이나 소비시장이 언제까지나 가족을 타깃으로 한 서비스만 한다면 한계에 부딪힐 것이다.

또 1인 가구뿐만 아니라 부부만 있는 가구도 늘어날 것으로 예상된다. 부부만 있는 가구는 지금이야 자녀를 가지기 전

상태로 인식되나, 앞으로는 아이를 갖지 않기로 선택한 부부가 늘어날 것이다. 전업주부나 전업주부 역할을 하는 남성도 줄어들고, 부부 맞벌이 가구가 늘어날 것이다. 부부가 둘 다 일하면서 집에서 직접 요리를 해 먹는 건 보통 힘든 일이 아니다. 요리 준비나 설거지 등 정리가 필요한 요리는 안 할 것이고 평일에는 서로가 각자 외식을 하거나 이미 만들어진 반찬을 사서 간단히 식사하는 것을 선호할 것이다. 이런 점을 보면 맞벌이 부부도 비록 결혼은 했지만 소비행동은 솔로생활자와 비슷하다.

전체적인 소비 행태는 솔로생활자의 소비 행태와 비슷해질 것이다. 솔로생활자들의 일상적이고 또 왕성한 소비를 어떻게 붙잡을 수 있을 것인가. 또 어떻게 그들의 수요를 새롭게 환기시킬 것인가. 이것이 앞으로 마케팅의 열쇠라 본다.

가족에서 개인이 된 소비 단위

총무성 '가계조사'는 국가의 기간이 되는 통계 가운데 하나로 소비실태를 파악하는 데 효과적이다. 원래는 세대원이 둘 이상인 가구를 단위로 조사했기 때문에 혼자 사는 1인 가구는 대상에 포함되지 않았다. 국가 통계에서 1인 가구를 집계하기 시작한 건 비교적 최근이다. 가계조사와 별도로 '1인 가구 수지 조사'를 실시한 게 1995년이고, 1인 가구가 가계조사 대상으로 정식으로 추가된 게 2002년이다.

소비동향도 아직까지는 주부가 꾸려가는 가족 살림을 기초로 파악하지만 앞으로 40%가 될 1인 가구를 무시할 수 없을 것이다. 또 가족과 동거하는 경우라도 경제적으로 독립한 사람이라면 그 소비행동은 기존 가족의 소비방식과는 다를 것이다.

시청률 조사도 지금까지는 가족이라는 집단을 단위로 파악해왔다. 그러나 '가족'이라는 생물이 별도로 존재하는 것이 아니다. 가족을 구성하는 건 한 사람 한 사람의 개인이다. 앞으로는 개인 행동으로 소비를 파악해야 할 것이다. 그 다음, 개인의 소비가 가족이라는 집단의 소비에 포함되는지 아닌지를 살펴 그 차이를 파악할 필요가 있다.

앞서 살핀 대로 솔로남녀인 경우와 결혼해서 아이를 가진 가족의 일원인 경우는 명백히 돈을 쓰는 방식이 다르다. 소비방식은 소비 의식과 큰 관련이 있다.

시대에 따라 바뀌는 소비 의식

솔로생활자의 소비 의식에 관해 본격적으로 논하기 전에 먼저 젊은이의 소비 의식이 어떻게 변했는지 간단히 설명하겠다.

오늘날 젊은이들은 물욕이 없어졌다고 한다. 젊은 소비자가 물건을 사지 않게 됐고 이를 가리키는 신조어가 많다. 가령 젊은이들이 자동차, 술, 고급브랜드 제품 구입에 관심이 없어져서 이런 것들을 사지 않는다는 뜻의 '자동차 바나레' '술 바나레' '고급브랜드 바나레' 등의 말을 쓴다(바나레(離れ)란 '○○와 멀어졌다'는 뜻으로 젊은이들이 소비를 하지 않는 것을 총체적으로 일컬어 '소비 바나레'라고 말한다-옮긴이).

젊은이들의 소비 흐름이 물건의 소유를 중시하는 소유가치에서 경험을 중시하는 체험가치를 추구하는 쪽으로 바뀐 것인데, 이런 현상은 최근에 일어난 일이 아니다. 내가 '체험가치로서의 소비'라는 개념을 처음 접한 것은 2000년에 출판된 미국 경영학자 번트 H. 슈미트(Bernd H. Schmitt)의 책《체험 마케팅(Experiential Marketing)》을 읽었을 때다. 슈미트는 고객의 라이프스타일과 연결할 수 있고 경험가치를 제공해 주는 제품과 커뮤니케이션이 중요하다고 했다.

그런데 이때 경험가치라는 것은 '감각적 경험가치(Sense)'

'정서적 경험가치(Feel)' '창조적이며 인지적인 경험가치(Think)' '신체적인 경험가치와 라이프스타일 전반과 관련 있는 경험가치(Act)' '준거집단과 문화와 관련된 관계적 경험가치(Relate)'로 나눌 수 있다. 슈미트는 이런 가치들을 종합하여 브랜드 가치를 만들어내야 한다고 했다. 이 책이 출간된 1999년에 마케팅업계에서는 이 내용을 충격적으로 봤지만, 이제는 널리 통용되는 개념이다. 이 개념이 물건의 가치 자체를 부정하는 것은 아니다. 물건 자체에 가치가 있는 것은 당연하고 그 가치에 경험이라는 부가가치를 어떻게 더할 것인지가 문제라는 것이다.

생각해보면 고도경제성장기 일본은 물건을 소비하던 시대였다. 1950년대에는 거의 모든 국민이 삼종신기(三種神器. 원뜻은 일왕가에서 대대로 내려오는 세 가지 보물인데 세탁기, 냉장고, 흑백TV를 묶어서 전후 일본사회의 가정생활을 변화시킨 주요 가전제품을 칭할 때 쓴다-옮긴이)를 샀다. 1960년대에는 새로운 삼종신기가 나타나 이전의 삼종신기를 대체했는데, 컬러TV, 자동차, 에어컨이 그것이다. 에어컨이 널리 보급된 것은 좀 더 나중이긴 하지만 컬러TV는 1964년 도쿄올림픽에 맞춰 폭발적으로 보급되어 1970년대 보급률이 90%나 됐다.

그 후 1차, 2차 오일쇼크 사이에 끼어 있는 1974년에는 경제성장률이 전후 최초로 마이너스(-1.2%)를 기록했는데, 이즈음 대량생산 대량소비를 했던 고도경제성장기가 끝났다. 소유가치를 중시하는 분위기가 사라진 것은 아니었지만 물건을 선택할 때 남들과 똑같은 것이 아니라 차별화나 개성화 전략을 펼쳐야 한다는 가치관이 생겼고, 다른 것과는 다른 특징과 가격이 중시됐다. 이 시기 마케팅 분야에서 '라이프스타일'이란 말을 쓰기 시작했는데 부족한 물건을 갖추려는 소비에서 자신에게 어울리는 물건을 선택하는 소비로 흐름이 바뀌었다. 1975년에는 여성지 〈JJ〉, 1976년에는 남성지 〈POPEYE〉가 줄지어 창간되면서 명품 브랜드 붐이 일어났고, 세련된 패션의 남성을 일컬어 'POPEYE 소년'이라 부르기도 했다.

그리고 1980년에는 작가 다나카 야스오(田中康夫)가 쓴 소설 《느낌 어쩐지 크리스탈(なんとなくクリスタル)》(타인의 간섭을 거부하고 빛나는 크리스탈같이 멋진 인생을 꿈꾸는 젊은이들이 주인공인 작품-옮긴이)이 베스트셀러가 되면서 소비를 자기표현의 도구로 보는 흐름이 명확해졌다. 어떤 브랜드 옷을 입고 어떤 자동차에 탈지, 또 어떤 곳에서 식사할지 등이 자신이 누구인지를 나타내는 중요한 수단이 된 것이다. 이렇듯 1980년대는 거품경제를 배경으로 소비의 주역이 주부가 아닌 젊은이로 바뀌었다.

당시 '마루이'와 같은 백화점에서 세일을 하면 사람들은 반값 세일을 하는 옷을 사려고 이른 아침 개점시간 전부터 길게 줄을 섰다. 줄을 선 이들은 여성뿐만 아니라 남성도 많았다. 반값 세일을 하더라도 브랜드 상품은 대량으로 구입하기에는 비쌌다. 그럼에도 돈이 없는 대학생들까지 줄을 서서 브랜드 상품을 구입할 수 있었던 것은 할부가 가능했기 때문이다. 돈이 있어서 물건을 샀던 게 아니고 먼저 물건을 사고 나중에 분할로 갚는 식이었다. 물건을 먼저 사고 그것으로 자신의 개성을 표현하려는 형태의 소비였다.

어깨에 패드가 많이 들어간 옷을 세일로 구입해 입고 디스코 클럽에 가서 춤을 추면서 미팅을 하던 시대였다. 또 매주 도쿄 근교의 쇼난 바닷가에 서핑보드를 끼고 가서 정작 서핑은 안 하고 파도를 기다린다는 핑계로 바다 앞 모래사장에 그냥 앉아만 있는 젊은이들도 많았다. 이들은 애초에 바다에 들어갈 수 없는 옷을 입고 와서 '육지 서퍼'라고 불리기도 했다. 이 시대에 젊은 남성들은 죄다 클러치백을 끼고 돌아다녔다.

영화 〈나를 스키장에 데려가줘(私をスキ―に連れてって)〉(1987년작), 〈파도의 수만큼 안아줘(波の数だけ抱きしめて)〉(1991년작)도 거품경제시대에 나온 작품인데, 이 영화들은 거품경제시대에 많

은 유행작을 만들어낸 호이초이 프로덕션에서 만든 것이다.

또 이 시대에는 대학생인데도 자가용을 사려던 남성들이 많았다. 딱히 차가 좋아서는 아니고 자기표현의 일종이라 보면 된다. 도요타는 오늘날 나오는 스포츠카 모델 86의 전신에 해당하는 AE86을 만들어서 인기를 끌었으며 혼다의 프렐류드 XX도 인기가 있었다.

당시 소비 주역으로 각광을 받던 젊은 세대를 '신인류' 세대라고 했다. 1960년대 초반에 태어나 1987년경에 사회로 나온 사람들이다. 그 당시에도 40~50대는 젊은 신인류 세대를 이해할 수 없다고 했는데, 신인류 세대도 지금은 50대가 됐다. 이 시기 '오타쿠'도 생겨나고 있었다. 오타쿠는 마치 신인류 세대의 어두운 그림자처럼 이야기되었지만 사실 같은 세대다(오늘날 어떤 취미나 문화생활에 깊은 관심을 갖고 있는 이들을 일컫는 오타쿠는 그 존재가 널리 알려지기 시작한 시기에는 다른 분야의 지식이나 사회성이 결여된 사람들을 뜻했으며 부정적으로 이야기되었다-옮긴이). 더 이야기하면 오타쿠론이 되므로 여기서는 이 정도로 줄일까 한다.

개성을 드러내고 자신을 표현하는 수단으로서의 소비를 이끈 세대가 바로 신인류 세대라고 하지만, 사실 이런 소비의 흐름은 윗세대가 만들어 낸 것이다. 고급자가용이나 고급브랜드는 자기표현을 위한 소비로서 팔렸다기보다는 주목받고자 하는 자기과시욕이 경기 호황 때문에 발현됐다고 보는 게 맞다. 거품경제시기에 사람들은 일관성 없는 소비를 했다.

1990년대가 되면 소비의 양상이 확 바뀐다. 휴대폰이나 PHS단말기가 보급되면서 자기표현으로서의 소비는 서서히 커뮤니케이션 소비로 흐름이 바뀌었다. 휴대폰이라는 물건에 가치가 있는 게 아니라 휴대폰을 사용함으로써 얻을 수 있는 체험가치에 무게가 실리게 된 것이다. 체험가치라는 말을 들으면 왠지 해외여행을 가거나 놀이공원에 가는 등 일상적이지 않은 체험을 떠올리지만 실은 그게 아니다. 체험가치란 물건을 사는 목적이 그 물건을 사용함으로써 얻을 수 있는 체험의 가치로 전환된 것을 의미한다. 따라서 일상적으로 사용하는 물건을 사는 것도 체험가치 소비에 포함된다.

2000년 이후 인터넷이 보급되면서 커뮤니케이션 소비의 중요성이 점점 더 높아졌다. 세계적인 브랜드 컨설팅 회사 데그립고베(Desgrippes Gobe)의 공동대표이자 크리에이티브 디렉터 마크 고베(DesgrMarc Gobe)는 저서 《감성디자인 감성브랜딩(Emotional Branding)》에서 사람들의 브랜드 체험에 감성을 불어넣어 브랜드 가치를 즐길 수 있게 하는 것이 고객과의 관계를 강화할 수 있다고 했다. 또 마케팅 전문가 제이 콘래드 레빈슨(Jay Conrad levinsin)은 저서 《게릴라 마케팅(Guerrilla Marketing)》에서 브랜드 가치는 판매 성과를 얼마나 올리느냐에 달린 것이 아니고 고객과의 관계를 어떻게 구축하느냐에 달렸다고 했다. 2000년대에는 마케팅의 기본 개념이 소유가치에서 체험가치로 전환하기 시작했다고 할 수 있다.

이런 흐름은 2002년 카메라가 달린 휴대폰 보급과 SNS 보급에 의해 더욱 가속화됐다. 총무성 정보통신정책연구소에서 발표한 '블로그 실태에 관한 조사연구결과(2008년)'에 따르면 2001년 초 블로그는 거의 사용되지 않던 것이 2004년에 그 수가 100만 개를 돌파했고, 2005년에는 300만 개가 됐다. 인터넷 커뮤니티 사이트 믹시(Mixi)의 이용자 수는 2005년 백만 명, 2007년에 천만 명이 됐다. 2008~2009년에는 다른 커뮤니티 사이트인 그리(Gree)나 모바게타운(MobageTown)도 이용자가 천만 명이 됐다(총무성, 정보통신기술 진전이 국민의 라이프스타일과 사회환경에 미치는 영향과 상호관계에 관한 조사연구, 2011년).

이렇게 인터넷 커뮤니티가 인기를 끌면서 사람들이 스스로 능동적으로 정보를 발신하는 CGM(Consumer Generated Media. 소비자 생성 미디어) 시대가 되었다는 말이 나왔다. 이때부터 인터넷을 활용해 사람들의 입에서 입으로 전달하는 마케팅이 중요하다는 생각과 정보공유라는 개념이 퍼졌다.

사람들은 자기 스스로 정보를 발신할 만한 물건을 찾아 소비하게끔 됐다. 이렇듯 오늘날 자리 잡은 소비의 형태, 즉 커뮤니케이션을 위해 소비하는 형태는 이 시기에 완성됐다고 할 수 있다. 가령 자기표현을 위해 옷을 사는 게 아니고, 셀프카메라 사진을 찍어 인터넷에 올리기 위해 옷을 사는 것이다. 자기표현을 위한 소비가 아예 사라졌다는 말이 아니라 이제는 좋은 성능, 기능만으로 소비자가 물건을 사지는 않는다는 말이다. 제품을 만들어 좋은 성능만 소비자에게 인식시키면 소비자가 물건을 사주던 시대가 끝난 것이다. 체험가치가 중시되면서 개인의 판단 기준에 영향을 주기 때문이다.

소유가치에서 체험가치로, 그리고 이제 정신가치로

앞에서는 고도경제성장기에서 현재에 이르기까지 소유가치에서 체험가치로, 또 자기표현을 위한 소비에서 커뮤니케이션을 위한 소비로 소비방식이 이행한 동향을 살펴봤다. 또 이러한 소비방식의 변화는 소비 단위가 무리나 집단에서 '개인'으로 바뀐 것과 관련이 있다는 점도 살펴봤다.

소비방식은 이제 다음 단계로 나아가고 있는데, 나는 다음 단계의 방향이 주로 솔로생활자들을 중심으로 움직이고 있다고 본다. 과거에 물건 자체가 목적이었던 소유로서의 소비와 달리 소비방식은 자기표현, 커뮤니케이션, 체험의 수단으로 이행했고 이제 소비행동은 정신적 안정이나 충족을 추구하는 방향으로 가고 있다. 소비의 목적은 더 이상 소유가치도 체험가치도 아니고, 소비를 통해 얻을 수 있는 정신가치로 그 중심이 바뀌고 있다.

'에모이(감성적인)'라는 말을 들어본 적이 있는가. 젊은이들만 쓰는 말이 아니다. 이 단어는 인터넷에서 만들어진 신조어로 이미 10년 전에 나와서 통용되는 말이 됐다. '에모(emo)'는 영어로 감정(emotion)의 약자고, '이'는 형용사 어미를 나타내는 일본어다. '에모이'는 여러 가지 뜻을 가지고 있다.

원래 '에모(emo)'라는 말은 원래 음악 장르인 펑크 이모코어(Emocore)에서 왔는데 강한 멜로디, 애수에 찬 감성, 절실한 심정을 토로하는 가사가 특징인 락 음악을 가리킨다. 이 말은 처음에 십대 여성들 사이에서 '왠지 모르게 쓸쓸하고 슬픈 마음'이라는 뜻으로 쓰였는데, 지금은 이런 뜻으로는 거의 쓰지 않는다.

기본적으로 '에모이'는 '마음을 흔드는, 마음에 깊은 감동을 주는'이란 뜻이다. '잘 설명하지는 못하지만 왠지 좋다'는 말로 논리를 넘어선 정감을 말한다.

이 말을 자주 쓰는 사람이 있는데 '현대의 마법사'라는 별명을 가진 미디어 아티스트이자 쓰쿠바대 응용컴퓨터학과 조교수 오치아이 요이치(落合陽一)다. 오치아이 요이치는 '에모이'를 '논리적인 것과는 상반되며 언뜻 보면 쓸데없는 것, 그러면서도 애잔하고 쓸쓸한 것, 또 아주 흥미로운 것'이라고 풀고 있다. 그냥 느낄 수 있는 부분이 있지 않은가. 논리적인 것과 상반되는 말인 이상 이 말의 의미를 설명하려는 자체가 멋없다.

앞으로 나는 소비에서 이런 감성적인 부분, '마음을 흔들고, 깊은 감동을 주는' 것이 핵심이 될 것이라고 내다보고 있다. 즉 정신적 가치를 소비하는 것이다. 그렇다면 구체적으로는 어떤 것일까.

먼저 2016년 크게 히트한 신카이 마코토(新海誠) 감독의 애니메이션 영화 〈너의 이름은.(君の名は.)〉을 보자. 이 영화는 보고 또 보는 식으로 감상하는 사람들이 많았는데, 그 이유는 영화를 보면서 느낀 감정을 다시 맛보고 싶다는 것이었다. 작년에 세계적으로 히트한 일본발 동영상 '펜-파인애플-애플-펜'도 그렇다(이 노래는 'PPAP'라고 알려졌는데, 코미디언 겸 싱어송라

이터 피코타로가 펜을 사과나 파인애플에 꽂는다는 가사와 중독성 있는 멜로디의 노래를 부르며 춤을 추는 영상으로 4억 5천만 회 이상의 조회 수를 기록했다. 이를 패러디한 다양한 동영상도 나왔다–옮긴이). 이런 동영상을 본다고 해서 돈이 생기는 것도 아닌데 사람들은 시간을 들여 동영상을 보고 전파하며, 2차 창작으로 패러디 영상을 만든다. 이런 소비를 '에모이 소비'라고 할 수 있다.

그렇다고 에모이 소비 촉진을 위해 무조건 감동적이거나 순간적으로 화제가 되는 영상을 만들면 된다는 뜻은 아니다. 영상이 아무리 공감이나 감동을 주더라도 그 속에 본질적인 정신적 가치가 없다면 단순히 잠깐 스치는 유행일 뿐 무의미하다.

그렇다면 이런 소비의 동기는 무엇일까. 이 소비의 바탕에는 두 가지 욕구가 있다.

인간의 근원적인 욕구에는 '승인욕구'와 '성취욕구'가 있는데, 에모이 소비는 이 두 가지 욕구를 모두 만족시키며 행복감을 준다. 그런데 이 욕구는 꼭 소비와 관련된 행동이 아니더라도 충족할 수 있다. 가령 일이나 학업, 스포츠, 연애, 육아 등을 통해서다.

아이를 가진 부모들은 "웃는 아이를 보면 피곤함이 싹 사라진다"고 하는데, 사회적 승인욕구와 성취욕구가 충족될 때 느끼는 감정과 같다. 자신을 향해 웃는 이가 아이가 아니고 배우자여도 비슷하게 느낄 것이다. 예를 들어 일도 잘 안 풀리고 출세도 못한 기혼자들이 집에서 가족의 웃는 얼굴을 보면서 자신의 존재를 인식하고 긍정적으로 생각하려 노력하는 것과 같다.

그런데 솔로남녀는 이런 가족이 없다. 기혼남녀가 느끼는 '가족이 있는 일상의 행복'이란 건 애초부터 없다. 그렇다고 가족이 없어서 속상해하거나 힘들어한다는 뜻은 아니다. 뿌리 깊은 사회의 결혼 규범이나 가족만이 최고라고 보는 신앙과도 같은 선입견에 의해 솔로남녀는 결혼하지 않는 상태에 있는 자신에게 인지적 부조화를 느낀다. 그래서 '미혼으로 가족을 안 만드는 사람들은 불행하다'는 생각을 없애기 위해서 '미혼으로 가족이 없지만 충분히 행복하다'고 느끼고 싶어 한다. 이런 생각이 승인욕구나 성취욕구를 충족하려는 소비행위로 연결된다.

또 이런 소비행위를 대체할 수 있는 행동을 하기도 한다. 바로 일이다. 일에 성취감을 느끼는 사람들은 특히 디자이너나 작가, 영상제작자 등 전문직 프리랜서인 경우가 많다. 이들은 결코 돈을 위해 일하지 않고 자신의 행복을 위해 일한다. 일하는 것 자체로 기쁨을 느끼는 경우가 많다. 나는 이 직업군의 생애미혼율이 아주 높은 현상도 이런 이유 때문일 거라 본다.

그러면 에모이 소비가 어떻게 승인욕구와 성취욕구를 모두 충족시키는지 살펴보자. 쉽게 말해 취미에 몰두해서 돈이나 시간을 소비함으로써 정신적인 충족감을 얻는 것이다.

얼마 전 스마트폰 게임에 돈을 많이 쓰는 사람들이 화제가 됐는데 이들 대부분은 솔로남성이었다. 게임을 하면서 돈을 많이 쓰면 커뮤니티에서 영웅이 된다. 게임에 열중하는 이들이 게임을 위해 돈을 쓰는 동기는 승인욕구와 성취감이다. 또 아이돌 가수를 따라다니며 같은 CD를 몇 장씩 사는 등 돈을 많이 쓰는 솔로남녀는 아이돌 산업에 착취를 당하고 있다고 야유를 받지만, 그런 것도 당사자들에게는 행복이다. 흥미가 없는 사람들은 이해할 수 없는 행위겠지만, 아이돌 팬인 솔로남녀가 CD를 여러 장 사는 소비행동은 아이돌에게 인정받는다고 느끼는 수단인 동시에 아이돌을 응원함으로써 스스로 성취감도 느끼는 행위다.

게임이나 아이돌뿐만 아니라 일상적인 소비행동도 마찬가지다.

예를 들어 솔로여성이 "힐링하고 싶다. 쉬고 싶다"며 달콤한 디저트를 먹으러 가거나 온천 여행을 가거나 요가나 사우나에 가는 것도 일종의 에모이 소비다. 최근에는 솔로남성들에게도 이런 소비행동이 부쩍 늘었다. 이 밖에 SNS에서 '좋아요' 버튼이 많이 눌리길 기대하면서 셀프카메라로 찍은 사진을 올리거나 사람들이 길게 늘어선 맛집에 가서 사진을 찍어 올리는 것 등도 에모이 소비다. 열심히 일한 자신에게 상을 준다며 고가의 물품을 사거나 고급레스토랑에 가서 소비하는 것도 스스로 자신을 인정하려는 승인욕구에 따른 소비라고 할 수 있다.

매일 같은 출근 시간에 같은 자판기에서 같은 캔커피를 뽑아 마시는 솔로남성이 있다. 이런 소비행위는 그에게 작은 성취를 의미했다. 그는 자신이 매일 마시는 캔커피가 자판기에 없는 날에는 기분이 좀 처진다고 했다.

또 다른 솔로남성은 매일 퇴근길에 같은 편의점에서 같은 맥주, 같은 과자, 같은 담배를 산다고 했다. 가끔 다른 물건을 더 사기도 하지만 이 세 가지가 빠지는 날은 없다. 아파서 출근하지 않는 날을 빼고는 거의 365일 똑같은 물건을 산다. 그러니 편의점 직원이 그를 알아보고 그가 담배를 달라고 하기 전에 이미 그가 찾는 담배를 준비해놓는다. 그는 출장 가서도 같은 브랜드 편의점에서 같은 물건을 산다. 이런 것들도 작은 성취감을 통해 승인욕구를 채우는 한 방법이다.

이렇듯 소비 전반에 승인욕구와 성취감이 있다. 솔로남녀는 소비를 함으로써 승인욕구나 성취감을 채우고 행복을 느낀다. 소비는 이들의 행복과 직결되는 행동이며, 가족이 없는 솔로남녀가 살아가는 원동력 중 하나이기도 하다.

그래서 솔로남녀의 소비 선택은 신중하다. 자신의 돈이나 시간을 소비할 대상을 선택하는 데 더 고민하고 더 생각한다. 기능이나 성능이 우수한 것은 물론, 상품이나 브랜드의 성장 배경을 포함해 전반적인 사항을 이해하려 한다.

그냥 감동만 주는 영상광고로는 솔로남녀의 소비행동을 유도하기가 쉽지 않다. 인지도가 높은 상품이더라도 단지 인지도가 높다는 이유만으로 그것을 사지는 않으며, 원래 좋아하던 브랜드나 기업의 제품이라 할지라도 상품이 정신적 가치를 주지 않는다면, 솔로남녀는 지갑을 열지 않는다. 상품조사 때 호감도가 높아도 정작 시장에 내놓으면 제품이 안 팔리는 것은 이런 이유 때문이다. 또 과거처럼 '남들이 사니까 사야 한다'라면서 집단 심리를 움직이려고 해봤자 소비행동은 일어나지 않는다. 개개인의 승인욕구나 성취감을 어떻게 충족시킬지가 포인트다.

또한 솔로남녀는 한 번 지지한 상품을 계속 애용한다. 이 정도면 단순한 소비가 아니다. 상품 하나하나의 소비가 인생 파트너를 고르는 것과 마찬가지다.

솔로남녀의 행복도가 낮다는 점은 널리 알려져 있다. 이에 관해서는 6장에서 자세히 살펴볼 것이다. 솔로남녀가 행복하지 않다고 느끼는 이유는 결혼 규범으로 인해 가족이 없으니 행복하지 못하다는 식의 사회적인 편견이 작동하기 때문이다. 그래서 솔로남녀들은 소비를 함으로써 선입견에 의해 느끼는 불행한 감정을 없애고, 소비 대상에서 단지 소유가치나 체험가치가 아니라, 행복과 직결된 정신적 가치를 찾는다. 인정하지 않는 가치나 체험에는 1엔을 쓰기도 1초를 들이기도 아까워하는 반면, 한 번 가치를 인정한 것에는 돈이나 시간을 아낌없이 쓴다. 이들이 인정하는 가치나 체험은 논리적으로 설명하기는 어렵다. 이런 것들은 '에모이'라고 표현할 수 있으며, 깊은 감동을 주는 소비와 연결되어 있다. 이것이 솔로남녀의 소비 원동력이다.

솔로 인구가 증가하는 요즘, 정신적 가치에 바탕을 둔 소비를 어떻게 불러일으킬 것인가. 솔로남녀의 승인욕구나 성취감을 어떻게 자극할 것인지가 열쇠다.

성취욕을 자극하는 미완성 제품

마케팅 관점에서 어떻게 솔로남녀의 승인욕구나 성취감을 자극할 수 있을지 살펴보자.

이제 물건이 팔리지 않는 시대가 된 것은 새삼스럽지도 않다. 이런 현상은 물건 품질이 나빠서라기보다는 물건을 소개하고 전달하는 방식, 사고파는 방식 등 전반적인 면에서 고객의 승인욕구나 성취감을 자극할 방법, 즉 고객의 소비행동을 어떻게 창출할지 생각하지 않았기 때문에 일어난 현상이다. 이렇게 해서는 판매를 기대할 수 없다.

과거에는 물건의 품질을 향상시켜 그것만 증명하면 팔렸다. 하지만 그런 시대는 이미 지나갔다. 물건을 만들거나 파는 사람은 아무래도 완성품을 제공하겠다는 마음이 우선한다. 그런데 물건의 소유가치를 그렇게 중시하지 않게 되고 또 시장에 비슷한 물건이 넘쳐나면서 아무리 생산자가 열심히 만들어도, 소비자가 물건 자체의 가치, 즉 품질만 보고 물건을 선택하지 않게 됐다. 따라서 발상의 전환이 필요하다.

대표적인 예가 '미완성 제품'이다. 미완성인 상태로 제품을 제공하고 고객에게 완성시키는 과정을 맡기는 것이다. 제조 과정 단계 도중에 놓인 상품을 판매하라는 소리가 아니다.

또 상품 개발 단계에서 고객의 의견을 더 들으라는 소리도 아니다. 생산자가 상품 자체는 확실히 완성하되, 그 전달방식과 판매방식을 바꾸란 뜻이다.

브랜드 제품의 경우 신상품은 개발 기획 단계부터 항상 검토한다. 대기업에서는 신상품 개발 기획 건수도 많다. 그런데 대기업은 실제로 제품을 시장에 낼지 말지 결정하는 과정이 늦어지기 마련이다. 이는 어찌 보면 당연한데, 한 번 개발 기획된 제품이 대기업의 생산 공정에 들어가면 안 팔렸을 때 재고로 남을 리스크가 그만큼 커지기 때문이다. 장시간 여러 차례에 걸쳐 사전 검사나 검증을 한 후 상품화되는데 지금까지 이런 과정은 모두 기업 내에서만 이뤄져왔다. 소비자는 상품 개발을 기다리기만 할 뿐이었다.

그런데 이 과정을 전부 공개할 수 있는 시스템이 있다. 바로 크라우드 펀딩이다.

크라우드 펀딩은 군중(Crowd)과 자금조달(Funding)의 합성어로, 인터넷을 통해 불특정다수의 지원자들에게 자금을 모금하는 방식으로 이뤄진다. 소비자가 지원해주면, 돈으로 돌려주지 않는 '기부형', 돈으로 돌려주는 '투자형', 어떤 형태의 권리나 제품을 주는 '구매형' 세 가지 중 하나를 제공한다. 일본에서는 구매형 크라우드 펀딩이 많다.

크라우드 펀딩을 하려고 하는 이는 취미로 하는 개인부터, 자금을 조달하려는 벤처기업, 홍보활동을 하려는 음식점이나 서비스업체 등이 있고, 최근에는 대기업도 마케팅 조사를 할 때 활용하는 사례가 늘고 있다. 한 가전 회사는 그전까지 항상 사내 결재로 진행해오던 상품 수요조사를 위해 크라우드 펀딩을 했는데 크라우드 펀딩을 후원해주는 소비자들로부터 목표금액의 10배 이상을 지원받았다.

즉 여태까지 세상에 나오지 않은 제품을 열심히 만들어야 하는 것은 전과 다름없이 똑같지만, 소비자(크라우드 펀딩에서는 후원자라고 부른다)를 어떻게 대할지가 크게 다르다.

크라우드 펀딩에서는 아무리 상품의 아이디어가 좋아도 소비자(후원자)가 지원해주지 않아 목표금액에 도달하지 못하면 프로젝트는 실패하고 상품은 세상에 나오지 못한다. 크라우드 펀딩에 프로젝트를 냈다가 모금에 실패하더라도 자금력이 있는 대기업은 상품화하는 결정을 쉽게 내릴 수도 있다. 그렇지만 크라우드 펀딩 프로젝트에 실패한 제품을 상품화한다면 소비자에게 신뢰를 잃는다. 여기에 본질이 있다.

크라우드 펀딩에 참여한 기업과 소비자는 신뢰로 연결되어 있는데, 어찌 보면 운명공동체와 비슷하다. 크라우드 펀딩 프로젝트가 성공하면 후원해준 소비자에게는 누구보다 빨리 제품을 제공해야 한다. 소비자는 특별하게 대우받는다는 느낌을 받고, 무엇보다도 성취감을 크게 느낀다.

과거와 마찬가지로 열심히 개발해서 만들되, 아직 세상에 나오지 않은 개발과정의 제품을 소비자가 항상 볼 수 있도록 하는 것이다. 이것은 한 아이의 성장을 지켜보게끔 하는 것과 비슷하다. 이것도 에모이 소비라 할 수 있다. 프로젝트에 실패하면 자신이 지원하는 제품이 세상에 나오지 못하므로 소비자는 주변에 추천하는 등 스스로 자연스럽게 정보를 확산시킬 것이다.

가타부치 스나오(片渕須直) 감독이 발표한 애니메이션 〈이 세상의 한구석에(この世界の片隅に)〉라는 작품도 크라우드 펀딩을 통해 제작했는데 82일 동안 3,374명이 총 3,900만 엔을 후원했다. 가장 모금이 잘 된 것은 영화 엔딩크레딧에 영화 제작에 참여한 이의 이름이 올라갈 권리(한 사람당 1만 엔)였는데, 1,993명이 후원했다. 딱히 무언가를 제공해서가 아니다. 소비자는 함께 만들었다는 성취감을 원하는 것이다. 이런 사례를 보면 생산자와 소비자가 운명공동체처럼 느낀다는 점을 알 수 있다.

미완성인 제품을 완성시키는 과정에 참여하는 소비방식이 소비자의 가슴을 뛰게 만드는 것이다.

소비자에게 제품이란 어디까지나 미래에 얻을 기쁨을 획득할 도구다. 생산자는 소비자들이 어떤 행동을 하게 만들지 미래의 출발점을 제시해주면 된다. 상품이 소비자의 미래행동을 포함하는 것이다. 미완성이란 것은 이런 뜻이다.

또 소비자가 어떻게 행동할지는 소비자 자신의 문제로 보면 된다. 소비자가 움직이면 움직인 것만큼 거기에 성취감이 기다리고 있을 것이다. 한 번 성취감을 맛본 사람은 계속 프로젝트에 참가할 것이다. 한 번 느낀 성취감은 또 다른 성취감으로 이어진다. 성취감을 맛봄으로써 행복을 느낀다.

생산업체에 있어서도 이런 과정은 큰 의미가 있다. 원래 생산자와 소비자 개인은 직접적으로 마주할 일이 없었다. 유통을 거쳐야 비로소 소비자와 만날 수 있었다.

그러나 크라우드 펀딩에서는 소비자와 직접 만나 대화를 주고받으며 반응을 확인할 수 있다. 지금까지 '무리'나 '집단'으로서 파악할 수밖에 없었던 소비자 개인과 제조업체가 만나게 되는 것이다. 후원에 다시 참여하는 리피터(재구매자)는 충성고객이다. 이 소비자들에게는 특별한 혜택을 제공함으로써 충성고객을 위한 로얄 마케팅을 실행할 수도 있다.

지금까지 감성 소비의 돌파구로 미완성인 제품을 제시하여 성취감이라는 정신적 가치로 연결하는 방법을 살펴봤다.

공유경제 서비스

근래 스마트폰이 등장하고, 인터넷이나 스마트폰에서 결제시스템이 간소화되면서 공유경제(Sharing economy) 서비스가 생겨나고 있다. 공유경제란 개인이 갖고 있는 물건이나 제품, 서비스를 독점적으로 소유하고 사용하는 것이 아니라, 타인과 공유하고 개인 대 개인으로 빌려주거나 빌릴 수 있게끔 하는 경제 모델을 말한다.

구미권에서 앞서 가고 있는데 대표적으로는 자신의 집 또는 빈방을 호텔처럼 빌려주는 에어비앤비, 일반인이 자신이 여유가 있는 시간대에 자가용으로 남을 태워주는 우버 등이 있다. 앞서 소개한 크라우드 펀딩도 일종의 공유경제 서비스라고 할 수 있다.

기업 간에 자산을 공유하거나 빌려주고 빌리는 경우도 있지만, 공유경제 모델은 기본적으로 개인 대 개인에 기초한다. 기존의 소비 형태가 기업(제조와 판매) 대 개인(소비)으로 나뉘어 있던 것과는 다르다.

실상 공유경제 서비스는 가성비와 같은 경제적 합리성을 추구하는 것으로 솔로만을 위한 것은 아니다. 기혼자를 포함해서 이용가치가 폭넓다. 그런데 개인 대 개인의 공유경제 서비스가 보급되는 현상을 보면, 솔로가 승인욕구나 성취감을 충족할 새로운 기회가 늘어날 것으로 볼 수 있다.

공유경제 모델은 21세기형 모델이라고만 생각할 수도 있지만 일본의 경우 근세 에도 시대에 이미 존재했다. 예를 들어 옷이나 이불, 모기장, 식기, 관혼상제 용구, 우비나 우산, 농기구, 가구, 수레 등 생활에 필요한 물건을 대여해주던 서비스가 있었다. 공유하려는 마인드는 이 시절부터 일본인 머릿속에 있었던 것 같다.

물건이나 장소를 제공하는 것뿐만 아니라 개인이 가진 재능을 공유하거나 빌려주고 빌리는 공유경제 모델도 있다. 이것을 크라우드 소싱(Crowdsourcing)이라고 하는데, 군중(Crowd)과 업무위탁(Sourcing)을 합친 말이다. 기업이 특정 업무를 외부에 위탁하는 것을 아웃소싱이라고 하는데 크라우드 소싱은 인터넷을 통해 불특정 다수에게 아웃소싱을 하는 것이며 새로운 일하기 방식이다.

요리를 예로 들어보자. 요리는 솔로생활자에게 비용 대비 효과가 낮은 비효율적인 일이다. 슈퍼나 할인점에서 싼 값에 채소나 고기를 사와도 대개 한 끼밖에 해먹지 못하고 나머지는 결국 썩어서 버린다. 그래서 단가가 다소 비싸도 한 끼용으로 손질된 상품을 사는 게 결과적으로 절약에 도움이 된다.

솔로생활자가 편의점을 자주 이용하는 것은 장기적인 안목으로 절약을 고려한 결과다.

그런데 요즘에는 요리를 하고 싶어 하는 솔로여성도 있고 요리를 잘하는 솔로남성도 있다. 요리는 안 해도, 가끔은 외식이 아니라 직접 만들어 먹고 싶은 솔로남성도 많다. 이런 잠재적 수요를 두고, 공유경제 모델에 착안해 요리법을 공유하는 아이디어를 생각해볼 수 있다.

슈퍼나 편의점에 요리할 수 있는 부엌을 설치하고 이용하는 서비스를 제공한다면, 여러 사람들이 식재료를 사들고 가서 함께 만들어 먹을 수도 있고 누군가가 만들어준 요리를 거기서 같이 먹을 수도 있다. 꼭 식사가 아니어도 좋다. 집에서 먹는 간식거리 정도를 만드는 새로운 수요를 창출해볼 수 있지 않을까.

가령 요리를 좋아하는 솔로여성이라면 정기적으로 자신의 요리를 유료로 제공하는 방식으로 '원데이 키친'을 시도해 볼 수도 있다. 고령의 솔로여성도 '어머니의 손맛 키친'이라고 유료로 요리를 제공하는 모델을 생각해볼 수 있다. 서비스를 제공하는 사람은 스스로의 승인욕구와 성취감을 충족할 수 있고, 이용하는 사람은 행복감을 맛보는 식으로 정신적 가치의 공유를 실현할 수 있다. 이런 식의 부엌 공유 모델은 꼭 솔로가 아니더라도 아이가 커서 독립한 후 요리를 하지 않게 된 여성도 참여할 수 있지 않을까 싶다.

이미 부엌 공유 모델은 여러 곳에서 시도하고 있는데 지금처럼 부엌 설비만 빌려주는 형태로는 더 확산되지 못할 것이다. 식품을 살 수 있는 장소와 개개인의 재능을 공유할 수 있는 장소를 함께 제공하면, 진전이 있을 것이라 본다.

물건, 장소, 사람, 서비스 등 모든 것을 복합적으로 공유할 수 있는 공유경제 모델이 실현된다면 편의점이나 슈퍼의 식재료나 술 매출도 더 오를 것이다. 셰어하우스(Share house. 프라이버시가 지켜지는 개인공간인 방과 입주자가 함께 사용 가능한 공유공간인 거실, 주방, 화장실 등이 있는 임대주택)의 부엌 기능을 살린 모델이 '원데이 키친'과 같은 부엌 공유 모델이라고 보면 된다. 이런 공유 기능을 더하면 식료품을 파는 가게가 소통의 공간으로 발전할 수 있다. 몇 년 전 벤처사업가 호리에 다카후미가 '편의점 술집'이라는 개념을 제안했다. 편의점 안이나 옆에 별도 공간을 마련해서 간단히 술안주와 술을 마실 수 있게 하자는 것이었는데 내가 제안한 공유경제 모델과 비슷하다고 할 수 있다.

예를 들어 솔로생활자가 혼자 비싼 와인이나 샤토브리앙(Chateaubriand. 쇠고기의 안심살을 구워 만든 프랑스식 스테이크)을 먹으려면 경제력과 용기가 필요하다. 그런데 위와 같은 커뮤니티 장소에서 함께 돈을 내고 와인 파티를 열어 먹는다면 한 사람당 식비 부담도 줄고 즐겁게 식사할 수 있을 것이다.

결혼을 안 해도 가족이 없어도 따뜻한 식탁을 만들고 행복을 느낄 수 있다. 결혼을 하고 가족이 있어도 차고 쓸쓸한 식탁 앞에 앉아 있는 이들이 정말 많다. 솔로뿐만 아니라, 성장한 자녀들이 같이 밥 먹기를 싫어해 외롭게 식사를 하는 부모들도 이런 커뮤니티 장소에 가서 소소한 행복을 느낄 수 있으면 좋겠다.

6장

솔로사회의 미래

솔로생활을 성심껏 살아가는 사람들에게
행복의 척도는 다른 곳에 있다!

생애미혼율과 이혼율 상승, 1인 가구 급증, 고령 독신여성 증가 등으로 인해 인구의 절반이 솔로가 되는 미래가 곧 다가올 것이다. 솔로남녀는 저출산 문제 해결에 아무런 도움이 되지 않겠지만 그렇다고 해서 무의미한 존재가 아니다. 결혼해서 아이를 낳고 가정을 이루는 것만 일반적인 삶으로 보는 시각은 이제 그만 접고, 누구나 언제든 솔로로 되돌아갈 수 있다는 생각을 가지는 게 중요하다.

또한 소비가 왕성한 솔로남녀를 대상으로 상품이나 서비스를 잘 기획하면 지금까지 상상하지 못했던 새로운 수요를 창출할 수 있다. 이것이 미래사회에 힘이 될 수 있다.

그래도 여전히 일각에서는 '솔로로 살아가면 행복하지 않다' '행복하려면 결혼을 해야 한다'고 고집을 피우며 자기 말만 한다. 솔로가 행복하면 대체 무슨 문제라도 있냐고 따지고 싶을 정도인데, 이들은 자기 말만 옳다면서 다른 가능성을 보지 않는다.

그러면 대체 무엇을 일컬어 행복하다고 하는 것일까.

솔로는 행복하지 않다?

절대적인 행복의 척도는 없으므로 행복을 정의하기는 어렵다. 과거에 비해 지금 상황이 좋아졌다면 그걸로 행복이라고 할 수 있을지도 모르겠지만, 행복과 같이 상대적인 것은 수치로 나타낼 수가 없다.

애초에 일본인은 행복도가 높지 않다.

미국 여론 조사기관 퓨 리서치 센터(Pew Research Center)가 2014년 세계 43개국 국민을 대상으로 행복도를 조사했다. 일본의 행복도는 43점으로 미국 65점, 독일 60점 등 선진국 중에서는 최하위 그룹에 속했다. 아시아권에서도 중국, 인도네시아, 한국보다 낮은 수치였다. 전체적으로 볼 때 GDP(국내총생산)가 높으면 행복도가 높아지는 등 GDP와 행복이 비례하

〈도표 6-1〉 행복도

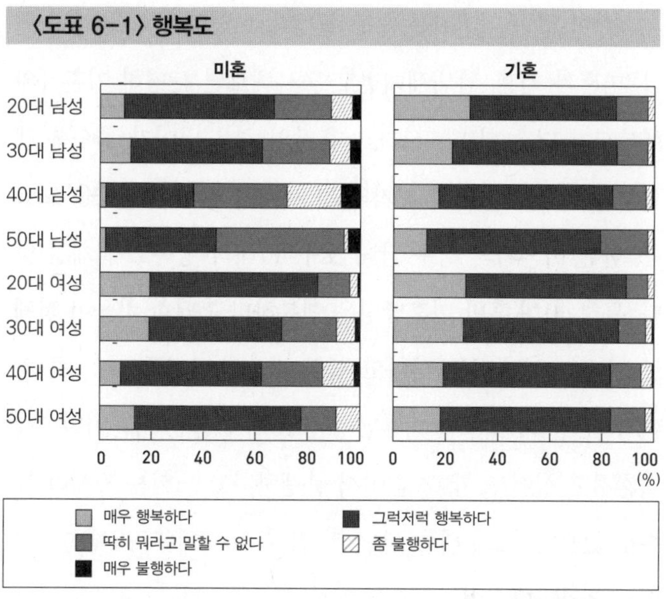

출처: 2016년 〈솔로활동계 남성 연구 프로젝트〉 조사 (20~50대 남녀 520명 대상)

는데, 일본만 유일하게 GDP가 높아도 행복도가 높지 않았다.

일본인의 행복도가 높지 않은 이유를 행복해도 겸허한 태도로 행복하지 않다고 말했다거나 장점보다 단점을 보려는 성향 때문으로 볼 수도 있겠으나 한 사람 한 사람이 마음속에서 행복을 느끼지 못한다는 게 문제다. 작은 것에 행복을 느끼는 사람이 있는가 하면 엄청난 부자고 호화로운 저택에 살아도 불행하다고 느끼는 사람이 있다.

가족이 없는 미혼자를 두고 불행해 보인다는 말을 자주 한다. 미혼과 기혼, 남녀세대별로 조사해보면 분명히 기혼자의 행복도가 더 높다(도표 6-1). 기혼자의 경우 나이가 들수록 행복도가 하락하기는 하나 거의 전 세대가 비슷한 경향을 보였다. 한편 미혼자의 경우 남녀 모두 40대의 행복도가 제일 낮다. 특히 40대 후반 미혼남성은 행복하다고 답한 비율이 전체 중 단 36%였다. 불행하다고 답한 비율(28%)과 그다지 큰 차이가 없다. 40대 후반 미혼남성은 40대에 줄곧 미혼이었으니 결혼하고 싶어도 할 수 없어서 불행하다고 느끼는 것이라 볼 수도 있으나, 그게 다는 아닌 것 같다. 50대가 되면 행복도가 도로 올라간다.

행복도가 대체로 낮은 것은 솔로여성도 마찬가지다. 미혼자는 자기유능감, 자기긍정감이 기혼자와 정반대의 양상을 보인다(도표 6-2). 자기유능감이란 학업이나 일에서 남보다 자신이 뛰어나다고 믿는 자긍심을 말하며, 자기긍정감이란 자신이 스스로를 좋아하는 것을 말한다. 기혼남녀는 자기유능감이 낮아도 자기긍정감이 높지만, 솔로남녀는 기혼자에 비해 자기유능감은 높은데 자기긍정감은 낮다. 그러니까 '나는 유능하다. 그렇지만 나는 스스로를 좋아하지 않는다'는 생각이 강하다. 특히 솔로남성은 열심히 일해도 주위로부터 제대

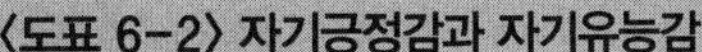
〈도표 6-2〉 자기긍정감과 자기유능감

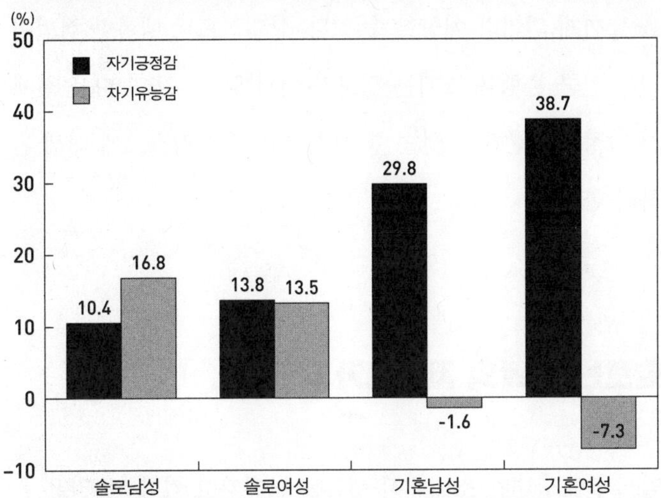

※그래프는 자기긍정감과 자기유능감 유무의 차이. 마이너스로 표시된 막대그래프는 자기유능감이 '없다'는 답이 많다는 뜻이다.

출처: 2016년 〈솔로활동계 남성 연구 프로젝트〉 조사(20~50대 남녀 520명 대상)

로 평가받지 못한다며 불만을 토로하거나 아직은 만족할 수 없다며 더욱 엄격한 방식으로 성취감을 느끼려 한다. 이렇게 스스로를 엄격하게 대하는 모습은 미혼자들의 행복도가 기혼자들보다 상대적으로 낮은 이유와 관련이 있다.

사실 기혼자의 행복도가 지나치게 높게 나온 것은 아닌지 의문도 생긴다. 물론 기혼남녀 모두 전 세대에서 80% 이상이 행복하다고 답한 것은 결코 나쁘지 않다. 다만 현 상황이 너무 행복하다고 느끼면 솔로가 된 순간 미혼자 수준으로 불행을 느끼게 되리라 예상할 수 있다. 상대적으로 행복한 경험이 있는 만큼 불행을 느끼는 정도가 더 강할 수 있다. 다음 절에서 가정에 의존해서 얻는 행복이 갖고 있는 리스크에 대해 논하려 한다.

솔로는 행복의 저장고가 다르다

앞서 솔로남녀는 소비에서 행복을 느낀다고 썼다. 이 말은 솔로남녀가 돈으로 행복을 산다는 뜻이 아니다. 행복이 돈을 써서 얻을 수 있는 것도, 가격표를 붙여 매장에서 파는 상품도 아니다. 솔로남녀가 소비에서 행복을 느낀다는 것은 어디까지나 소비를 통해 인정욕구와 성취감이라는 정신적 가치를 충족하려 한다는 뜻이다. 정신적 가치에 중점을 둔 소비로 행복감을 얻으려면, 돈이 문제가 아니고 능동적으로 행동해야 한다. 솔로남녀는 이런 소비행위에 시간을 투자하고 있다.

나는 일대일 대면조사로 솔로남녀가 돈이나 시간을 어떻게 쓰는지 조사한 적이 있다. 인터뷰한 사람 가운데 보디빌딩이나 격투기 등 스포츠에 몰두하며 몸을 단련하는 사람이 있었다. 자동차 경주에 몰두하는 사람도 있었고, 프로도 울고 갈 정도로 예술사진을 찍는 사람도 있었다. 목숨을 걸다시피 아이돌 팬으로 열심히 활동하는 사람도 있었고, 코스프레에 열중하는 사람도 있었다. 성곽이나 역사유적지만 돌아보는 여행을 하는 사람도 있었다. 솔로남녀의 취미 활동에는 두 가지 유형이 있다. 취미를 하나만 정해놓고 집중하는 타입과 여러 종류의 다양한 취미활동에 얕지만 폭넓게 몰두하는 타입이다. 솔로남녀가 취미 활동에 열심이라고 해서 소위 '덕후' 기질만 있는 게 아니다.

인터뷰한 솔로남녀들은 처음 만나서 조사할 때는 경계심을 보였다. 소극적으로 말하고, 모두 하나같이 목소리 톤이 낮았다. 조용하며 차분했다. 그렇지만 자신이 흥미와 관심이 있는 활동에 관한 이야기가 나오는 순간, 눈도 목소리도 커졌다. 내 눈을 똑바로 보면서 자신이 해온 활동이 얼마나 재밌었는지 열정적으로 이야기했다. 눈동자는 빛났고 뺨은 붉게 물들었으며 달변가가 됐다. 마치 다른 사람이 앉아있는 듯했다.

나는 코스프레 활동은 잘 모르지만, 일본의 성곽이나 역사유적지는 잘 알고 있었다. 그래서인지 취미가 같은 솔로남성과 이야기가 잘 통했다. 취미가 같다는 점을 알게 되자 갑자기 인터뷰 때 둘의 거리감이 줄어드는 느낌이 들었다. 돌아다니는 패턴도 비슷했는데 성곽을 돌아다닐 때 반드시 혼자서 여행한다는 점이 같았다. 혼자 가는 이유는 누군가와 행동을 같이 하면 내 행동반경에 제한이 있어서다. 혼자서 여행한다고 하면 보통 아무와도 말 한마디 섞지 않고 다니는 것으로 오해하는데, 혼자 자유로이 여기저기 돌아보며 시간을 신경 쓰지 않아도 되고, 여행지에서 알게 된 사람과 편하게 대화하기도 좋다.

인터뷰 때 솔로남녀가 자기가 좋아하는 취미 활동에 대해 말하면 아주 행복해보였다. 이야기를 듣는 행위는 일종의 '승인'이기 때문이다.

솔로남녀도 친구가 있다. 같은 취미를 가진 사람들과 활발히 교류한다. 사진이나 일러스트 음악 등 창작 영역에서 활동하는 경우, 인터넷에서 친구를 사귀고 타인과 연결될 수 있다. 언어를 매개로 하지 않는 취미 활동이라면 전 세계 사람들과도 연결될 수 있다. 간단한 언어 소통은 인터넷 번역기를 이용해 쉽게 할 수 있어 인터넷을 통해 각국 사람들과 수년간 교류를 계속해온 솔로남녀도 많았다. 한 번도 직접 만난 적이 없는 사람과는 관계가 깊어질 수 없다고 생각할 수도 있지만, 이야기를 들어보면 솔로남녀가 맺는 이런 대인관계가 깊지 않다고 판단할 근거는 없다. 관계의 깊이는 무엇으로 연결되어 있는지가 아니라, 얼마나 자주 오래 소통하는지에 달린 게 아닐까. 멀리 떨어져 있든 국적이 다르든 그런 건 상관없다. 솔로남녀가 가장 행복하다고 느끼는 순간은 같은 취미를 가진 사람과 교류하는 일이다.

이런 이야기를 하면 "그래봤자 순간적인 행복 아니냐"고 반론할 수도 있겠다. 취미 욕구를 채워봤자 일시적 행복밖에 못 느낀다는 식인데, 이런 반론이야말로 쓸데없는 간섭이다. 행복에 절대적 정의란 없다. 정의한다 한들 무슨 소용이 있을까. 행복하기 위한 방정식도, 행복을 찾아가는 지도나 나침반도 존재하지 않는다. 개개인이 행복하다고 느끼는지가 중요하고, 행복을 잠깐 느끼든 아니든 남이 이러쿵저러쿵 떠들 사안이 아니다.

가족을 만들어야 비로소 진짜 행복의 의미를 알 수 있다고 강조하는 이들은 마치 가족을 가지지 않는 사람은 불행할 수밖에 없다고 미리 정해놓은 것 같다. 그런 생각이야말로 난폭하고 오만하다. 내가 경험한 바로는 이런 '결혼교' 믿음을 가진 사람들과의 대화는 항상 평행선을 달리는 것만 같다. 아마 독신으로 살아가는 것을 영원히 이해해주지 않을 거라고 본다. 그래서 나는 결혼을 하는 사람과 하지 않는 사람은 애초에 행복의 저장고 자체가 다르다는 결론에 이르렀다.

노벨경제학상 수상자이자 미국 심리학자인 대니얼 카너먼(Daniel Kahneman)은 행복이란 "내가 사랑하는 사람 그리고 나를 사랑하는 사람과 함께 시간을 보내는 것"이라고 했다. 여기서 카너먼이 말한 사람이 꼭 연인이나 가족, 부모, 자녀로만 한정된다고는 할 수 없다. 자신과 흥미나 관심사, 가치관이 맞는 사람 혹은 사고방식이 같은 사람과 교류하면서 충분히 행복하다고 느낄 수 있다. 또 꼭 사람이 아니어도 괜찮다. 좋아하는 것을 하면서 시간을 보내는 것도 일종의 행복이다.

행복을 따질 때 어떤 상태에 있는지는 중요하지 않다. 결혼해서 아이를 낳아야만 행복하다고 할 수 없다. 어떤 상태에 있든지 스스로 행복을 추구해나갈 힘이 있는지, 행복을 찾는 행동을 하고 있는지, 또 작은 일상에서 행복을 느끼는지가 중요하다. 그런 의미에서 '결혼하고 싶은데 나는 할 수 없는 것'이라고 미혼인 상태를 부정적으로 여기고 아예 결혼하기를 포기하고 마는 일부 미혼남녀는 불행하다고 생각한다.

솔로사회는 고립된 사회가 아니다

솔로사회가 곧 온다고 하면, 사회구성원이 다 개인화되어 타인과 접촉하지 않고 뿔뿔이 흩어져 고립되어 살아가는 사회가 된다는 뜻으로 지레짐작하는 사람이 많다. 솔로사회란 결코 고립된 사회가 아니다. 솔로로 살아간다는 것은 산에 틀어박혀 홀로 신선이 된다는 의미가 아니다.

핵가족화가 진행된 현대에는 이미 지역공동체가 줄었다. 있더라도 관계성이 희박하여 거의 소멸하다시피 했다. 옆집에 누가 사는지조차 모르는 사람이 많다.

예전에는 아이가 한 명 있으면 그 아이는 지역사회의 아이이기도 했다. 내가 어렸을 적인 1960년대 중반까지만 해도 아이들이 나쁜 짓을 하면 동네 아저씨가 혼을 냈다. 그러다 혼자서 골목을 어슬렁거리면 나를 혼낸 아저씨가 "왜 혼자 있어?" 하고 친근하게 말을 걸기도 했다. 또 부모님이 일터에서 늦게 돌아오시면 이웃집에서 저녁을 얻어먹기도 했다. 피가 섞이지 않았어도 아이라면 지역사회의 아이로 받아들이고 모두가 애정을 갖고 성장을 지켜봐주던 시절이 있었다. 이런 풍경은 내가 자라던 시절뿐 아니라 근세 에도 시대에서도 볼 수 있었고, 얼마 전까지만 해도 농촌에서는 볼 수 있었다.

지금은 어떨까. 전철 안에서 우는 아이만 봐도 혀를 차고, 아이들이 학교에서 놀아도 시끄럽다며 인근 주민들이 학교에 민원을 넣는다. 살벌한 시대다. 밖에 혼자 있는 아이에게 말을 걸면 수상한 사람으로 오해받을 수도 있다.

같은 동네에 살고 있다는 것은 더 이상 어떤 관계성도 친밀성도 의미하지 않는다. 단지 이웃에 살고 있을 뿐, 서로에게 서로가 존재하지 않는 것이나 마찬가지다. 얼마 전 한 아파트 주민들이 아이들에게 같은 아파트에 사는 주민이더라도 모르는 사람에게는 인사하지 말라는 조항을 아파트 주민 내규로 만들고 있다는 뉴스가 보도된 적이 있다. 가족 이외의 어느 누구도 믿지 말라고 하고 싶은 것일까. 가족끼리 잘 지내더라도 그 가족이 타인과 연결되어 있지 않다면 그런 가족이야말로 이미 사회적으로 고립된 상태 아닐까.

가족에 속해 있어도 고립감을 느끼는 경우도 있다. 전에 아버지들을 대상으로 조사한 적이 있는데 "마음 편히 쉴 수 있는 곳은 어디냐"고 묻자 대다수가 "화장실" "욕조" "차 안"이라고 답했다(2015년 '솔로활동계 남자연구 프로젝트').

비극이다. 화장실이나 욕조는 집 안에 있으니 그렇다 쳐도, 차는 이미 집 밖이다.

또 직장에서도 고립될 수 있다. 악의적으로 자신을 무시하거나 업무를 주지 않는 등 직장 내 힘에 의한 괴롭힘을 당한 사람들은 직장에서 견딜 수 없는 고립감을 맛봤을 것이다. 직장 내에서 솔로생활자들을 협조성이나 공감성이 없다고 속단하기 쉽다. 물론 그럴 수도 있다. 하지만 혼자서 일을 하고 싶어 하고, 혼자서 점심을 먹고 싶어 한다는 이유 때문에 왕따나 괴롭힘을 당하는 경우도 있다. 아이들의 학교에서 일어나는 왕따나 괴롭힘에서도 비슷한 양상이 보인다.

가족이나 직장, 학교같은 집단에 속해 있다고 해도 고립됐다고 느낄 수 있다. 오히려 집단 속에서 더 심한 고립감을 느낄 수도 있다. 물리적으로 솔로라는 점보다 심리적으로 고립감을 느끼는 생활방식이 진짜 우리가 걱정해야 할 문제다.

상태로서의 '솔로'와 정신적인 '고립' 사이의 큰 차이를 설명하는 데 적합한 말이 있다. 바로 '솔로충'이다.

솔로생활에 충실한 사람들

솔로생활에 충실한 사람을 가리켜 '솔로충'(ソロ充. 솔로 생활을 뜻하는 '솔로'와 충실하다는 의미의 한자 충(充)이 합쳐진 말. 充의 일본어 발음이 '쥬(じゅう)'로 일본어 발음으로는 '솔로쥬'라고 한다)이라고 한다.

이 말은 남녀를 불문하고 젊은 세대를 중심으로 최근 SNS에서 자주 등장하고 있다. 혼자서도 즐기며 시간을 보낼 수 있는 사람이 바로 솔로충이다. 무언가를 할 때 친구한테 같이 하자고 권하는 것도 귀찮고, 타인과 같이 하면 신경을 써야 하고, 상대방 페이스에 맞춰야 하니 힘들다고 느끼는 사람들 가운데 솔로충이 많다. 솔로충은 솔로면서도 자유롭고 마음 편하게 있을 수 있어 혼자 있는 삶을 즐기는 상태를 가리키기도 한다.

'솔로충'의 기원이 된 말은 '리얼충'(リア充. 연애나 일 등 현실에 충실한 사람을 뜻하는 말로, 일본어 발음으로는 '리아쥬'라고 한다)이다. 이 말은 2006년 인터넷 커뮤니티에서 처음 쓰이다가 트위터로 퍼졌고, 2010년경부터 널리 쓰였다.

또 '봇치'(외톨이라는 뜻-옮긴이)라는 신조어가 있다. 이 말은 2007년부터 썼는데, 인터넷 게시판에 '대학에서 친구가 없는 봇치'라는 제목의 글이 올라 온 게 기원이다. 그 후 대학이나 학생들 사이에서 유행어가 됐는데 뜻이 부정적이다.

한편 '오히토리사마'('홀로'를 뜻하는 '오히토리'란 말에 '님'에 해당하는 '사마'를 합친 말로 혼자서도 갈 수 있는 곳이나 식당, 카페에 혼자 간 손님 또는 독신인 상태를 일컫는 등 폭넓게 사용되고 있다-옮긴이)란 단어가 있다. 이 말의 기원은 비교적 오래 됐는데, 인터넷이 널리 보급되지 않은 1999년 저널리스트 이와시타 구미코가 '혼자 있는 시간을 소중히 여기는 여성'이라는 뜻으로 처음 썼다. 이후 이와시타 구미코는《오히토리사마》란 제목의 에세이를 썼고, 2009년에는 동명의 드라마도 방영됐다. 언론에서도 크게 주목했고 지금은 '오히토리사마 노래방' '오히토리사마 불고기집' 등과 같이 일반적인 단어로 쓰인다. 단, 이 말은 남성에게는 잘 쓰지 않는다.

그렇다면 '솔로충'이란 말은 언제부터 썼을까. 정확히 알 수는 없지만 '리얼충'이 널리 퍼진 2010년부터 2012년 사이인 것 같다. '솔로충'이 일반인들 사이에서 퍼지기 시작했을 때 '쿄로쿄로충'(きょろきょろ充. 두리번거린다는 뜻의 '쿄로쿄로'와 충실하다는 의미의 한자 충(充)이 합쳐진 말. 혼자 있으면 쓸쓸해하면서 항상 두리번거리며 친구를 찾는 이를 뜻한다)이라는 말도 나왔다.

혼자 있는 것과 관련된 신조어를 생겨난 순서대로 보면, 오히토리사마 → 봇치 → 솔로충 → 쿄로쿄로충 순이다.

솔로인 상태에 충실한 사람을 일컫는 '솔로충'이라는 말은 부정적인 뜻이 있는 '봇치'라고 불리고 싶지 않은 이들이 만들어 낸 말이 아닐까 싶다. 이 두 단어는 혼자 있는 시간이 많거나 혼자 하는 활동이 많은 사람이란 뜻을 담고 있다. 그런데 '봇치'라는 말은 실상 친구가 없는 사람이 자조적으로 스스로를 가리켜 자학할 때 쓴다. 속으로는 친구들과 사귀면서 떠들

썩하게 지내고 싶은데 그렇지 못해 혼자 있어야 하고, 남들과 사귀지 못하는 자신의 못난 성격이나 부족한 커뮤니케이션 능력을 탓하며 열등감을 느끼는 상태를 말한다. 이 단어를 자주 쓰면 주변에서 오해가 생겨 괴롭힘을 당할 수도 있다.

가령 일본의 학교에서 자주 일어나는 왕따 괴롭힘의 전형적인 사례를 보자. '학교 카스트'(학교에서 학생들이 가진 지위가 학생들 사이에서 일어나는 왕따나 괴롭힘과 관련이 있다고 보아 나온 말로, 학생들의 지위는 학생들 사이의 인기 서열에 따라 결정된다. 이 지위가 대부분 고정되어 있다는 점에서 인도의 폐쇄적 신분제인 '카스트'를 넣어 조합한 말이다. '교실 카스트'라고도 한다-옮긴이)에서 서열이 높은 학생이 자기보다 서열이 낮은 학생에게 "내가 너랑 한번 놀아줄게"라고 장난을 친다고 하자. 당하는 학생이 "날 그냥 내버려 둬"라고 하면 할수록 장난은 심해진다. 당하는 학생이 아무 반응도 안 하고 무시하고 있으면 그 학생이 반응할 때까지 가해 학생의 괴롭힘이 점점 더 과격해진다. 괴롭힘에서 벗어나려고 피해 학생이 화장실에서 혼자 밥을 먹고 있으면 가해 학생이 따라와서 "변소 밥을 먹네"라며 괴롭힌다. 그러다가 결국 피해 학생 머리에 물을 붓기도 한다. 선생님이 알게 돼도 가해 학생은 "아니, 저흰 장난치며 노는 건데요"라고 시치미를 떼며 태연하게 있다.

이런 사례에서 참 안타까운 것은 어쩌면 가해 학생도 처음에는 '(피해 학생이) 친구가 없는 아이니까 내가 친구가 되어줄까' 하는 마음에서 장난을 시작했을 수도 있다는 점이다. 그런데 설사 이런 마음이었다 해도 사실 당하는 쪽 입장에서 보면 '고맙지만 쓸데없는 참견'이다. 피해 학생이 속으로 이렇게 생각하는 게 표정이나 행동으로 드러나면, 가해 학생이 '내가 보살피려는 마음으로 따뜻하게 대해주려 했는데 괘씸하다'고 생각하면서 괴롭힘으로 발전한다.

어쩌면 사람들은 자신과 다른 사람을 용납하지 못하는 것일 수도 있겠다. 아마도 인간의 본성이 아닐까.

말로는 다양성을 인정하자고 하지만, 실제로는 타인을 관용하지 못한다. 슬픈 사실이다. 자신과 다른 생각을 하거나 다른 행동을 하는 사람을 아웃사이더로 취급하고, 다르게 보이는 사람을 아웃사이더라고 확실히 드러내줌으로써 '우리는 그 사람(아웃사이더)과 달리 같은 사람들이야' 하며 구성원 의식을 강화한다. 이렇게 되려면, 아웃사이더는 계속 아웃사이더인 채로 있어야 한다. 공동의 적이 있으면 구성원으로서 확고한 연결고리를 확인할 수 있기 때문이다.

아웃사이더가 된 외톨이들은 이제 옴짝달싹할 수가 없다. 괴롭힘의 먹잇감이 된다.

당하는 사람 입장에서는 '외톨이가 뭘 잘못한 것인지 도무지 이해할 수가 없다. 나는 혼자 있는 게 좋을 뿐이니 그냥 내버려뒀으면 좋겠다'고 외치고 싶을 터이고 어쩌면 실제로 그렇게 말한 적이 있을지도 모른다. 하지만 상대방은 전혀 이해해 주지 않는다. 따라서 솔로들은 자신을 스스로 지키기 위해 솔로충과 같은 말을 쓸 필요가 있었다.

솔로충이라는 단어는 처음부터 "나는 무리에 낄 의사가 없다"고 확실히 표명하는 종류의 말이다. 조금이라도 무리에 끼고 싶다는 것으로 비춰지면 상대에게 괴롭힐 여지를 주기 때문이다. 솔로충이라는 말에는 '나는 혼자 있기로 선택했고 그게 행복하다. 그러니 나에게 상관하지 말라'는 태도가 포함되어 있다. 이렇게 말을 하면 상대가 나에 대해 어떤 낙인을 찍든 의연해질 수 있다. 솔로충이라는 말에는 이런 효과가 있다.

인터넷에서 극히 일부만 쓰던 이 말은 같은 고민을 갖고 있는 솔로들 사이에서 공감을 얻었으며, 사회에서도 그 의미를 인식하기 시작하고 이제 널리 알려졌다.

그런데 세상에 작정하고 이 솔로충이라는 단어를 퍼뜨린 사람이 있다. 여배우 나카가와 쇼코(中川翔子)다. 2014년 나카가와 쇼코는 이혼 후 일본 음반 집계사이트 오리콘 스타일과 한 인터뷰에서 "나는 솔로충"이라며 "스스로 강해지기로 했다"는 결심을 전했다. 그녀는 "전에는 스스로를 가리켜 봇치라고 불렀는데 그런 말을 안 쓰고 긍정적인 의미의 솔로충이라고 부르기로 했다. 그렇게 하니 강해진 느낌"이라고 했다.

나카가와 쇼코는 트위터 팔로워가 40만 명 정도로 많다. 인터뷰 기사가 나간 후 솔로충라는 말이 갑자기 많이 쓰이고 사회에서도 인정받기 시작했다. 일부 젊은 세대만 알아듣던 말에서 사람들이 일반적으로 쓰는 말이 되었고 언론에서도 자주 쓴다. 지금은 누구나 다 아는 말이 됐다.

외톨이라는 말과 솔로생활에 충실한 사람이라는 말은 사람들이 자신을 대하는 태도를 180도 바꾼다. '봇치'는 어디까지나 수동적이지만 '솔로충'은 능동적이다. 솔로생활에 충실하다는 것은 고립이 아니라 자립을 의미한다.

인구 절반이 독신자가 될 솔로사회는 혼자 있는 것을 외로워하는 외톨이만 있는 사회가 아니다. 집단에 끼지 못해 고립되어 소외감을 맛보며 사는 개인으로 가득한 그런 부정적인 사회도 아니다. 솔로로 살아가기를 능동적으로 선택한 사람들이 있다는 점을 알아줬으면 좋겠다.

참고로 최근에는 봇치도 긍정적인 의미로 쓰이기 시작했다. 스스로를 봇치라고 부르더라도 이 단어를 비하가 아니라 코믹하게 되받아치는 데 쓴다면 그 사람은 이미 정신적으로 자립한 솔로다.

솔로로 살아갈 힘이 필요하다

이 책에서 '솔로로 살아갈 힘'이란 말을 여러 차례 썼다. 오해를 잘 하는 말이기도 해서 여기서 자세히 설명하려 한다.

솔로로 살아가는 것은 깊은 산속이나 무인도에서 홀로 사는 게 아니다. '솔로로 살아갈 힘'은 타인과 접촉하기를 거부하고 방에 틀어박혀 고독한 상태를 견딜 수 있는 힘을 말하는 게 아니다. 소속된 집단에서 벗어나 아무와도 관계를 맺지 않고 혼자 멋대로 살아가는 상태도 아니고, 친밀하게 지내고자 다가오는 타인을 밀어내는 생활방식도 아니다.

사람은 혼자서 살아갈 수 없으며, 살면서 문명이나 환경에 많이 의존한다. 2011년 동일본 대지진 때, 휴대폰도 못 쓰고 전철도 못 타고, 엘리베이터도 못 타고, 편의점에 가도 상품이 다 떨어져 없는 상태를 매일 경험하면서 나는 인간이 얼마나 많이 문명이나 환경에 기대어 살아가고 있는지를 떠올리고 감사하는 마음이 들었다.

'솔로로 살아갈 힘'은 정신적인 자립을 뜻한다. 여기서 자립은 어떤 것에도 의존하지 않는 상태를 뜻하는 게 아니다. 의존할 곳이나 사람이 많은 가운데, 스스로 능동적으로 선택하고 결정할 수 있는 상태가 정신적 자립이다.

선택지가 한 가지밖에 없거나 자신이 있을 곳이 한 곳밖에 없는 사람은 갖고 있는 하나에만 강하게 의존한다. 그럴 수밖에 없다. 이것은 아이가 어렸을 적 부모한테 의존할 수밖에 없는 것과 마찬가지다. 어릴 때 '부모가 지금 죽으면 나는 (심정적으로도, 경제적으로도) 도저히 살아갈 수 없을 것이다'라는 생각이 들어 불안해지거나 두려워 했던 경험이 있을 것이다.

연애 의존증도 마찬가지다. 연애 전에 고립감을 강하게 갖고서 괴로워하며 살던 이는 자신을 사랑해주는 사람을 만나면 그때부터 연애상대한테만 지나치게 의존한다. 연애를 시작한 초기에는 분명 행복했을 텐데도 '이렇게 나를 이해해주는 사람이 헤어지자고 하면 어쩌지' 하고 불안해하거나 필요 이상으로 상대를 구속한다. 자칫 잘못하면 스토커가 되기도 한다.

이런 식의 의존은 직업이나 일에서도 찾아볼 수 있다. 일하고 월급을 받는 것은 경제적으로 자립한 것이라 할 수 있지만, 어찌 보면 회사에 경제적으로 의존하는 것이라 볼 수 있다. 만일 회사가 도산해 해고된다면 경제적 자립은 한 순간에 무너질 것이다.

하지만 회사가 무너져도 그간 쌓아온 능력이 있다면 다른 회사로 이직할 수도 있고 스스로 창업할 수도 있다. 그러니까 의존할 곳을 미리 여러 개로 나눌 수 있어야 한다는 소리다. 여러 길을 가진 사람은 한 곳에만 의존하지 않는다. 의존하더라도 한 곳에 대한 의존도가 100%는 아니다. 만일의 경우에 대한 리스크가 그만큼 줄어든다.

이런 것은 커뮤니티와의 관계에도 적용될 수 있다.

요즘도 과거 고도성장기처럼 가정 일은 하나도 돌보지 않고 일만 하는 사원이 있다. 나는 이렇게 맹렬히 일하던 사원이 퇴직 후 넋이 나간 경우를 종종 봤다. 이런 비극은 한 직장이나 일에 모든 것을 의존했기 때문에 일어난 것이다. 회사원일 때 느끼던 보람이 크면 클수록 나중에 느끼는 공허함도 크다. 출근 자체에도 의존을 해왔기 때문에 일하러 안 나가고 집에서 쉰다는 사실 자체만으로 스트레스를 받는다.

출근하면 해결될 문제라면 '뭐든 좋으니 다른 일을 찾으면 된다'고 생각할 수도 있다. 그런데 이렇게 일에 의존하는 사람들을 보면 '무슨 일이든 괜찮다'고 생각하진 않는다. 특히 관리직 등 다른 사람 위에서 일해본 적이 있는 고령자일수록 골치 아프다. 세상에는 과장이나 부장, 사장이란 직위만 있는 게 아니다. 그런데도 재취업 면접 자리에 가서 넉살 좋게 "부장 정도면 하겠다"고 거리낌 없이 말하는 이들도 있다. 일본의 회사시스템에 순응해서 출세한 사람일수록 이렇게 직위

〈도표 6-3〉 친구 분포 비교

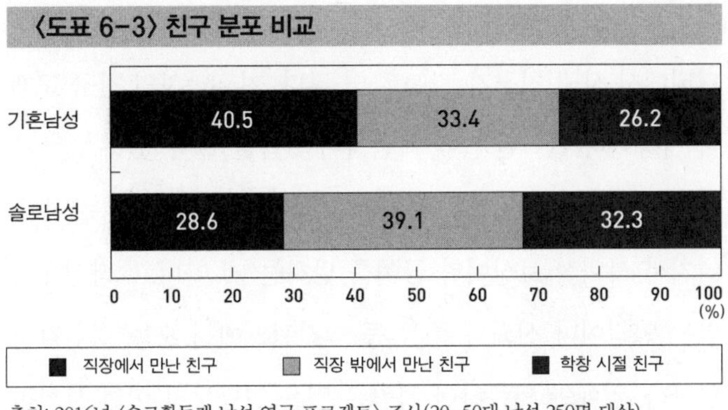

출처: 2016년 〈솔로활동계 남성 연구 프로젝트〉 조사(20~50대 남성 250명 대상)

자체가 무기라고 여긴다. 과거의 직위에 의존하면 다른 사람 위에서 하는 일밖에 선택지가 없다.

또 일하던 시절에 전문직으로 자기 직무나 기량을 쌓으며 자긍심을 느껴온 이들도 힘들다. 운 좋게 관련 직종에서 일을 찾는다면 몰라도, 이들은 지금까지 해온 경험이나 노하우를 활용할 수 없는 일을 하게 되면 아예 일할 동기를 느끼지 못한다.

솔로로 살아갈 힘이 있는 사람은 퇴직 전부터 직장 이외의 커뮤니티를 갖고 있다. 취미든 헬스장이든 뭐든 좋다. 타인과 연결되어 있는 커뮤니티면 된다. 솔로남성과 기혼남성의 친구 분포를 보면(도표 6-3), 기혼남성은 직장에서 만난 친구가 41%로 훨씬 많고 직장이나 일 관련 이외 커뮤니티에서 사귄 친구가 26%로 적다. 반대로 솔로남성은 직장보다 외부 커뮤니티에서 사귄 친구가 32%로 더 많다. 기혼남성의 친구 교제가 직장이나 일이란 틀에 제한되어 있음을 알 수 있다.

일이든 취미든 인간은 사회적 보상을 얻지 못하면 못 한다. 여기서 사회적 보상이란 급여를 말하는 게 아니고, 타인에게 받는 인정이나 신뢰와 존경 등 인간관계에서 오는 성취감을 말한다. 일에만 의존하던 사람은 일을 그만두면 이런 사회적 보상이 사라진다. 직장이라는 커뮤니티에서 벗어나면, 직장에 있을 적에 연결고리가 있던 사람들과의 관계도 멀어진다. 직장에서 일로 연결되어 연락하고 지내는 관계는 내가 직접 만든 대인관계라기보다 회사라는 틀에서 동료의식으로 연결된 것일 뿐이다. 한번 그 틀을 떠나면, 이제 더는 동료가 아니다.

퇴직 후 취미생활을 찾는다고 해서 바로 해결될 문제도 아니다. 취미생활을 찾는 것은 좋지만, 고령자가 되어서 새로운 취미나 취미 활동 커뮤니티를 찾기는 생각만큼 쉽지 않다. 또 취미란 게 의무감으로 바로 찾을 수 있는 것도 아니다.

또한 취미를 찾는 것 자체가 문제가 아니라, 취미 활동으로 사람들과 어떻게 관계를 맺을지, 또 연결된 관계를 어떻게 유지할지가 중요하다. 취미를 찾을 때는 뭔가를 수집하거나 모형을 만드는 것과 같이 혼자서 완결하는 형태의 취미도 나쁘지는 않지만, 그런 경우에는 사람들과 함께 어울리면서 혼자 활동해온 것을 발표할 수 있는 커뮤니티를 찾는 게 좋다. 즉 취미 활동 자체는 수단이고, 취미를 통해 사람들과 연결되는 것, 바로 이것이 솔로로 살아갈 힘의 원천이다.

솔로로 살아가려면 남과 연결되어야 한다

솔로로 살아가려면 남과 연결되어야 한다. 이런 말을 들으면 어떤 생각이 드는가. 모순이라고 여길 수도 있겠다.

정신분석학자 도날드 위니콧(Donald Winnicott)은 1958년에 〈혼자 있는 능력(The Capacity to be Alone)〉이라는 논문을 발표했다.

지금도 그렇지만 정신분석에서는 혼자 있는 상태를 자살의 전조로 받아들이는 등 부정적으로 보는 풍조가 있다. 위니콧은 이런 풍조 속에서 혼자 있는 것의 긍정적인 면에 주목한 최초의 정신분석학자였다.

위니콧은 유아가 혼자 있을 수 있는 능력을 가지려면, 유아기 때 어머니와 함께 있으면서도 혼자인 경험을 해야 한다고 말했다. '함께 있으면서도 혼자'라는 말을 어렵게 느낄 수도 있겠다. 이 말은 '아이는 만일의 경우 근처에 있는 어머니가 자기에게 와서 도와줄 것이라 확신하기 때문에 안심하고 혼자서 놀 수 있다'는 것이다. 물론 갓 태어난 아기가 이렇게 될 수는 없다. 모든 것을 어머니에게 의존하기 때문이다. 함께 있으면서도 혼자인 경험을 하면서 어머니와 아이 사이에 신뢰가 생기면, 아이는 바로 눈앞에 어머니가 없어도 안심하고 차분하게 혼자 있을 수 있다. 이런 경험이 계속 쌓이면, 어머니가 자리를 비워도 아이는 혼자 놀기에 열중할 수 있다. 이때 아이의 마음에 작은 자립심이 생긴다. 혼자 있는 상태더라도 누군가와 무엇인가를 공유하고 있다면 고립되었다고 느끼지 않는다.

그러니까 혼자 있을 수 있다는 것은 마음 속으로 누군가와 연결되어 있다고 느끼는 것을 의미한다. 이것은 누가 옆에 물리적으로 있어야 한다는 뜻이 아니라 마음 속에 소중한 존재가 있다는 정도의 뜻이다. 젊은 커플이 같은 방 안에 있으면서 각자 스마트폰만 쳐다보고 있어도 편하다고 느끼는 그런 이미지를 떠올려보면 된다.

혼자 있어도 불안하지 않은 상태가 더 발전하면, 물리적으로 상당 기간 혼자 지내더라도 심리적인 고립감을 느끼지 않는다. 즉 '솔로로 살아갈 힘'의 단계로 이행하는 것이다. 역설

적이게도 주변에 아무도 없다고 느끼는 사람은 혼자서도 있을 수가 없다.

거듭 말하지만, 솔로로 살아갈 힘이란 혼자 있는 상태를 견딜 수 있는 인내력을 말하는 게 아니다. 솔로로 잘 살아가려면 누군가와 연결되어 있어야 한다는 점이 전제임을 알아야 한다. 마음 속에 아무와도 연결되어 있지 않은 사람은 어른이 되더라도 아기나 마찬가지다. 불안해서 눈앞에 있는 사람이나 물건에만 의존하게 되고 물리적으로 혼자 있다는 사실로 인해 마치 온 세상에서 버림받았다는 듯 절망한다.

미혼자에도 두 종류가 있다. 결혼하지 않는 것에 어느 정도 각오가 되어 있는 사람들과 '결혼하고 싶은데 못하는 것'이라고 한탄하며 지내는 사람들이다.

전자는 결혼 자체를 부정하는 것이 아니라서 타이밍이 좋거나 매칭이 잘 되면 결혼을 할 수도 있다. 가끔 솔로로 잘 살다가 결혼한 사람들이 그 증거다. 그들에게 결혼은 목적도 목표도 아니다. 자기 승인이나 성취감을 얻는 정도에 불과하다.

후자는 다르다. 결혼 자체에 대한 목표가 너무 강해 결혼하고 싶은 마음 때문에 자신을 꼼짝달싹 못하는 방향으로 몰고 간다. 이들은 결혼이 행복한 상태라고 여기고, 그 상태에 이르지 못한 자신을 비관적이고 부정적으로 보기 때문에 불행해진다. 또 승인욕구나 성취감이 충족되지 않아 느끼는 패배감을 필요 이상으로 느끼기도 한다. 이 모든 것은 결혼에만 의존하기 때문에 일어나는 집착과 같다. 결혼하지 않은 상태를 두고 자신이 세상에서 소외됐다고 생각한다.

의존할 곳이 한 곳밖에 없고 선택의 여지도 없으면 자기결정권이 없는 셈이다. 많은 심리학자들이 실험으로 밝혔듯 자기결정권이 없으면 인간은 자신이 무력하다고 느끼고 아무것도 못 하게 된다. 그러니까 의존형 인간이란 계속해서 자신을 수동적인 상태로 두고서 스스로 결정하지 못하는 사람들이고, 자립형 인간이란 어떤 사소한 사안도 자신의 의사로 능동적으로 결정할 수 있는 사람들이다. 솔로로 살아가는 것에 충실한 사람들은 능동적 자립형이고, 계속 나는 외톨이라고 느끼는 사람들은 수동적 의존형이다.

솔로로 살아갈 때 타인과 연결되어 있다면, 특정 한 사람이나 사물 또는 한 가지 일에 대한 의존도를 낮출 수 있다. 그 결과 의존할 곳을 스스로 선택할 수 있어 자립성을 발휘할 수 있다.

솔로로 살아가려면 스스로를 사랑하라

솔로로 살아갈 또 다른 힘은 스스로를 사랑하는 능력이다. 독일 사회심리학자 에리히 프롬(Erich pinchas Fromm)은 저서《사랑의 기술》에서 "사랑하려면 먼저 혼자서 있을 수 있는 게 필수적인 조건"이라고 했다. 그러니까 사랑을 찾아 나서기 전에 스스로 자신의 발로 먼저 서야 한다는 말이다. 누군가한테 줄곧 기대기만 하는 것이나 누군가를 계속 지지하기만 하는 것은 사랑이 아니다. 중요한 점은 부모나 자식 또는 배우자보다 먼저 자신을 사랑해야 한다는 점이다.

사랑한다는 행위는 본디 자립적이며 능동적인 것이다. 사회는 가족이나 아이, 환경이나 지구 등 자신이 아닌 타자를 사랑의 대상으로 삼을 것을 장려한다. 자신을 사랑하라는 말은 때로 비난을 불러일으키기도 한다.

나는《결혼하지 않는 남자들》이란 책을 출판하고서 여러 차례 강연회를 열었는데, 청중들이 "생애미혼인 남성들은 결국 자기만 사랑하는 거냐"고 자주 물어봤다. 어떤 이들은 "결혼하지 않고 제멋대로 사는 남자는 나르시시스트"라고도 했다. 글쎄, 나는 결혼하지 않고 사는 미혼남성이 나르시시스트일 수도 아닐 수도 있다고 본다. 결혼의사가 있는지 없는지에 따라 나르시시스트인지 아닌지 알 수 있을까.

사랑은 남에게만 주고, 스스로에게 주면 안 되는 것일까.

순서가 틀리지 않았나 싶다. 정신적인 자립이라는 관점에서 본다면, 스스로를 사랑할 수 있는 사람이 타인을 사랑할 수 있다.

미혼남녀가 행복도가 낮고, 자기긍정감도 낮다는 점은 앞에서 이미 말했는데, 특히 결혼에 의존하는 솔로들, 즉 결혼하고 싶은데 못 하는 솔로들은 자신을 사랑하지 못하고 싫어하는 것 같기도 하다. 이들이 결혼에 대해 이야기할 때는 항상 "어차피 나는 안 돼"라는 말이 반드시 따라 나온다. 자기긍정을 하지 못하는 이유는 타인에게서 사랑을 받고 있지 않다는 확신이 강하기 때문이다. 실제로는 본인만 그렇게 여길 뿐 이미 타인에게서 사랑을 받고 있다.

그토록 타인에게 사랑을 갈구하면서도 정작 사랑을 받게 되면 의심하기도 한다. '이런 내가 남한테서 사랑을 받을 리 없다'고 미리 단정했기 때문이다. 사랑받고 싶다는 욕구가 채워지지 못하면 방치되어 굶주렸다는 듯 사랑을 갈구한다. 또 그런 모습으로 있는 자신을 점점 더 싫어하게 된다. 악순환이다. 이들은 항상 '사랑받고 싶다' '인정해 달라' '내 마음을 이해해 달라'며 사랑에 대해 수동적이고 의존적인 태도를 보인다. 사랑을 능동적인 개념으로 생각하지 못하고 항상 사랑을 받고만 싶어 한다.

이런 사람들이 연애를 하면 꼭 상대방에게 모든 것을 다 퍼주고 조공 바치듯 한다. 사랑을 뭔가를 준 대가로 돌려받는 것으로 착각하고 있다. 일하고 받는 급여처럼 생각한다. 그래서 그 이상으로 상대가 되돌려주기를 바라기도 하고, 경우에 따라 상대를 위해 너무 희생해서 자멸의 길로 빠지기도 한다.

상대의 눈치를 살피고 분위기를 빠르게 파악하며 자기 의견을 주장하지 않는다. 상대가 하는 말에만 장단을 맞추면서 얼굴만 웃고 있다. 상대가 싫어하는 말을 하면 사랑받을 수 없다는 강박관념 탓이다. 이런 상태는 혼자 있을 수 있는 능력이 결여된 것이다. 또 집단 속에서도 자신이 고립되어 있다고 느끼는 요인이기도 하다.

물론 결혼하지 않겠다는 의지가 있는 솔로들도 솔로로 살아갈 힘을 갖추고 있는가 하면 염려스러운 부분도 있다. 그렇지만 결혼이란 형태에 의존한 채로 수동적으로 사랑만 기다리는 솔로들은 분명 솔로로 살아갈 힘이 없다. 이들은 먼저 정신적으로 자립함으로써 자신을 사랑할 수 있어야 한다. 이들이 결혼을 하고 싶어 한다고 해서 결혼만 시키면 된다고 보고 이들에게 구혼활동만 지원해서는 아무런 도움이 안 된다.

이들이 가진 문제의 본질을 보지 못하는 것이다.

지금까지 결혼만 능사라고 여겨왔기 때문에 오직 배우자에게만 의존하게 된 일본의 부부상을 떠올려보면 좋겠다. 모두가 결혼하던 사회를 이상적인 사회로 여기면, 문제의 본질에서 멀어진다. 에도 시대 서민이나 농민들이 충분히 혼자 살아갈 수 있었듯 현대인들도 혼자 살아갈 수 있는 힘을 갖고 있다.

구글에서 '자신을 사랑하는 방법'이라고 검색해보면 1,500건이 넘는 게시물이 나온다. 이것만 봐도 사람들이 자신을 스스로 사랑하는 것에 대해 관심이 높다는 점을 알 수 있다. 다만 그 방법을 몰라 고민하는 이들이 많다. 자신을 사랑하는 것에 관한 칼럼이나 자기계발서를 읽거나 명상을 하는 것도 좋을 것이다.

이 책 주제가 자신을 사랑하는 법은 아니니 여기서 자세히 소개하지는 않겠다. 자신을 사랑하는 방법을 아는 것보다 중요한 것은 내가 먼저 사랑해야 할 대상이 나 자신이란 점을 아는 것이다. 이 점을 몰라서는 자신을 사랑할 방법을 잘 습득한다 하더라도 무의미하다. 구혼활동 방법만 열심히 배우다가 어느 날 문득 '나는 왜 구혼활동을 하고 있지' 하면서 의문을 품는 솔로를 많이 봤다. 무엇보다 사랑해야 할 대상이 자신임을 깨닫는 것이 선결과제다.

진짜 '나'는 어디에 있나

나는 누구인가. 철학적으로 논하려는 게 아니다.

5장에서 소비의 가치가 소유가치에서 체험가치로 바뀌었고, 이제는 정신적인 가치에 중점을 두고 있다는 점을 살펴봤다. 자기표현을 위한 소비에서 커뮤니케이션을 위한 소비로 바뀌었고 이제는 개개인의 마음을 충족하기 위한 소비로 변하고 있다. 사회변화에 따라 이러한 소비행동의 변화가 일어났다. 모두가 똑같은 모습으로 살던 사회에서 개성이 중요해지고 차별화된 개인이 사는 사회를 거쳐 다양성의 사회로 나아가는 중이다.

간단히 말해 다양성의 사회란 한 사람 한 사람이 서로 다른 가치관을 존중하고 수용하는 환경을 만들어가는 사회다. 개인의 다양성도 중요하고, 한 사람 내부에 있는 다양성도 중요하다.

한때 젊은이들이 자신을 찾겠다며 인도 여행을 가던 게 유행이던 시절이 있었다. 내 친구도 자아를 찾는 여행을 떠났는데 나는 왜 인도까지 가서 자아를 찾겠다는 것인지 이상하게 봤다. 그래도 본인은 "인도에 다녀와서 이제 진짜 자아를 찾았다"고 수줍어하면서 이야기를 했다. 그래서 나는 "그럼 찾은 자아란 건 어떤 거야"라고 물어볼 수밖에 없었다.

'진짜 자아'란 무엇인가.

자기 안에는 핵심이 되는 본질적인 뭔가가 있을 것이다. 그것이 진짜 자아가 아닐까 싶다. 일반적으로 진짜 자아는 찾으면 발견할 수 있으며, 이 과정을 통해 성장한다고 설명한다.

그런데 진짜 자아란 게 노력해서 발견하는 것일까. 어쩌면 실은 진짜 자아란 게 뭔지 알고 있다. 지금 있는 그대로의 나, 솔직한 나가 아닐까. 그래서 일각에서는 자아를 일부러 애써서 찾을 필요가 없다고 주장하기도 한다.

두 가지 입장 다 진짜 자아가 존재하며, 진짜 자아는 하나만 있다고 한다. 지구상에 수십억이나 되는 사람이 살아도 자신이란 존재는 유일무이한 것, 혼자만의 개성을 가진 하나뿐인 존재라는 것이다. 히트곡 노랫말에도 이런 말이 나온다. 많은 이들이 자아에 대해 이렇게 생각하는 것에 대해 공감하는 것으로 보인다.

그런데 과연 한 사람 안에 자아는 하나밖에 없을까.

진짜 자아가 있다면 '거짓 자아'도 있을 것이다. 그건 누구일까.

인간은 누구나 학교나 직장이란 사회 안에서 그 장소에 맞게 요구되는 자신의 역할을 연기하며 산다. 요즘 젊은이들은 이런 역할을 '캐릭터'라고 부르기도 하는데 그렇다면 이 캐릭터는 거짓 자아일까.

가령 일을 할 때 무리한 요구만 해대는 거래처 직원을 웃으며 대해야하는 상황이 있다고 하자. 속으로는 부글부글 끓어올라도 겉으로는 웃으면서 대하는 게 비즈니스를 하는 사람들이다. 이런 모습은 진짜 자아가 아니라 가면을 쓰고 있는 것일까.

진짜 자아가 아닌 거짓 자아를 무리하게 연기하다보면 스트레스가 쌓인다. 현대인은 거짓 자아를 보여야 할 때가 자주 있어 스트레스가 많다. 자아를 이야기할 때 자주 듣는 설명이다. 하지만 나는 다르게 생각한다.

처음부터 끝까지 일관된 모습으로 존재하는 유일한 진짜 자아는 어디에도 없다. 장소나 환경에 따라 달라지는 거짓 자아도 실은 거짓이 아니다. 집에서 편안히 지내는 자신도, 직장상사에게 굽실굽실 머리를 조아리는 자신도 모두 진짜 자아의 모습이다.

소설가 히라노 게이치로(平野啓一郎)는 "한 사람은 여러 얼굴을 갖고 있다. 즉, 자기 안에 여러 분인(대인 관계마다 드러나는 다양한 자기)을 갖고 있다. 모두가 진짜 자아다. 인간의 개성이란 한 사람이 갖고 있는 여러 분인의 구성비율로 결정된다"

고 했다. 문학가다운 멋진 표현이다. 누구나 한번쯤 막연하게나마 이런 생각을 해본 적이 있을 것이다. 나도 히라노 게이치로의 말을 들었을 때, 머릿속에 잡히지 않던 개념이 명료해지면서 완전히 이해가 됐다. 언어의 힘은 위대하다.

이 점에 대해서는 사회학자들도 이야기해왔다. 사회에서 인간은 타자와 연결되지 않고는 존재할 수 없으며, 타자와의 관계가 변하면 자신도 변할 수밖에 없는 게 자명한 이치다.

생각해보면 대량소비시대는 열 명이 똑같이 한 색깔을 고르는 시대였다. 모두가 같은 물건을 사고, 모두가 같은 TV프로그램을 보고, 모두가 가정을 꾸려가던 시대. 그러다가 자기표현이나 개성을 중시하는 시대가 되면서 열 명은 열 가지 색, 즉 각자 다른 색을 고르게 되었고 지금은 한 명이 열 가지 색을 고르는 시대가 됐다. 아니, 전부터 인간은 그랬는데 그게 이제야 겨우 인식되기 시작했다고 봐야 옳을 것이다.

다양성의 시대란 서로 다른 가치관을 갖고 있는 사람들이 함께 살아가는 시대일 뿐만 아니라 한 사람 속에 있는 다양성을 인식하는 시대를 의미한다. 솔로로 살아가기 위해서는 자신의 다양한 모습을 파악하는 것이 중요하다.

진짜 자아가 하나만 있다고 보고, 유일한 진짜 자아만 찾으러 다니기보다, 일상 속에서 상황이나 상대에 따라 다른 모습을 보이는 자신도 진짜 자아로 인정하는 게 좋다. 자신을 볼 때 있는 그대로의 모습으로 편하게 받아들이는 태도를 선택하는 것이 스스로를 사랑하는 방향으로 나아가는 지름길이다.

예컨대 자신이 타인 A, 타인 B와 있을 때 각기 다른 모습을 보인다고 하자. 누구랑 있을 때 정신적으로 편한가. B와 함께할 때 편하게 느껴지면, 자신의 모습 가운데 B와 함께 있는 모습을 떠올리고 스스로를 그렇게 대하면 된다. 자신의 여러 모습 중 스스로 편한 모습의 비율을 높여가다 보면 마음이 편해진다. 이렇게 하는 사이 스스로를 더 사랑하고 인정할 수 있게 된다.

명상을 하거나 도를 닦는 것도 나쁘진 않다. 하지만 그것보다 스스로와 대화를 나눠 자신을 있는 그대로 똑바로 바라보고 스스로를 인정할 수 있는 길을 찾는다면 자신을 사랑하는 방향으로 한 걸음 더 나아갈 수 있다. 물론 쉽지는 않다. 자신의 내면을 들여다봐야 하기 때문이다.

좀 더 쉬운 방법은 일단 집안에 틀어박히지 말고 밖으로 나가는 것이다. 사람들과 만나고 대화하고 관계를 가지면서 자기 안에 있는 여러 자아를 활발하게 만들자. 물론 만난 사람 전부가 자신에게 좋은 영향만 주기를 기대할 수는 없다. 그러나 사람을 만나면서 결과로 그 과정을 판단할 수는 없다. 나한테 마이너스가 될 것이라고 판단되면 그때는 관계를 끊으면 그만이다. 관계를 선택할 수 있는 행동, 능력이 필요하다.

이렇게 하다보면 대인관계를 맺으며 그 과정에서 자신의 승인욕구나 성취감을 충족할 수도 있다. 이런 경험은 곧 자신의 사회적 역할을 확인하는 것으로 연결되고, 결국 스스로를 사랑할 수 있게 된다.

여기서 주의해야 할 점은 타인과의 만남 속에서 타인에게서 뭔가를 얻으려고 하지 않아야 한다는 것이다. 보답을 바라고 타인을 만난다는 것은 사실 타인을 제대로 보고 있는 것이 아니라 자기가 바라는 모습만 보려 하는 것이다.

자신을 사랑할 수 없는 사람은 자신을 엄하게 대한다. 그래서 남에게도 엄하다. 또 '내가 이렇게나 해줬는데' 하면서 자신이 한 것만큼 남에게 해달라고, 마치 의무를 이행하듯 하라고 요구한다. 자신을 사랑한다는 것은 스스로를 수용할 수 있다는 것이며 동시에 타인에 대해서도 관용적인 태도를 취할 수 있다는 것이다. 남이 내가 해준 만큼 했는지 안 했는지로 남을 판단할 게 아니다.

관용을 멋대로 하게 내버려두는 태도로 오해하는 사람들이 있다. 다양성을 인정하자고 말하지만 우리는 자신과 상반되는 가치관을 가진 사람이 있으면 있는 그대로 인정하는 것을 매우 힘들어한다. 실제로는 그렇지 않은데 관용적인 모습을 겉으로 보이려고 하다보니, 가치관이 맞지 않아 보이는 사람과 실제로 제대로 대화도 해보지 않는 등 아예 존재 자체를 무시하는 태도를 보이기도 한다. 이런 태도는 타인을 뿌리치는 것과 같은데 타인을 뿌리치기만 하다보면 결국 자신이 심리적으로 고립된다.

솔로로 살아갈 힘이란 물리적으로 혼자가 됐을 때에도 고립감을 느끼지 않고서 살아갈 수 있는 것을 말한다. 그러려면 한 가지 사물이나 한 사람에게만 의존하려는 태도를 버리고 타인, 사회와 폭넓게 연결되고, 연결성을 유지하려는 마음이 필요하다. 즉 솔로로 살아갈 힘이란 기존의 직장, 가족, 지역뿐만 아니라 다양한 커뮤니티와의 관계를 구축하는 힘이기도 하다.

다양한 커뮤니티와 관계를 맺는 것은 커뮤니티가 가진 다양성 때문에 학교나 직장 같은 기존 커뮤니티에서의 관계처럼 밀착되거나 안정된 것은 아닐 수도 있다.

지그문트 바우만은 "예전에 안심하고 있을 수 있던 안전하고 안정된 커뮤니티는 이제 사라질 것"이라고 비관적으로 내다봤다. 바우만은 현대를 '유동하는 근대(Liquid Modernity)'라고 규정하며 개인은 카멜레온처럼 끝없이 변해야 하며, 그로 인해 확고한 정체성을 확립하기가 어려워졌다고 했다. 그런데 나는 이런 흐름을 긍정적으로 본다.

유일무이하고 확고한 정체성이 있다는 생각이 애초에 환상일 수 있다. 오히려 자신을 속박하는 결과로 이어져 도망칠 곳이 없는 막다른 길로 자신을 내몰 수도 있다. 유일한 자신이란 없다. 자신의 여러 모습을 끊임없이 의식하면서 타인과의 관계성을 만들고 유지해나가야 한다.

커뮤니티 역시 이제는 개인이 소속감을 느끼고 의존할 수 있는 유일한 곳은 아니다. 선택지는 더욱 다양해졌고 앞으로 더 세분화될 것이다. 커뮤니티는 우리가 살아가는 목적이 아니라 수단이 되어야 한다. 우리가 타인과 연결되어 있음을 실감하고 자신의 사회적 역할을 확인하며 새로운 자아를 발견하는 계기를 만들어 줄 장소다. 자기 안의 다양성을 성장시켜 나감으로써 자신을 사랑하게 되고 이는 타자에 대한 관용으로 이어진다. 이런 의미에서 커뮤니티는 이제 존재 이유가 변화하고 있다.

미래에는 솔로만이 아니라, 부부든 가족이든 아이든 우리 한 사람 한 사람이 모두 솔로로 살아갈 힘을 갖춰 정신적으로 자립하는 게 중요하다.

싱귤래리티와 솔로사회

싱귤래리티(Singularity)란 단어를 들어본 적이 있는가. 싱귤래리티란 기술적 특이점이라고도 하며 첨단과학기술의 발전 속도가 감당할 수 없을 정도로 빨라지는 시점을 말한다.

많은 사람들이 인간의 지능을 뛰어넘는 인공지능(AI. Artificial Intelligence)이 나와 초월적인 지성이 탄생할 것이라고 예측한다. 인공지능 분야의 세계적인 권위자인 미래학자 겸 과학사상가 레이 커즈와일(Ray Kurzweil)에 따르면 인공지능이 인간의 지능을 뛰어넘는 시기는 2045년이다.

2016년 3월 구글 딥마인드(Google DeepMind)사가 개발한 인공지능 알파고(AlphaGo)가 세계 최강 바둑기사 이세돌 9단을 상대로 5전 4승 1패를 거두며 엄청난 화제가 됐다. 앞으로 알파고보다 더 대단한 인공지능이 생길 수 있다.

인공지능에 대해 부정적인 의견도 많다. 인간의 뇌가 완전히 디지털화된다거나 인공지능이 사람의 일을 다 뺏어가 실업 문제가 생길 것이라는 우려의 목소리가 높다. 영화 〈터미네이터〉는 인류를 보호하기 위해 만든 인공지능이 인류를 지배하게 된 미래를 그리고 있는데, 이런 영화는 지나치게 발달한 인공지능이 인간의 적이 될 것이라는 상상력에서 나온 것이다.

인공지능에 대한 논의는 일단 제쳐두자. 우리가 주목할 점은 테크놀로지의 진보는 솔로사회와 밀접한 관계가 있다는 것이다. 가령 매칭과 같은 문제에서 그렇다.

현재 인터넷에 구혼활동 사이트가 많다. 이때 매칭에 중요한 것이 프로필이다. 프로필에는 나이나 연 수입, 성격을 기입한다. 그런데 사람들이 거짓으로 프로필을 적는 경우가 많다. 성격도 거짓으로 적는 경우가 많다고 한다. 거짓 조건으로 매칭을 해 사람을 만났는데 결국 시간만 버렸다고 괴로워하는 사람들도 있다.

이때 인공지능을 이용해보면 어떨까. 인공지능이 한 사람이 일상에서 하는 말이나 행동을 데이터로 축적한 후 분석하여 그 사람의 가치관이나 성격을 알아낸 다음, 최적인 상대를 방대한 데이터베이스에서 골라주는 것이다. 지금처럼 질문에 답하는 형식이 아니라 본인이 실제로 했던 말이나 행동을 근거로 데이터 마이닝(data mining. 대규모 데이터 안에서 체계적으로 통계 패턴을 찾아내는 것)을 하는 것이다. 그렇게 하면 꼭 데이트 상대를 찾는 게 아니더라도 본인이 스스로 인식하지 못하고 있던 잠재적인 성격도 발견할 수 있지 않을까. 이런 미래가 올 수도 있다.

더 나아가 인공지능이 대신 미팅을 할 수도 있다. 데이트를 하려는 A와 B의 인공지능이 각기 A와 B를 대신해서 디지털 상에서 미팅을 하는 것이다. 사전 데이터가 있으니까 A와 B를 대신할 수 있다. 쉽게 말해 인공지능이 중매를 서는 것이다.

서로 안 맞으면 대리로 인공지능이 알아서 헤어지면 되니까, 사람은 실제 실연하는 것과 같은 슬픈 경험을 안 해도 된다. 종합해서 최적 매칭결과가 나온 상대만 실제로 만나면 된다.

그런데 인공지능이 이렇게까지 알아서 밥상을 차려주는 것과 같은 시대가 되면, 결혼을 하고 싶다든지 안 하고 싶다든지 하는 그런 인간의 표층적인 바람 자체가 무의미해질 수도 있다. 인공지능이 매칭을 한 사람은 가치관이 안 맞을 일이 없을 테니 거부할 까닭이 없기 때문이다. 그렇다면 결혼율이 비약적으로 오를 것이다.

인공지능의 데이터 마이닝을 활용한 매칭 아이디어를 굳이 결혼 상대 매칭에만 국한하지 않고 친구나 직업을 찾을 때도 응용해볼 수 있다. 항상 자기 옆에 있으면서 자기가 성장하듯 자신에 대한 데이터를 축적해가는 인공지능이 두근거리는 미래를 가져다줄 수도 있다.

또 인공지능은 마음을 돌볼 수도 있다.

솔로사회의 심각한 문제 중 하나가 배우자와 헤어지거나 사별한 후 남겨진 고령자들의 심리적 어려움인데, 이때 인공지능이 혼자 사는 고령자들의 마음을 돌봐준다면 어떨까. 고령자가 대화할 상대가 없는 상태가 되면 정신건강에 매우 좋지 않다. 반려동물과 함께 지내는 방법도 있지만, 고령자는 자기 수명을 생각해보고 반려동물과 살기를 주저한다. 자신이 먼저 죽었을 때 남겨질 반려동물이 걱정이 돼서 망설이는 것이다.

이럴 때 반려동물 대신 인공지능 대화 로봇이 있다면 인간과 쌍방향 대화를 할 수도 있다. 고령자와 일상적인 대화를 나눌 수 있다면, 고령자가 혼자 있다가 쓰러졌을 경우 응급 신고를 하는 등 리스크를 줄일 수도 있다.

TV프로에서 한 노인요양복지사가 한 말이 기억난다.

"노인요양 일은 간병이 필요한 사람들이 육체적으로 할 수 없는 일을 해주는 것만이 전부가 아닙니다. 어떻게 살고 싶은지, 뭘 하고 싶은지 그런 마음을 돌보는 일입니다."

한 사람의 정신적 가치를 직시하고자 하는 훌륭한 생각에서 나온 말이다.

예를 들어 고령자 재활 문제도 그렇다. 고령자에게 재활은 정말 힘든 일이다. 재활만 하라고 강요하기만 하면 학대가 될 수도 있다. 재활시키는 것 자체를 목적으로 삼지 말고, 먼저 고령자가 어떻게 하고 싶은지 의사를 먼저 물어보고 스스로의 재활 의지를 이끌어내는 게 중요하다. 고령자의 이야기를 열심히 듣다가 고령자가 "손주와 유원지에 한번 가보고 싶다"고 하면 "그럼 차 타고 한 시간 갈 수 있는 몸 상태가 될 때까지 열심히 재활을 해봅시다"라고 답해준다면 괴로운 재활에 목표와 보람이 생긴다.

그런데 하고 싶은 일을 말하기 어려워하는 고령자도 있다. 이럴 때 옆에서 인공지능 로봇이 대화를 시도해 마음을 닫은 고령자를 도와준다면 어떨까. 인공지능 로봇이 마음을 돌보는 일을 도와주면 노인요양복지사들의 부담도 조금은 덜 수 있지 않을까.

간병이 가능한 인공지능 로봇이 곧 나온다고 하는데, 아직까지는 비용이나 안전 면에서 풀어야 할 과제가 많다. 신체적 돌봄은 아직 따뜻한 사람 손이 필요하긴 하지만 인력이 부족한 노인요양업계에 인공지능이 도입된다면 장점도 있을 것이다.

마음의 돌봄이 필요한 중장년층 남성도 인공지능 로봇을 활용할 수 있다. 중장년층 남성은 '남자는 괴로워도 울지 말고 참아야 한다'는 남성상에 눌려 있어서 어느 누구에게도 고민을 털어놓지 못하는 경우가 많다. 그러다가 자살에 이르기도 한다. 이런 것은 안으로 더욱 틀어박히고 마는 남성이 겪는 고립이다.

이럴 때 남한테 말하지 못하는 고민을 인공지능 로봇에게 털어놓을 수 있도록 하면 어떨까. 로봇한테조차 차마 말 못하고 있다면, 로봇이 그 남성의 행동이나 말의 데이터로 정신 상태를 예측할 수 있게 하여 위험한 경우 주변에 미리 알리게 한다. 이렇게 하면 목숨을 건질 남성도 있지 않을까.

인공지능과 인간의 섹스, 생식

인공지능은 인간의 섹스에 도움을 줄 수도 있다.

일본에서는 헤드마운트(head-mounted. 증강현실 기능을 갖춘 디스플레이 도구)와 연동된 성인용 가상섹스 게임이 시장에 나왔다. 해외에서도 소프트웨어 출시가 예정되어 있다. 지금은 프로그래밍된 소프트웨어만 이용가능하나 인공지능이 발달하면 자신에게 맞는 가상의 인간을 프로그래밍할 수 있다. 그렇게 되면 2004년 만화가 하나자와 겐고가 그린 것처럼 가상현실의 애인을 만날 수 있게 된다.

컴퓨터그래픽(CG. Computer Graphic)으로 물체나 풍경을 그리는 것은 이제 현실과 거의 구분이 안 되는 수준에 도달했다. 사람을 그린 컴퓨터그래픽도 날로 정밀해지고 있다. 2016년 일본에서 열린 일본 최대 선진기술 종합전시회 '시텍 재팬

2016(CEATEC JAPAN 2016)'에서 공개된 3D 그래픽으로 제작한 여성 '사야(SAYA)'의 영상은 충격을 불러일으켰다. 컴퓨터 그래픽으로 만든 캐릭터라고 알려주지 않으면 진짜 사람으로 착각할 정도였다.

냉정하게 보면, 혼자 방에서 헤드마운트를 끼고 성기구를 장착한 모습이 우습기는 하다. 그런데 인공지능과 연동시키면 실제 연애하는 것과 비슷한 환경과 연애스토리를 만들 수 있기 때문에 현실세계에서 데이트나 연애를 할 필요가 없어진다. 실상 지금까지는 남성 타깃 시장인데 앞으로는 여성용 제품도 나온다고 한다.

한편 인공자궁장치가 개발되는 등 테크놀로지가 진화하면 결혼과 생식이 분리될 수도 있다. 인공자궁장치가 생기면 아담과 이브 이래 계속된 인간의 생식 행위가 근본적으로 바뀔 수도 있다.

현재 인공수정이나 체외수정이 있지만 아이는 어머니 배 속에서 태어난다. 대리모를 통한 출산도 있지만 그런 경우에도 결국 아이를 낳는 것은 인간이다. 그런데 인공자궁장치가 생기면 생식이 근본적으로 변할 것이다. 아이를 낳을 수 없는 여성뿐 아니라 건강한 여성도 임신과 출산이라는 큰 육체적 부담과 위험에서 해방될 수 있다. 일하고 싶은 여성은 임신과 출산을 인공자궁장치에 맡겨 놓고 일을 하면 된다.

인공자궁장치는 기술적으로 가능해져도 실제 사용할 수 있을지는 윤리적인 판단이 따르는 문제다. 아이를 슈퍼에서 물건 사듯 할 수는 없기 때문이다. 생식이 인공적인 행위로 바뀌면 생물학적으로 인류의 혁명이라 할 수 있는데, 문명이 진화하고 시대가 바뀌어도 생식행위는 여전히 신성한 것으로 여겨졌기 때문이다.

신중히 검토해야 하겠지만 이렇게 되면 여성이 출산의 부담에서 해방될 수 있지 않을까.

요즘 '여자도 괴롭고 남자도 괴롭다'는 소리를 듣는다. 남성다움의 기준 때문에 남자도 괴로워하고, 여성다움의 기준 때문에 여자도 괴로워한다. 남녀를 이분법적으로 논하기 때문에 한계가 있는 것이다. 여성이 출산에서 해방된다면 남녀의 경계가 사라지는 새로운 단계로 인류가 발전할 수 있을지도 모른다.

가족과 솔로사회는 대립하지 않는다

머지않아 일본이 솔로사회가 된다고 해도 그게 곧 가족의 붕

괴로 이어지지는 않을 것이다. 가족과 솔로사회는 대립하는 것이 아니다.

미혼화·비혼화 경향은 지속될 것이고 이에 따라 1인 가구가 급증할 것이다. 솔로가 증가하면 혼자 살아가는 데 불편함을 느끼지 않게 할 상품이나 서비스는 더 많이 개발될 것이다. 식사든 가사든 솔로가 일상생활에서 불편함을 느낄 일이 없는 시대가 될 것이다.

과거 여성에게 있어서 결혼은 경제적인 기반을 얻기 위해 어쩔 수 없이 할 수밖에 없는 필연적 선택이기도 했다. 이제 여성도 일을 하는 시대가 됐고 경제적으로 자립할 수 있기 때문에 굳이 결혼할 이유를 찾지 못한다. 여성이 결혼할 의욕을 잃으면 잃을수록 애초에 결혼하는 데 수동적인 남성들은 결혼할 계기가 더욱 사라진다.

또 인공지능이나 테크놀로지의 발달로 연애나 섹스를 대신할 수 있게 되었다. 현재 결혼의 장점으로 남녀 모두 '정신적 안정'을 꼽고 있는데 이런 장점도 인공지능이 대체할 수 있다. 현실 세계에서 결혼의 필요성이 사라지고 있다.

저출산 문제를 해결하기 위해 남녀가 결혼해야 한다고 주장하는 사람들이 있는데, 그렇게 아이를 낳게 하고 싶으면 결혼 제도를 통하지 않고도 아이를 낳고 기를 수 있는 사회 시스템을 만드는 게 우선이다.

결혼해도 아이를 낳지 않기로 선택한 부부가 늘고 있다는 점도 잊어서는 안 된다. 모든 사람이 예전처럼 '결혼 → 출산 → 육아'의 단계를 밟지 않게 됐다. 삶의 방식은 점점 복잡해지고 다양해지고 있으며 사람들은 각자 자기 인생을 살아갈 뿐이다. 또 이혼이나 사별로 인해 누구든 솔로생활로 돌아갈 가능성이 커졌다는 점은 이미 얘기한 그대로다.

물론 모두가 결혼을 안 하게 되는 것은 아닐 테고 모두가 아이를 안 낳기로 하지도 않을 것이다. 부모와 자식이라는 가족 형태가 금방 소멸하는 것도, 혈연에 따른 가족 관계가 사라지는 것도 아니다.

이 책에서 나는 결혼생활을 경제생활의 관점에서 이야기했지만 모든 결혼생활이 다 그렇다는 게 아니다. 연애를 하는 남녀 커플이 결혼을 하고 아이가 생기고 행복한 생활을 하는 것을 부정하는 게 아니다. 부부가 서로 신뢰하고 친밀함을 유지하는 것은 부부 각자가 정신적인 안정을 유지하고 아이를 키우는 데 빼놓을 수 없는 요소다. 지금까지 해온 것처럼 가족은 가족이 해야 할 역할을 하면 된다.

미국 사회학자 탤컷 파슨스(Talcott Parsons)는 가족의 역할을 다음과 같이 정의했다. "가족이란 아이를 사회화시키고 가족

구성원 간에 정신적 안정을 주는 두 가지 기능을 하는 친족집단이다." 여기에 반박할 생각은 없다. 아이의 사회화에 관해서는, 솔로로 살아갈 힘을 길러주기 위해서라도 부모의 협력이 필수적이기 때문이다. 그러나 그 기능을 다하기 위해서는 경제적 안정이 필요하다.

과거 가족의 경제적 안정은 밖에서 일하는 남편의 역할이었고 아내는 집에서 가사와 육아를 하며 남편을 지원했다. 서로 모자라는 부분을 보완할 수 있었던 과거 전업주부 가족은 각자 역할 분담이 명확하고 알기 쉬웠다. 가족이라는 한 집단 속에서 각 구성원들이 책임을 다했다.

지금은 맞벌이 가구가 크게 늘어 아내도 풀타임으로 일하고 수입이 있는 경우가 많다. 사회 변동에 따라 경제적 변화는 생겼지만 가족이 각자 의무를 다해야 한다는 생각은 변함이 없기 때문에 육아나 가사의 책임을 놓고 갈등하는 부부가 많다. 핵가족화로 부부가 각자의 부모에게 아이(손주)를 맡길 수 없게 됐고, 아이를 맡길 수 있는 보육원이나 공적 시설은 아직도 부족하다.

아이가 있는 맞벌이 가구 부부의 일주일 간 가사·육아 시간 추이를 보면 지난 25년간 남편의 가사 시간은 단 6분밖에 늘지 않았다. 현재 맞벌이 가구의 남편은 가사를 하루 딱 12

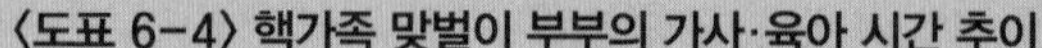

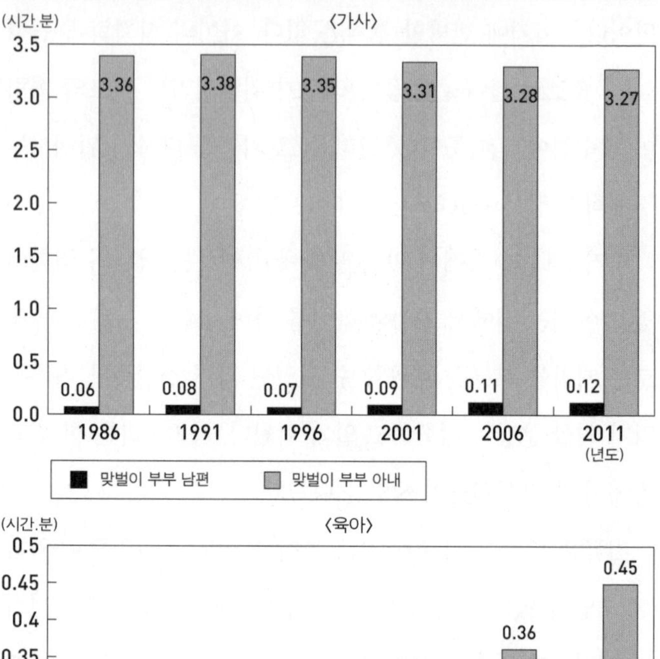

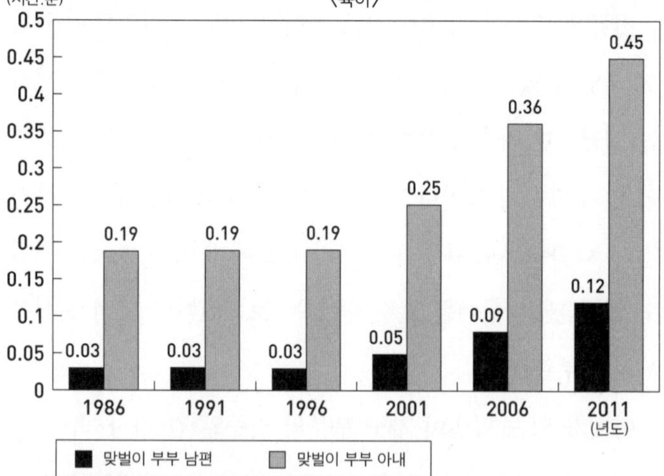

출처: 2011년 총무성 〈사회생활 기본조사〉

분만 한다(도표 6-4).

부부 모두 과거보다 육아 시간이 늘었는데 남편의 육아 시간은 9분 더 늘었다. 남편이 가사보다 육아에 더 협조적이라 할 수 있을까. 과거 25년간 아내의 육아 시간 추이를 살펴 보면, 아내는 26분이나 더 늘었다.

부부가 가사와 육아를 하는 시간은 전체적으로 늘었다. 이건 대체 왜 그럴까. 혹시 남편이 육아를 해서 오히려 아내의 수고가 더 느는 결과를 초래한 것은 아닐까. 이런 모습을 보면 요즘 가족이 안고 있는 큰 문제는 가사와 육아를 어떻게 할지라고 생각한다.

핵가족화에 따라 부부가 시부모나 친정부모에게 아이를 맡길 수 없게 된 탓도 있을 테고, 아이를 맡길 공적 기관이나 시설이 부족한 점도 영향이 있을 것이다. 그래서 부부 둘이서 어떻게든 해보려고 애쓴다. 그런데 부부 둘이서만 가사나 육아를 하는 것만 답일까. 하나의 선택지에만 의존하는 것은 악순환에 빠지는 것이다.

요즘에는 가사 대행이나 육아 지원을 해주는 민간 기업이 활발히 움직이기 시작했다. 예전과 다른 점은 공유경제 서비스라는 것이다. 전에는 기업에 고용된 직원을 파견했는데, 요즘 관련 기업은 업체에 미리 등록한 사람과 이용자를 매칭해

주는 게 주요한 업무다. 이런 서비스를 두고 일각에서는 "어디서 뭘 하다 왔는지 모르는 남한테 어떻게 소중한 아기를 맡기느냐"고 한다. 물론 아이의 안전에 관련된 부분은 당연히 중요하다. 그런데 육아 서비스에 보육사 자격을 갖고 있는 사람들을 파견한다면 어떨까. 이런 사람들은 육아에 있어 아마추어가 아니다.

가사 대행이나 육아 지원을 이용하려면 당연히 경제적 부담이 따르지만, 외부에 위탁할 선택지가 늘어나고 있으니 아이를 가진 맞벌이 부부는 정신적으로 조금 편해지지 않았을까 싶다. 경제적인 부담도 상상하는 것만큼 비용이 그렇게 크지 않다. 꼭 한번 찾아보길 바란다(일본은 가사나 육아 서비스의 인건비가 비교적 높고, 또 이 분야에서 외국인 노동자의 노동을 금하고 있어서 극히 부유층만 가사나 육아 서비스를 이용하는 것으로 널리 인식되고 있다-옮긴이).

앞서 4장에서 '홀로 남겨진 고령의 솔로여성들'에 대해 썼는데 65세 이상 고령의 솔로여성은 이제 900만 명을 넘었다. 배우자와 이혼하거나 사별하여 솔로가 된 이 여성들의 재취업률은 15% 정도밖에 안 된다. 이 여성들의 대부분은 가사나 육아에서 전문가이므로 유상으로 가사나 육아 쪽으로 취업할 수 있게 하면 이 여성들이 혼자 살아갈 수 있게 하는 힘이 될 것이다. 기존의 가족 형태와 솔로사회는 결코 대립하는 게 아니라 연결되어 있다는 점을 알았으면 좋겠다.

맞벌이를 하던 여성이 일을 그만두고 집에서 가사나 육아를 하면 가족을 위해 무상으로 일하므로 훌륭하다는 주장이 나오는데, 사회적으로 보면 그렇지 않다. 일을 하고 돈을 벌어 세금을 내면 사회보장제도를 유지하는 데 도움이 된다. 가사나 육아를 가정 내에서 무상으로 하도록 하는 건 사회적으로 보면 손해인 것이다. 또 가사나 육아를 외부에 맡기면 자기중심적이고 이기적인 여성이라고도 하는데 그것도 틀렸다. 외부에 맡겨 경제를 움직이는 게 사회적으로 도움이 되는 길이다.

모든 것을 돈으로 해결하자는 소리가 아니다. 뭣 때문에 사는지 생각해봤으면 좋겠다. 가족이 행복하려면 가족 구성원 한 사람 한 사람이 행복한 게 먼저다. 여성이 자기를 희생하고 참고 무상으로 집에서 일하는 것만이 가족을 위한 사랑을 증명하는 길은 아니다.

'가족'을 신봉한 나머지 세상을 보는 시야가 좁아지면 안 된다. 가족만이 사회에 남은 유일한 안전망이 되면 가족 구성원이 서로에게만 의존하다가 결국 함께 쓰러진다.

가족밖에 없다는 식으로 가족을 구성원끼리만 서로 의존하는 집단으로 만들 게 아니라 아빠도 엄마도 자식도 각자 가족 외에 여러 커뮤니티를 갖고 관계성을 이어나가는 게 좋다. 다양성의 사회에서 누구의 엄마나 아빠로만 불리지 않도록 자신을 성장시켜보면 어떨까. 가족도 한 사람 한 사람 자립한 개인으로 구성된다면 더 행복해질 것이라고 본다.

솔로들은 기존의 가족 형태나 사회와 안 맞는 아웃사이더가 아니다. 솔로와 사회를 연결함으로써 해결할 수 있는 문제도 많다.

마지막으로 가족의 형태, 가족관이 다양해질 것이란 점을 덧붙이려 한다.

동성혼 합법화로 동성으로 구성된 가족이 생길 것이고, 성적 관계를 갖지 않는 동성 친구 관계도 가족 형태로 나올 수 있다. 성관계를 갖지 않는 이성 가족도 나올 수 있다. 가족은 함께 살아야 한다는 관점도 바뀔 수 있다. 한 집에서 공동생활을 하는 여러 가족으로 이뤄진 가족도 나올 수 있다.

어떤 형태든 사람과 사람이 연결되어 있기 때문에 성립하는 것이다. 솔로사회란 것도 혼자 떨어져 사는 솔로가 사회 어디에선가 타인과 연결되는 사회다. 솔로들이 안심하고 살아갈 수 있는 사회가 되도록 솔로생활에 맞춘 새로운 서비스가 더 많이 개발될 것이다.

2016년 4월 '세계에서 가장 가난한 대통령'으로 알려진 호세 무히카(Jose Mujica) 전 우루과이 대통령이 일본에 와서 도쿄외국어대학에서 강연을 했다. 그때 이런 말을 했다.

"여러분 꼭 가족을 가지세요. 단순히 피로 연결된 가족을 말하는 게 아닙니다. 제가 말하는 가족이란 '사고방식으로 연결된 가족'을 말합니다. 나처럼 생각하는 사람이 가족입니다. 인생길을 혼자 걷지 마세요."

결혼하고 자기 아이를 낳는 집단만 가족이 아니다. 또 결혼하고 아이를 낳는 것만 인간의 사회적 역할이 아니다. 결혼을 안 해도, 아이가 없어도 사회의 구성원으로 참여해 일하고 경제를 순환시킴으로써 간접적으로 아이들을 지원한다.

사회 환경, 개인의 생활방식과 가치관, 가족상 등 모든 것이 다양해지고 있다. 개인의 정체성도 다양해지고 있다. 사회와 개인, 집단과 개인, 개인과 개인의 연결방식은 전보다 더욱 복잡하고 세분화될 것이다.

가장 중요한 것은 개인이 서로 연결되어 고독하지 않게 살아가는 것이다. 그러려면 한 사람 한 사람이 여러 가지 선택지를 준비해 두었다가 자신이 받아들일 수 있는 선택을 하는 게 좋다.

이렇게 개인이 솔로로 살아갈 힘을 갖추게 되면, 이 힘은 미래에 새로운 커뮤니티를 만들어낼 것이다. 자신을 스스로 수용할 수 있는 사람들이 모여 연결되어 있는 커뮤니티는 분명 서로 감사하다고 솔직하게 고마움을 전할 수 있는 그런 커뮤니티다. 이런 커뮤니티에서 부드럽게 마음을 나누고 이것이 계기가 되어 사회 전체에 관용이 퍼지기를 기대한다.

솔로사회는 부드러움이 있는 자립형 사회다. 국가나 사회가 미래를 만드는 게 아니다. 우리의 의식과 행동이 미래를 만든다.

마치며

20년 후 당신은 무엇을 하고 있을까.
20년 후 사회는 어떻게 변해 있을까.

이 책 '들어가며'에서 했던 질문이다. 저출산, 고령화와 동시에 일본은 솔로사회가 된다. 그리고 앞으로 인구 절반이 솔로로 살아가게 된다. 피할 수 없는 현실이 됐다. 그렇다면 이제 우리는 이런 사회에 어떻게 적응할지를 생각해야 한다. 개인의 자립에 대해 생각해보려는 이유도 이 때문이다. 독신자든 기혼자든 상관없이 한 사람 한 사람 이런 상황을 정확히 봐야 할 필요가 있다.

미국 정신분석학자 에릭 번(Eric Berne)은 "타인이나 과거는 바꿀 수 없지만 나 자신과 미래는 바꿀 수 있다"고 말했다. 유명한 말이다. 내가 원하는 대로 움직여주지 않는 남을 보고 한숨짓거나 지나가버린 과거를 돌아봐도 소용없다. 후회하며 시간을 낭비하지 말고 미래지향적인 의식과 행동으로 나 자신과 미래를 바꾸자는 말이다.

타인은 바꿀 수 없다. 그러나 우리는 타인과 연결돼 있다. 타인의 영향을 받아 자신이 변하는 것처럼, 나도 영향을 주어 누군가를 바꿀 수 있다. 내가 상대의 말에 강하게 공감해 준다면 상대도 내게 공감해 줄 것이고, 내가 상대를 싫어하면 상대도 나를 싫어하게 될 것이다.

과거는 바꿀 수 없다. 누구나 '그때 이렇게 할 걸, 저렇게 할 걸' 하면서 후회를 한다. 부끄러운 실패나 슬픈 실연을 다 지우고 싶다고 생각할지도 모르겠다.

그렇지만 과거와 현재, 미래는 서로 연결되어 있다. 과거에 일어난 일은 변하지 않겠지만 과거는 앞으로의 행동에 나침반이 되어준다. 과거로부터 배우고 행동을 바꾼다면 현재의 결과에서 비롯되는 미래를 바꿀 수 있다. 이는 곧 자신이 과거를 의미 짓는 방식이 바뀐다는 뜻이다. 그렇게 과거를 보면 지금 행동하는 데 지침이 될 것이다. 타인과 과거는 바꿀 수 없다. 하지만 바뀔 수는 있다.

그리고 스스로를 바꾸려고 무리하지 않는 것도 중요하다.

무리를 해가며 자신을 바꾸고 싶다고 생각하는 이유는 어쩌면 유일무이한 자신의 존재를 믿고 있기 때문이다. 기존의 자신을 바꾸는 것은 어떻게 보면 현재의 자신을 있게 한 과거를 송두리째 부정하거나 현재의 나를 부정하고 싫어하는 것에서 나온 것이기도 하다.

무리해서 자신을 바꾸려고 하지 말고 자기 속에 있는 새로운 자아를 성장시켜 나가면 어떨까. 그러기 위해서 타인과 연결되는 것이 중요하다. 새로운 자아가 태어나고 성장하려면 누군가와 실제로 만나고 부딪히는 수밖에 없다.

자신과 타인도, 과거와 미래도 모두 서로 연결되어 있다. 한 사람이 솔로로 살아갈 힘을 기르고 새로운 커뮤니티를 창출하는 것은 미래를 성장시키는 것이다.

이 책을 쓰면서 이혼했거나 사별한 이들을 포함해 많은 솔로남녀 분들을 만나 이야기할 기회를 얻을 수 있었다. 나이도 직업도 지금까지 살아온 환경도 다른 분들의 이야기를 들으면서 나도 내 안의 새로운 나와 마주하는 기회가 됐다. 이야기를 나눠준 분들께 감사의 말을 전한다.

또 그림책 작가인 니시노 아키히로(西野亮廣) 씨, 노부미(のぶみ) 씨와 인터넷 생방송 프로그램에 출연해 대화를 주고받으며 많은 영감을 받았다. 감사한 마음이다. 그 인연으로 니시노 아키히로 씨가 하는 마을 만들기 프로젝트인 '오토기 마을(おとぎ町) 프로젝트'에 참여할 수 있었다. 오토기 마을 프로젝트에는 독신도 기혼자도 아이도 마을 주민으로 참가했는데 서로 다른 사람들이 각자 새로운 자신을 발견하는 계기가 됐다. 나는 오토기 마을이 기존과는 다른 새로운 커뮤니티라고 생각했고, 이런 커뮤니티가 있다는 사실을 알게 된 것이 이 책을 쓰는 강한 동기가 됐다(개그맨 출신인 니시노 아키히로는 2016년 그림책《굴뚝마을의 푸펠》을 내서 베스트셀러 작가가 되었다. 그는 사이타마현 오토기 마을에서 마을 만들기 프로젝트를 했다. 오토기 마을의 다양한 주민들이 모여 지역동화를 쓰거나 주민들이 직접 선생님이 되어 코미디 수업을 하는 코미디 학교를 여는 등 마을 활성화 프로젝트를 벌였다-옮긴이).

그리고 도쿄의 롯폰기·에비스·신바시, 사이타마현 근처에 사는 나의 솔로 친구들에게 조언을 받았다. 함께 논의해 주고 나를 격려해 줘서 큰 도움이 됐다. 감사를 전한다.

마지막으로 PHP신서 기나미 유지 편집자가 없었더라면 이 책이 나오지 못했을 것이다. 마음으로부터 깊은 감사를 드린다.

2017년 1월

아라카와 가즈히사

옮긴이 후기

혼인율 통계를 보다가 놀란 적이 있다. 1990년대에 마흔 이상인 이들의 미혼율은 겨우 1~2%에 지나지 않았고, 1996년에는 연간 혼인 건수가 무려 43만 4,900건(역대 최고치)이란 점 때문이었다. 모두가 결혼으로 향하던 시대에서 불과 삼십 년이 지났다. 지난 십 년간 혼인율은 지속적으로 하락하다가 2016년에 연간 혼인 건수는 28만 1,700건으로 역대 최저를 기록했다. 통계청의 장래 가구 추계에 따르면 2035년에 한국인 4명 중 1명은 평생 독신으로 지낼 것이라 한다.

결혼에 대한 가치관도 극적으로 달라졌다. 통계청 조사에 따르면 국민 중 '결혼을 해야 한다'고 생각하는 응답은 절반(51.9%)에 그친다. 이 응답은 1990년대만 해도 70~80%에 달했다. 젊은 세대일수록 여성일수록 결혼을 굳이 하지 않아도 되는 것이라고 생각하는 경향이 뚜렷이 나타나는데, 인구감소를 감안하더라도 결혼관의 변화가 이 정도면 한국에서 모두가 결혼하는 시대는 실상 끝나는 중이라고밖에 할 수 없을 것이다.

한편 1인 가구도 급증해 511만 가구로 전체 가구의 27.2%에 이르고 있다. 세 집 당 한 집이 1인 가구다. 결혼하길 원하나 만혼화 등으로 혼인 전까지 과거보다 훨씬 길게 미혼인 채 지내는 이들, '비혼'이라고 자발적으로 결혼을 하지 않기로 선택한 이들부터 이혼이나 사별로 싱글이 된 이들, 자식이 결혼하거나 독립해 혼자 살게 된 고령자 등 많은 이들이 홀로 생활하는 '솔로사회'가 되어 가는 중이다. 굳이 통계를 보지 않더라도 요즘 '혼술(혼자 마시는 술)' '혼밥(혼자 먹는 식사)' '혼행(혼자 하는 여행)'과 같이 혼자서 지내는 라이프스타일과 관련된 신조어를 얼마나 자주 듣는지 떠올려 보자. 한국사회가 벌써 '솔로사회화'의 단계로 들어섰음을 체감할 것이다.

《초솔로사회》는 한국보다 앞서 고령화, 저출산화, 비혼화를 겪은 일본의 경험을 바탕으로, 유수의 광고회사 하쿠호도에서 일하는 저자 아라카와 가즈히사가 그간 변화해온 결혼에 대한 가치관, 시대상을 살피면서 솔로의 새로운 생활방식, 소비 의식과 트렌드의 새로운 동향을 짚어보는 책이다. 솔로사회화 현상을 제대로 이해해서 달라진 시대에 살아나갈 힘을 갖추자는 메시지도 담았다.

저자는 각종 사회지표와 통계, 의식조사, 설문조사를 두루 살피고, 자신이 2016년 20~50대 남녀를 대상으로 진행한 프로젝트 조사 결과도 제시하면서 비혼도 저출산화도 일시적인 현상이 아니며, '솔로사회화'의 진행은 "불가피한 시대적 흐름"이라고 진단한다. 2035년에 일본은 생애미혼자를 포함해 홀로 사는 세대가 과반에 이를 것으로 전망된다. 결혼을 하더라도 고령화로 인해 미래의 어느 시점에는 혼자 살아갈 확률이 높다. 또 결혼한 맞벌이 부부 가구조차 솔로와 같은 소비 행동을 보이고 있기도 하다.

저자는 "개인이 각자 다양한 선택을 해야 하는 시대가 된 것일 뿐"이라고 강조한다. 솔로사회화는 어느 정도 사회적 리스크가 따르지만 이를 부정적으로만 보거나 솔로사회를 만든 원흉 격으로 비혼을 택한 이들이나 아이를 낳지 않으려는 이들만 탓해서는 문제도 해결할 수 없고, 그저 다른 선택을 하는 개인만 공격하는 것에 지나지 않는다. 또 빈곤으로 인해 결혼하고 싶어도 젊은이들이 결혼을 못 한다고 보는 것도 틀렸다. 수입이 많다고 해서 꼭 결혼한다고 할 수 없거니와, 빈곤은 그 자체로 응당 바로 잡아야 할 사회문제이지 누군가를 결혼시키기 위해 해결해야 할 문제는 아니기 때문이다.

이 책은 솔로사회화를 더 이상 거스를 수 없는 추세로 보고 이에 따른 소비 지향, 소비 트렌드의 변화를 망라해 분석하여 쉽게 설명하고 있다. 저자는 기존에 일본의 마케팅업계에서 주력소비자로 꾸준히 주목해온 여성에 더해, 편의점이나 식료품, 외식업, 엔터테인먼트업계, 혼자 살아가는 이들을 지탱하는 각종 생활 인프라 업체에 블루오션으로 등장한 미혼남성의 결혼에 대한 의식이나 소비 스타일도 아울러 살피고 있다. 이 부분에 관심이 많은 독자라면 5장 '솔로의 소비'부터 먼저 읽어보실 것을 추천한다.

일본도 미혼남성은 자신이 결혼하지 않은 상태에 대해 스스로 결혼을 선택하지 않았다고 보는 비혼 의식이 크지 않고 '결혼을 못 했다'고 보는 의식이 강한 편이지만, 이미 소비방식에서는 솔로로서의 소비 패턴이 보편화되고 있다는 내용이 매우 흥미롭다. 가령 도회지에 사는 솔로남성은 자동차 구입에 과거만큼 큰 관심을 보이지 않는다. 대중교통이 잘 확보된 도심에서 자동차는 생활필수품이 아니고, 좋은 차가 있다고 해서 인기를 얻는 것도 존경을 받는 것도 아닌 시대가 됐기 때문이다.

얼마 전 일본에 갔을 때 점심시간 무렵 카페에 갈 일이 있었다. 정장을 입어 사무직으로 직장에 다니는 것으로 보이는 20~50대 남녀로 카페가 가득 찼는데, 삼사십 여명 쯤 돼 보이는 남녀가 어느 하나 예외 없이 1인 테이블에 혼자 앉아서 샌드위치와 음료를 먹으며 서류를 뒤적이거나 책을 읽거나 스마트폰을 보는 등 각자가 자신이 하고 싶은 것에 열중하는 모습이 인상적이었다. 그들 전부가 미혼은 아니겠지만 짧은 점심시간 한 시간 잠깐 짬을 내서 어색할 것도 거북해할 것도 없이 혼자 잘 먹고 잘 있는 모습, 누구 하나 이상하게 타인을 쳐다보지 않는 모습을 보며 혼자서 사는 라이프스타일이 정착해가고 있음을 실감했다.

물론 일본에서도 비혼에 대한 편견이나 낙인이 존재한다. 이 책에서 저자 자신이 '비혼남성'으로서 겪어온 차별 체험담, 저자의 인터뷰 조사 결과 드러난 비혼자에 대한 괴롭힘 현상으로 전한 그대로다. 결혼을 하지 않거나 아이를 낳지 않는 이를 마냥 어린애 취급하거나 어딘가 능력이 모자란 사람으로 여기는 분위기는 한국사회에서도 여전히 그리 어렵지 않게 찾아볼 수 있다. 남자와 여자가 커플을 이루어 '부부'가 되어야 비로소 완전한 '사람'이 된다고 여기는 사회 분위기 때문에 미혼자가 스스로 있는 그대로 자신의 결혼하지 않은 상태를 긍정적으로 받아들이기가 힘든 것도 사실이다. 그렇지만 저자가 역설하듯 한 인간의 가치는 겨우 결혼으로 정해지지 않으며 가족형태가 다양해진 만큼 행복을 찾는 길도 여러 가지다.

게다가 의료기술의 발전으로 고령화가 더욱 진행될 사회에서 결혼한 커플도 언젠가는 혼자일 때가 온다. 우리시대에는 누구나 홀로 살아가는 시기가 분명히 있다. 현재 배우자가 있거나, 자식 또는 부모가 있어도 혼자 살아가야 할 날은 반드시 온다. 저자가 '들어가며'에서 쓴 것처럼, 솔로사회에서 살아가기를 묻는다는 것은 자유란 무엇인지 자립이란 무엇인지를 묻는 것과 같다. 저자는 솔로로 마음 편히 잘 살려면, 즉 정신적·경제적으로 자립해서 살려면, 자신이 의존할 대상(사람, 일이나 취미)을 여럿 두는 게 좋다고 충고한다. 자립이란 물리적 고립과 같은 말이 아니며, 타인과 유연하게 신뢰로 연결된다는 의미를 포함한다.

여성의 비혼 선택에 대한 저자의 시각이나 저자가 제시한 맞벌이 가구의 육아 해결 방법에 다 동의하는 것은 아니지만, 다양한 선택을 하는 개인을 존중하며 관용 있는 사회가 되기를 바라며 원문에 충실하게 책을 번역했다. 결혼 규범이나 사회 관습에 머물러 있지 않고 혼자여도 밥도 잘 해먹고 내 생활도 잘 꾸려가는 이들, 어차피 태어날 때도 죽을 때도 혼자인 것처럼 인생이란 혼자인 게 당연하다고 느끼면서도 동시에 타인과 함께 하는 것에 대해 특별한 소망과 기쁨을 누리는 이들이 늘어나면 참 좋겠다.

믿고 번역을 맡겨준 마일스톤 출판사에 감사를 드린다.

조승미

참고문헌

〈저출산 문제를 들여다보다: 원인은 미혼화 · 만혼화 · 노산화에 있다(少子化問題を斬る—原因は、未婚化・晩婚化・晩産化にあり—)〉, 안조 신지(安藏伸治), 2013, http://www.meiji.net/life/vol09_shinji-anzo

〈나카가와 쇼코, 파국을 거쳐 이제 매일이 솔로로 충만해(しょこたん、破局経て毎日ソロ充)〉, 오리콘 스타일(オリコンスタイル), 2014, https://www.oricon.co.jp/news/2039169/full/

〈직장 인연으로 맺어진 결혼의 성쇠와 미혼화 진전(職縁結婚の盛衰と未婚化の進展)〉 일본노동연구잡지 2005년 1월호 535호, 국립사회보장인구문제연구소 이와사와 미호(岩澤美帆) · 미타 후사미(三田房美), 2005, http://www.jil.go.jp/institute/zassi/backnumber/2005/01/pdf/016-028.pdf

〈11월은 '부부의 달' '부부의 시간' 앙케이트(11月は「夫婦の月」「夫婦の時間」アンケート)〉, 시티즌 홀딩스 주식회사, 2014, http://www.citizen.co.jp/research/time/20141113/06.html

〈역사적으로 본 일본의 인구와 가족(歴史的に見た日本の人口と家族)〉, 중의원 조사국 제3특별조사실 나와타 야스미쓰(縄田康光), 2006, http://www.sangiin.go.jp/japanese/annai/chousa/rippou_chousa/backnumber/2006pdf/20061006090.pdf

〈출산율2.0을 실현한 프랑스와 차이는 제도만이 아니다! 일본사회는 아이 갖기를 긍정적으로 받아들이는가?(出生率2.0を実現するフランスとの違いは制度だけじゃない! 日本の社会は子供を持つことをポジティブに受け止めているか?)〉, 슈프레뉴스(週プレNEWS), 2016, http://wpb.shueisha.co.jp/2016/09/01/71342/

〈2011년판 정보통신백서(平成23年版情報通信白書)〉, 총무성, http://www.soumu.go.jp/johotsusintokei/whitepaper/ja/h23/html/nc213120.html

〈고령자의 부부관계(高齢者の夫婦関係)〉, 제일생명경제연구소 라이프디자인연구본부 리포트, 2015, http://group.dai-ichi-life.co.jp/dlri/pdf/ldi/2015/rp1504a.pdf

〈실효성 있는 저출산 대책의 방향: 저출산 고령화에 대응하는 것은 일본에게 주어진 세계사적인 역할(実効性のある少子化対策のあり方: 少子高齢化への対応は日本に与えられた世界史的な役割~)〉 보고서, 21세기정책연구소 연구프로젝트, 2014, http://www.21ppi.org/pdf/thesis/140602.pdf

〈이것이 성인 남성의 연애!? 사귀기 전에 고백하지 않는 남성이 약 55%! 그 심리는?(コレが大人の男性の恋愛!?付き合うときに告白しない男性が約55%！その心理とは？)〉, 마이나비우먼 뉴스, 2014, https://woman.mynavi.jp/article/140305-99/

〈남자는 사귀기 전에 고백해야 하나?(付き合う前に男性は告白すべき？)〉, 야후 재팬, 의식조사, 2013, https://news.yahoo.co.jp/polls/domestic/8833/result

〈근세 에치젠 와카사에서 자립을 추구한 여성들: 이혼을 중심으로(近世越前・若狭の自立を求める女性たち—離縁を中心に—)〉 후쿠이현문서관연구기요(福井県文書館研究紀要), 야마다 유조(山田雄造), 2004, http://www.archives.pref.fukui.jp/fukui/08/2003bulletin/2003yamadakiyou.pdf

《선택의 심리학(The Art of Choosing)》, 쉬나 아이엔가(Sheena Iyengar), 2012

《'젊은이'란 누구인가: 정체성의 30년(「若者」とは誰か-アイデンティティの30年)》, 아사노 도모히코(浅野智彦), 2013, 국내 미출간

《결혼하지 않는 남자들: 계속 늘어나는 미혼남성 '솔로남성'의 실제(結婚しない男たち-増え続ける未婚男性「ソロ男」のリアル)》, 아라카와 가즈히사(荒川和久), 2015, 국내 미출간

《뇌는 이것저것 변명한다: 사람은 행복하게끔 되어 있다!?(脳はなにかと言い訳する—人は幸せになるようにできていた!?)》, 이케가야 유지(池谷裕二), 2010, 국내 미출간

《고사기(古事記)》, 이케자와 나쓰키(池沢夏樹), 2014, 국내 미출간

《미타무라 엔교 에도무가사전(三田村鳶魚 江戸武家事典)》, 이나가키 시세(稲垣史生), 1959, 국내 미출간

《성숙과정과 촉진적 환경(Maturational Processes and the Facilitating Environment)》, 도널드 위니캇(Donald Winnicutt), 2000

《실은 심각한 옛 일본: 고전문학으로 보는 만만찮은 일본인(本当はひどかった昔の日本—古典文学で知るしたたかな日本人)》, 오오쓰카 히카리(大塚ひかり), 2016, 국내 미출간

《마법의 세기(魔法の世紀)》, 오치아이 요이치(落合陽一), 2015, 국내 미출간

《번 슈미트의 체험 마케팅: 감각, 감성, 인지, 행동, 관계 모듈을 활용한 총체적 체험의 창출(Experiential marketing: how to get customers to sense, feel, think, act, and relate to your company)》, 번트 슈미트(Bernd H. Schmitt), 2013

《세줄반 이혼장과 이혼을 요구하는 여성이 머무는 절: 에도 시대의 이혼을 다시 본다(三くだり半と縁切寺—江戸の離婚を読みなおす)》, 다카키 다다시(高木侃), 1992, 국내 미출간

《고사기(상) 전역 및 주석(古事記(上)全訳注)》, 쓰기타 마사키(次田真幸), 1977, 국내 미출간

《일과 가족: 일본은 왜 일하기 힘들고 애낳기 힘든가(仕事と家族 —日本はなぜ働きづらく、産みにくいのか)》, 쓰쓰이 준야(筒井淳也), 2015, 국내 미출간

《앞으로의 결혼과 가족~맞벌이 사회의 한계~(結婚と家族のこれから~共働き社会の限界~)》, 쓰쓰이 준야(筒井淳也), 2016, 국내 미출간

《마법의 나침반: 길없는 길을 걷는 방법(魔法のコンパス—道なき道の歩き方)》, 니시노 아키히로(西野亮廣), 2016, 국내 미출간

《뇌내마약: 인간을 지배하는 도파민의 정체(脳内麻薬—人間を支配する快楽物質ドーパミンの正体)》, 나카노 노부코(中野信子), 2014, 국내 미출간

《액체근대(Liquid modernity)》, 지그문트 바우만(Zygmunt Bauman), 2009

《행복론: '살기 힘든' 시대의 사회학(幸福論 "生きづらい"時代の社会学)》, 지그문트 바우만(Zygmunt Bauman), 2009, 국내 미출간

《나는 누구인가: '개인'에서 '분인'으로(私とは何か—「個人」から「分人」へ)》, 히라노 게이치로(平野啓一郎), 2012, 국내 미출간

《소유냐 삶이냐/사랑한다는 것》, 에리히 프롬(Erich Fromm), 2016

《위험사회: 새로운 근대(성)을 향하여(Risikogesellschaft)》, 울리히 벡(Ulrich Beck), 1997

《인공지능과 딥러닝: 인공지능이 불러올 산업 구조의 변화와 혁신(人工知能は人間を超えるか)》, 마쓰오 유타카(松尾豊), 2015

《결혼의 사회학: 미혼화 · 만혼화는 계속될까(結婚の社会学—未婚化·晩婚化はつづくのか)》, 야마다 마사히로(山田昌弘), 1996, 국내 미출간

《남자는 "내 손은 엄마를 죽이기 위해 있었나"하며 울었다: 뉴스로 본 현장 '19개 이야기'(私の手は母を殺めるためにあったのか」と男は泣いた—ニュースの現場「19のストーリー」)》, 야마후지 쇼이치로(山藤章一郎), 2007, 국내 미출간

《메이지 시대의 결혼과 이혼: 가정내 젠더의 원점(明治の結婚 明治の離婚 家庭内ジェンダーの原点)》, 유자와 야스히코(湯沢雍彦), 2005, 국내 미출간

《이 나라의 냉정함의 정체: '자기책임'시대를 살아남다(この国の冷たさの正体 一億総「自己責任」時代を生き抜く)》, 와다 히데키(和田秀樹), 2016, 국내 미출간

초솔로사회

1판 1쇄 발행 2018년 2월 7일

지은이 아라카와 가즈히사
옮긴이 조승미
발행인 유성권
펴낸곳 ㈜이퍼블릭

출판등록 1970년 7월 28일, 제1-170호
주소 서울시 양천구 목동서로 211 범문빌딩 (07995)
대표전화 02-2653-5131 | **팩시밀리** 02-2653-2455
www.milestonebook.com